Cuba: memoria, nación e imagen

PETER LANG
Bruxelles · Bern · Berlin · New York · Oxford · Wien

Yannelys Aparicio

Cuba: memoria, nación e imagen

Siete acercamientos al séptimo arte desde la literatura

Hybris: Literatura y Cultura Latinoamericanas
Vol. 2

Ilustración de portada : Old car 1950s Chevrolet passing 1st cinema the Payret, Old Havana, Cuba. View from the Teatro Nacional de Cuba to the Teatro Payret and the Paseo Marti, Havana (La Habana), Cuba. © istockphoto.com / Remanz

Todos los derechos reservados. Esta publicación no puede ser reproducida, ni en todo ni en parte, ni registrada en o transmitida por un sistema de recurperación de information, en ninguna forma ni por ningún medio, sea mecánico, fotoquímico, electrónico, magnético, electróoptico, por fotocopia, o cualquier otro, sin el permiso previo por escrito de la editorial.

© P.I.E. PETER LANG S.A.
Éditions scientifiques internationales
Bruxelles, 2021
1 avenue Maurice, B-1050 Bruxelles, Belgique
www.peterlang.com ; brussels@peterlang.com

ISSN 2736-5298
ISBN 978-2-8076-1261-7
ePDF 978-2-8076-1262-4
ePUB 978-2-8076-1263-1
DOI 10.3726/b18483
D/2021/5678/42

Information bibliographique publiée par « Die Deutsche Bibliothek »

« Die Deutsche Bibliothek » répertorie cette publication dans la « Deutsche National-bibliografie » ; les données bibliographiques détaillées sont disponibles sur le site <http://dnb.ddb.de>.

Índice

Presentación 9

Tres acercamientos históricos

Capítulo 1. Cine y literatura en Cuba: el secreto mejor guardado. De los comienzos a 1989 15
   1.1. El cine silente 16
   1.2. La irrupción del sonido en el cine en los años treinta 17
   1.3. Los felices años sesenta 27
   1.4. El decenio gris de la cultura y el arte en Cuba 36
   1.5. La recuperación de un esplendor en los ochenta 43

Capítulo 2. De los noventa a nuestros días 55
   2.1. El periodo especial: crisis y escasez 55
   2.2. La década de la perplejidad y las nuevas generaciones 61
   2.3. Los últimos años (2010–2020) 70
   2.4. Leonardo Padura: *Cuatro estaciones en La Habana* 84

Capítulo 3: Cine y literatura en San Antonio de los Baños 89
   3.1. La Fundación y la Escuela 89
   3.2. Gabriel García Márquez: clases de guion y películas 94
   3.3. Aniversarios, la revista *Enfoco* y la revolución digital 98

Cuatro acercamientos analíticos

Capítulo 4: Alejo Carpentier, el cine y sus secuelas identitarias... 105
    4.1. Carpentier y el cine 105
    4.2. La huella de Carpentier en el cine latinoamericano actual......... 114

Capítulo 5. *Memorias del subdesarrollo* **y** *Memorias del desarrollo* **en el cine y la literatura: la extensa huella de Gutiérrez Alea**... 125

Capítulo 6. La imagen del intelectual en la literatura y el cine cubanos: la mirada de Gutiérrez Alea (*Memorias del subdesarrollo* y *Fresa y chocolate*) 147

Capítulo 7. La imagen de la mujer en las adaptaciones cinematográficas de Humberto Solás........................ 165
    7.1. *Cecilia* 168
    7.2. *Amada* 175
    7.3. *El siglo de las luces* 180
    7.4. La mirada de Solás: el matiz unitario de las desviaciones argumentales 183

Bibliografía 187

Presentación

El cine cubano siempre ha basculado entre dos polos: las dificultades económicas y el enorme caudal imaginativo de los artistas caribeños. A principios de 2014, cuando una representación de *Juan de los muertos* fue a recoger el Premio Goya a la Mejor Película Iberoamericana de 2013, uno de los presentes comentó, visiblemente emocionado, después de dar las gracias por tantos aplausos, que en Cuba "no hay de nada pero hacemos de todo". Esta frase ha tenido una especial significación cuando se habla del cine independiente, formato que fue defendido también en aquella comparecencia de los Goya. Lo que el artista está sugiriendo, en un lenguaje claro y coloquial, es el fenómeno de que precisamente en aquellas sociedades golpeadas por sucesos traumáticos es donde la labor del arte resulta más perentoria: el arte se convierte en un imperativo allí donde algún acontecimiento traumático ha hecho saltar por los aires la cadena memorística o de testimonio de una sociedad. El eslabón roto en la memoria colectiva que supone el suceso traumático ha de ser reemplazado por una memoria "creada" (Jelin, 2001).

En los primeros años del cine silente fueron algunos empresarios los que se lanzaron a producir, en empresas casi personales, las manifestaciones inaugurales del séptimo arte en la Isla. Luego llegaron las coproducciones con otros países, fundamentalmente México, y décadas más tarde España. A partir de 1959, el ICAIC centró las expectativas del desarrollo cinematográfico hasta la crisis de los noventa, época en la que fue naciendo el cine independiente, poco a poco y con enormes problemas de censura, junto con las iniciativas cubanas llegadas del exilio o de la cooperación entre países interesados por el cine insular.

En este recorrido, la literatura ha sido siempre un firme aliado del cine: le ha dado argumentos, guiones, personajes, ambientes líricos o épicos, ha implicado a escritores, autores teatrales, músicos, intelectuales, críticos literarios, etc. En este libro pretendemos dar cuenta, en primer lugar, de todas esas combinaciones entre el cine y la literatura desde lo que esta ha aportado a aquel, aludiendo a novelas, textos poéticos, obras teatrales y demás manifestaciones literarias, incluido el ensayo, que han contribuido a enriquecer al cine cubano. Hemos hecho referencia asimismo a los mejores textos críticos que se han escrito sobre el particular: libros, artículos, críticas en revistas y diarios. Los tres primeros capítulos completan la sección del "acercamiento histórico" que recorre todas las etapas del cine cubano, desde los comienzos del siglo XX, recién estrenadas la independencia y la república, hasta 2020.

La segunda parte de este ensayo propone un "acercamiento analítico", desde el punto de vista del aprovechamiento que el cine ha hecho de los recursos y los protagonistas de la literatura cubana, y centrado sobre todo en tres figuras: Alejo Carpentier, Tomás Gutiérrez Alea y Humberto Solás. El capítulo cuarto describe la estrecha relación del autor de *El reino de este mundo* con el ámbito del cine, las adaptaciones que se han hecho de sus obras, y también analiza las secuelas que sus fundamentos literarios han tenido en alguna obra maestra del cine actual. Los capítulos 5 y 6 tienen como eje las obras maestras de Tomás Gutiérrez Alea: *Memorias del subdesarrollo* y *Fresa y chocolate*. En el primero de ellos se realiza una comparación entre las adaptaciones de las dos novelas de Edmundo Desnoes, la del subdesarrollo y la del desarrollo, con las semejanzas y diferencias en el modo de proceder de Titón y de Miguel Coyula como directores de esas adaptaciones. En el segundo se estudia la figura del intelectual en Cuba, en los cruciales años sesenta y setenta, a través de las adaptaciones de *Memorias…* y del cuento de Senel Paz, que sitúa la acción más o menos en la época del pavonato, aunque sea una obra realizada años más tarde.

Finalmente, se cierra este ensayo con el análisis de los personajes femeninos en tres de las adaptaciones literarias realizadas por Humberto Solás: *Cecilia*, *Amada* y *El siglo de las luces*, haciendo hincapié en los aspectos de esos personajes que el director quiere resaltar, sobre todo cuando la mujer se convierte en símbolo de la nación y adquiere, en las versiones cinematográficas, connotaciones políticas que no existen en las obras literarias.

La reflexión en torno a la adaptación literatura-cine tiene una historia tan larga como el propio fenómeno de la adaptación cinematográfica, y aun se pierde en la vieja problemática de las poéticas clásicas sobre *ut pictura poesis* y el concepto aristotélico de *mimesis*. Su teorización, por tanto, ha atravesado todas las corrientes del pensamiento estético, desde las historicistas, contenidistas, hasta las formalistas y postestructuralistas. Excede, por tanto, a los límites de este trabajo el ofrecer una historia de la idea de adaptación pero en general se ha considerado un tanto inane el intento de formular correspondencias exactas entre las unidades significativas de cada arte. Como anota Frago:

> El sistema fílmico, a diferencia del verbal, no contiene unidades mínimas permanentes de significado que, combinándose entre sí, formen unidades mayores. La definición, atribuida a Sergei Eisenstein, de que el plano es como la palabra fílmica, la escena como la frase y la secuencia como el párrafo cinematográfico, caen por su propio peso tras un análisis de corte semiótico. (Frago, 2005, 57)

Y más allá de ello, estamos convencidos de que está condenado al fracaso o a la vaguedad cualquier intento de hallar un paralelismo formal absoluto entre unidades y procedimientos de dos códigos tan diversos y hasta opuestos, como son el cine (arte icónico, narrativo) y la literatura (arte verbal, narrativo). Otra suerte correrán, en cambio, aquellos intentos enfocados a un material que ambas comparten y que sí es rastreable: la percepción y los efectos que sus lenguajes producen en el lector o espectador, los contextos sociales que comparten (o no, si se trata de una adaptación diferida en el tiempo) y las expectativas que despiertan.

Por último, queremos dejar constancia de las deudas contraídas en la realización de este trabajo, que se convierten, una vez terminado, en agradecimiento sin límites: en primer lugar a Ángel Esteban, día a día y codo a codo, magnánimo e incondicional; también a Luciano Castillo, todos sus aportes críticos, por su amabilidad y espíritu generoso; a Juan Andrés García Román, sus múltiples y brillantes sugerencias sobre la historia y la teoría de la literatura y otras artes; a Gustavo Pérez Firmat, los comentarios sobre el cine cubano, y su relación con obras literarias clásicas; a Araceli Abras, el apoyo y la complicidad; y a Santiago Juan-Navarro, nuestro hombre en Miami, las películas y los datos sobre cine cubano, muy útiles para nuestras investigaciones. Por último, a la Universidad Internacional de La Rioja, y en especial a Julio Montero, por su compromiso con la investigación.

Yannelys Aparicio Molina
Universidad Internacional de La Rioja

Tres acercamientos históricos

Capítulo 1

Cine y literatura en Cuba: el secreto mejor guardado. De los comienzos a 1989

El cine cubano tuvo su inicio en los últimos años del siglo XIX, cuando las dos grandes figuras de la literatura cubana del Modernismo, José Martí y Julián del Casal acaban de fallecer, y la guerra final estaba a punto de convertirse en un traspaso de poderes hacia los Estados Unidos. De 1897 a 1930, es decir, desde la lucha independentista definitiva hasta la dictadura de Machado, se desarrolla la primera etapa del cine cubano, cuya principal nota sería la ausencia de voz. A comienzos de 1897 se proyectaron en la capital cuatro obras breves con un cinematógrafo recién llegado de México. Gabriel Veyre, un francés que trabajaba con los hermanos Lumière y residía en México desde 1896, viajó a Cuba después de haber pasado casi un año en la capital azteca realizando más de treinta películas. Veyre aprovechó también su estancia en la Isla para filmar una breve escena en la Estación Central de Bomberos, que tituló *Simulacro de incendio*.

Las primeras manifestaciones del cine en Cuba guardaban relación con escenas cotidianas, anuncios publicitarios, tomas de momentos concretos protagonizados por políticos o personas conocidas en la Isla. En ese ambiente y bajo la tutela de José García González, un publicista dueño de unos talleres donde se instaló uno de los primeros cronofotógrafos de Cuba y un cinematógrafo Lumière, se formó el padre de la cinematografía caribeña, Enrique Díaz Quesada, quien adaptó por primera vez una obra literaria. Desde 1906, Díaz Quesada produjo diversos documentales, sobre la ciudad de La Habana, sobre el Palatino Park o las peripecias de un turista en la capital cubana. Sus reportajes de *Cuba al día* captaron algunos de los momentos políticos más relevantes de la época, como el instante en que Estrada Palma abandonó el Palacio Presidencial en 1906 para entregar de nuevo el poder a los Estados Unidos, la toma de posesión de la presidencia de José Miguel Gómez en 1909 o la de García Menocal en 1913. Pero Díaz fue también uno de los introductores del cine de ficción en Cuba. Fueron más de 10 películas las que dirigió en 13 años, desde 1910 hasta su muerte, acaecida en 1923.

1.1. El cine silente

Entre todas las producciones de Enrique Díaz Quesada, una tuvo una clara vinculación con la literatura: *Juan José*, de 1910, basada en la obra teatral homónima del español Joaquín Dicenta. Fue estrenada quince años antes en el teatro de la Comedia de Madrid, y llegó a ser muy popular en España desde entonces gracias a su alto contenido social y proletario, siendo aclamada en periódicos socialistas y anarquistas, con un amplio eco en América Latina, y representada tanto por compañías profesionales como por jóvenes grupos militantes. La versión de Díaz es un corto silente menos complejo que la obra original, pero que mantiene el conflicto principal del adulterio, el triángulo amoroso y la venganza mediante un crimen de sangre. Enrique Díaz tuvo no solo el mérito de producir la primera película basada en una obra literaria sino también el de ser el principal productor de aquella época, pues en la segunda década del siglo XX fue el autor de la casi totalidad de las películas cubanas de ficción, algo más de diez títulos. En esa década, solo una película más se inspiró en un texto literario: *La camisa del hombre feliz* (1916), que toma el título y el tema del cuento de Tolstoi en el que un zar triste desea recuperar el ánimo y le recomiendan que se ponga la camisa de un hombre feliz. Después de un largo tiempo de indagaciones y pesquisas, encuentran a un hombre feliz, pero este no puede prestar su camisa al zar porque no tiene, a causa de su extrema pobreza.

Para encontrar otra película que tuviera una vinculación directa con una obra escrita habría que esperar hasta 1930, año en que se estrenó el filme *La Virgen de la Caridad*, de Ramón Peón. Se trata ya de un largometraje, el cual marcó un hito en la historia del cine cubano, pues "cerró el periodo silente en Cuba", y es sin duda la película "más importante generada en la Isla por el cine comercial prerrevolucionario y la mejor obra en la prolífica filmografía de Ramón Peón" (Agramonte y Castillo, 2003, 43). La película adaptó la narración escrita por Enrique Agüero Hidalgo, quien había ganado una competencia de tramas originales convocada por el periódico *El Mundo* con su "novela cinematográfica" (Castillo, 2015). El mérito de Peón fue, precisamente, el de convertir esa novela de "estilo ampuloso, profusa en adjetivos, lugares comunes saturados por el melodramatismo y personajes arquetípicos" (Castillo, 2015, s/p), en la obra maestra del cine silente insular que tiene, además, ciertos influjos de la interpretación escénica. El quicio de la obra seguía cánones argumentales muy convencionales (un joven de clase baja que se enamora de la hija del cacique, y es rechazado por este, y un hijo de un terrateniente que también la pretende) por lo que Peón tuvo que trabajar el guion y la interpretación hasta conseguir una realización destacable.

En 1936, Luis Felipe Rodríguez publicó *Don Quijote de Hollywood (peripecia tragicómica)*, quizá el primer texto de un escritor sobre el mundo del cine. Se trata de un libro sobre la vida y la obra de Charles Chaplin, que contó asimismo con un prólogo de Juan Marinello. Rodríguez, antes de su interés por el cine, había publicado poesía (*Poemas del corazón amoroso*, 1920), novela (*La conjura de la ciénaga*, de 1923, *La copa vacía*, de 1926) y varios libros de relatos, además de diversas obras de teatro. Su obra literaria se completaría con varios títulos más hasta el momento de su muerte, acaecida en 1947. Su libro fue el primer intento de largo aliento por describir el efecto complementario al que hasta ahora venimos descubriendo: la influencia del cine en un texto de carácter literario, o al menos la utilización de contextos cinematográficos por narradores, poetas, dramaturgos, etc.

Esta época del cine mudo en Cuba está narrada por Raúl Rodríguez González en su libro *El cine silente en Cuba* (1992), publicado por Letras Cubanas. En él se da cuenta de todas las producciones relacionadas con el entorno insular, algunas de origen europeo, otras estadounidenses y, finalmente, las cintas más autóctonas, todas ellas involucradas en la búsqueda de una orientación nacional, con abundante documentación acerca de las personalidades más destacadas de la industria y el arte cinematográficos, y material gráfico de gran valor.

1.2. La irrupción del sonido en el cine en los años treinta

En 1937 se estrenó la primera película de metraje largo con sonido, *La serpiente roja*, otro de los hitos del cine prerrevolucionario. El director, Ernesto Caparrós, se inspiró para su realización en historias de detectives que normalmente pueblan la literatura europea y americana, aunque en este caso la fuente directa fue la novela radial protagonizada por el detective Chan Li Po, fundamentado a su vez en el héroe estadounidense Charlie Chan. El mentor del detective chino-cubano fue el novelista, autor teatral, periodista, músico y pintor cubano Félix Benjamín Caignet, autor de cuentos para niños, cuentos populares, narraciones largas, numerosas obras teatrales y más de trescientas obras musicales. Caignet fue internacionalmente conocido por ser el autor de la radionovela *El derecho de nacer*, quizá el fenómeno de la cultura cubana más importante de cualquier medio de comunicación, que en la Isla llegó a provocar el cambio de horario de las misas y la suspensión de algunas sesiones del Congreso de la República.

La dilatada vida de *El derecho de nacer* va mucho más allá del eco que tuvo esa primera versión, como radionovela, en 1948. En 1949 y 1950 se adaptó en Venezuela, con el mismo título y se transmitió por todo el país. También en 1950 se hizo el mismo recorrido en México, en 1955 se adaptó en Perú y en 2010 se produjo una nueva versión en Venezuela. La obra traspasó enseguida el género radiofónico y se convirtió en telenovela en numerosos puntos de América Latina durante más de medio siglo: en 1952 en Cuba, en 1959 en Puerto Rico, en 1960 en Ecuador, en 1962 en Perú, en 1964 en Brasil (*O direito de nascer*, con nuevas versiones, diferentes a la de 1964, en 1978 y 2001), en 1965 en Venezuela, en 1966 en México (con nuevas versiones, distintas a la primera, en 1981 y 2001), etc. Finalmente, la obra ha tenido dos versiones cinematográficas, la primera en México, en 1952, y una posterior, en 1966, también en México. La versión original constaba de 314 capítulos de 20 minutos, pero el formato ha variado considerablemente en otras versiones radiofónicas y televisivas.

En los primeros años del cine sonoro, además de *La serpiente roja* hay que destacar sobre todo las películas que tienen como base la música popular cubana, que se exhibe con toda su fuerza alrededor de tramas débiles que constituyen casi un pretexto para que la tradición musical insular destaque por su valor y poder evidente de seducción. A las primeras obras, como *Maracas y Bongó* o *Arrullo de palmas* siguieron las muy aclamadas *Romance del palmar* (1938) y *Sucedió en La Habana* (1938), las dos de Ramón Peón. En la primera, además de Caignet, pieza clave en la cultura popular de la época por su aportación a la literatura, la radio, la pintura y la música, participaron Ernesto Lecuona, Bola de Nieve, Rita Montaner y otros, y en la segunda, además de la presencia de los anteriores, tuvo lugar el debut de María de los Ángeles Santana, y constituyó el primer ejemplo de colaboración entre México y Cuba en una producción ambiciosa, que inauguró una tradición que ha enriquecido con el tiempo el acervo cultural de los dos países. En los años cuarenta se sucedieron las películas de coproducción con México y de tema musical, bien basadas en una canción de un autor conocido o bien planteadas como una exhibición de destrezas musicales de actores, cantantes y compositores.

También en 1938 se produjo en La Habana una nueva interacción entre el mundo de la literatura y el del séptimo arte. A instancias del Partido Comunista Cubano, una serie de intelectuales y artistas, de profundo sesgo político y social, como Juan Marinello, Alejo Carpentier, Nicolás Guillén, Ángel Augier, Mirta Aguirre o José Antonio Portuondo, contribuyeron a poner en marcha la productora de cine *Cuba Sono Films*, dirigida por Luis Álvarez Tabío y dedicada a tratar temas sociales y políticos comprometidos. En 1940 filmaron dos películas, una de ellas de enorme importancia, *El desahucio*, acerca de la ayuda que recibe un obrero en el paro y desahuciado para luchar por sus derechos y mejorar su situación económica. La película se basó en un relato de Vicente Martínez, miembro del partido, narrador, poeta y autor teatral, elogiado por Nicolás Guillén en *Prosa de prisa* (2002, 196–197). Sobre ese relato, Juan Marinello escribió un texto que sirvió de base para la realización de la película, dirigida por Álvarez Tabío, cuyos actores fueron todos obreros con protagonismo sindical y que contó con música de Alejo Carpentier (Hernández, 2007, 44).

Fuera del contexto de esa "década musical" del cine cubano, en 1942 Jean Angelo (seudónimo prestado del seudónimo del actor francés de cine silente Jean-Jacques Barthélemy, fallecido en 1933), el director de cine cuyo verdadero nombre fue Ángel Hernández, realizó la película *La que se murió de amor*, el primer texto fílmico de una larguísima serie dedicada a José Martí hasta el siglo presente. La película, de la que no se conserva ni una copia, estuvo rodeada desde el comienzo de una fuerte polémica. El gobierno de la capital cubana financió en parte la realización del filme pero, después de comprobar el resultado, desautorizó el visionado de la misma y prohibió su exhibición (Douglas, 1997, 90–95). Por eso, en el corto período en que fue mostrada a un escaso público, adquirió otros títulos como *La niña de Guatemala* o *Martí en Guatemala*. Los problemas generados por la película descansaban en la imagen supuestamente distorsionada que se ofrecía de José Martí y de la historia de América Latina: viajes inexistentes del libertador; edad de 42 (que es la que tenía cuando falleció, en 1895) frente a los 25 que tenía cuando tuvo lugar el episodio de Guatemala, en 1878; la caracterización de los indígenas centroamericanos por medio de mulatos cubanos, etc. A las autoridades les pareció, asimismo, irreverente "la mera sugerencia de los amoríos de un ser moralmente irreprochable" (Juan, 2017, 155). Años más tarde, el Tribunal Supremo anuló el decreto que había prohibido comercializar la película.

En 1945 se estrenó *El deseo*, película dirigida por Chano Ureta, que también escribió el guion, basándose en la novela homónima de Hermann Sudermann, escritor y dramaturgo alemán del naturalismo, quien había publicado su narración en 1888, en un ambiente de marcado estilo naturalista. En la película hubo una estrecha colaboración entre Cuba y México, como era habitual en aquella época. Chano Ureta volvió a adaptar dos años más tarde en una cooperación cubano mexicana. Esta fue la novela de Mariano Azuela *La marchanta*, cuya versión fílmica llevó el título de *La carne manda*, y que representaba un triángulo amoroso protagonizado por Rosita Fornés, quien también había sido la cara visible de *El deseo*.

La recuperación de los clásicos del siglo XIX culminó en esa década con la irrupción en el cine de la protagonista universal de la novela de Cirilo Villaverde. Cecilia Valdés y su historia ya habían llenado páginas memorables en el contexto artístico cubano del siglo XX desde que se estrenara en marzo de 1930 la zarzuela *María de la O*, en el teatro Payret, obra de Ernesto Lecuona y Gustavo Sánchez Galarraga, inspirada en la heroína decimonónica, y dos años más tarde la comedia lírica *Cecilia Valdés*, de Gonzalo Roig, con texto de José Sánchez y Agustín Rodríguez (Mejías, 2014, 24). Más tarde hubo versiones para la radio (1942) y una radionovela (1959). En los años cuarenta, la obra dio el salto al mundo del cine, primero como *María de la O* (1947), inspirada parcialmente en el personaje romántico, como en el caso de la zarzuela, y más tarde como *Cecilia Valdés* (1949), film dirigido por Jaime Sant-Andrews, que consiguió apartarse de adaptaciones anteriores en otros géneros, con un aceptable y honesto "enfoque de fondo" del "desarrollo visual" de la obra clásica, aunque todavía con ciertos toques de teatralidad (Aguirre, 1988, 95).

También en esos últimos años de la década nació para el mundo del espectáculo el que años más tarde se convertiría en la figura fundamental e indiscutible del cine cubano: el director Tomás Gutiérrez Alea. Con solo 19 años y mientras estudiaba Derecho en la Universidad de La Habana, grabó el corto *La caperucita roja*, acomodando en clave de humor la versión del cuento que ya habían realizado Charles Perrault y los hermanos Grimm (García-Reyes, 2019, 79). La relación entre el cine y la literatura en este gigante del séptimo arte insular irradiará, como veremos, en toda su carrera artística, que se cierra, como si fuera un círculo voluntariamente trazado, con *Fresa y chocolate*, que aporta nuevas perspectivas críticas al cuento popular de la niña vestida de rojo en un bosque bajo la amenaza del lobo feroz, en el contexto señalado por Senel Paz con su relato.

Tres años más tarde, en 1950, Gutiérrez Alea realizaría un nuevo corto pleno de literatura, *Una confusión cotidiana*, basado en el cuento homónimo de Kafka, en el que dos hombres quedan para reunirse y concretar un negocio, pero por diversas circunstancias nunca logran coincidir, incluso al final del relato, cuando están a punto de encontrarse pero uno de ellos se tuerce el tobillo y no puede alcanzar al otro, que ya se marchaba. La película de Alea no tenía sonido, pues trataba de imitar la estética, la mímica de los espectáculos silentes, algo que multiplicaba el efecto de perplejidad y desconexión que la misma trama kafkiana apuntaba. En 2007, como homenaje a los dos directores –Titón y Néstor Almendros–, Vladimir Smith realizó un corto titulado igualmente *Una confusión cotidiana*, para demostrar hasta qué punto el narrador checo fue un precursor del conceptualismo del cine cubano, un maestro para Gutiérrez Alea y un ejemplo constante para el trabajo del ICAIC. El director del homenaje veía así la relación de Gutiérrez Alea con Kafka en ese primer corto del absurdo:

> Gutiérrez Alea recalled that Kafka's story represented a real challenge, testing his ability to tell a story in motion pictures "en el que se jugaba con el absurdo cotidiano". Gutiérrez Alea found in Kafka a main reference for his films: the absurd. This was a recurrent intention, a way to observe and portray everyday life in Cuba. As the poet Virgilio Piñera has pointed out: "si Kafka hubiese nacido en Cuba, en vez de haber sido un escritor del absurdo habría sido un escritor costumbrista". For Kafka, according to Piñera, Cuba could have been a natural place for his writings of the absurd. (Smith, 2011, 76)

De 1950 data también la película *Un día de vida*, producción en la que nuevamente se produjo una estrecha cooperación entre México y Cuba. Realizada en el país azteca, fue dedicada a José Martí, "que supo unir en un solo sacramento los corazones de Cuba y México". La historia se centra en el periodo revolucionario del México de las primeras décadas del siglo XX, y cuenta las peripecias de una periodista cubana, Belén Martí, que llega a México interesada por los sucesos políticos que allí acontecen, y se enamora de un revolucionario a quien van a fusilar por protestar con violencia por la muerte de Emiliano Zapata, utilizando no solo las armas sino textos diversos de José Martí, el ejemplo de su vida y su entrega a la causa revolucionaria. El guion fue realizado por el novelista Mauricio Magdaleno, y la película dirigida por Emilio Fernández, "El

Indio". Ambos resultaron reconocidos y premiados por su solidaridad con el pueblo cubano y por dilatar las relaciones de los dos países.

En 1951 se creó la Sociedad Cultural Nuestro Tiempo, que incluyó a varios artistas e intelectuales de los que luego fundarían el Instituto Cubano del Arte e Industria Cinematográficos (ICAIC). Gutiérrez Alea estuvo desde el comienzo dentro de ese nutrido grupo de escritores, artistas e intelectuales que se preocuparon por ensanchar los caminos del arte en general, concebido a través de diferentes formatos: música, imagen, palabra escrita, artes plásticas. Personajes muy diversos como Mirta Aguirre, Félix Pita Andrade, Alfredo Guevara, José Massip, Julio García Espinosa u Olga Andreu formaron parte del elenco de integrantes de dicha asociación. El mismo año de su fundación comenzó a publicarse la revista *Nuestro Tiempo*, iniciativa del grupo, que se mantuvo activa hasta la caída de Batista, la llegada de los barbudos al poder y la sustitución de la mayoría de los proyectos artísticos anteriores por el ICAIC y su labor de control y homogeneización cultural. A los pocos meses del estreno de la Sociedad, ya en 1952, una idea de un director no ligado a ella, Jean Angelo, volvió a intentar un homenaje a José Martí, con el cortometraje *Los zapaticos de rosa*, financiado por el Ministerio de Información cubano, otra pésima película, que utiliza la historia del poema de Martí siguiendo escrupulosamente el texto, el tiempo y la trama del texto poético, carente de fuerza, de personalidad y sin captar mediante imágenes el componente lírico del verso martiano.

De 1952 data también el libro *Películas que no se olvidan*, de la poeta Emma Pérez, una extensa colección de críticas de películas que escribió desde 1949. Pérez había colaborado en prensa literaria desde 1926, cuando dirigía la revista *Villa Clara*. Como poeta publicó *Versos* (1923), *Poemas de la mujer del preso* (1932), dedicado a su esposo, el escritor Carlos Montenegro, *Niña y el viento de mañana* (1937), *Niños de Dostoievski* (1938) e *Isla con sol. Poesía en la escuela* (1945). En ese mismo año hizo también una antología titulada *Cuentos cubanos*. Las reseñas de cine publicadas en 1952 provenían de sus colaboraciones en *Gente de la Semana*, revista fundada por Emilio Surí y Carlos Montenegro, de la que llegó a ser directora a partir de 1953.

Se acercaba el centenario del nacimiento del libertador de Cuba, y en 1953, como uno más de los proyectos de la dictadura de Batista para apropiarse de la imagen del poeta, se inició la realización de la película *La Rosa Blanca. Momentos en la vida de Martí*, financiada por el gobierno gracias a la decisión de la Comisión Nacional del Centenario, favorable a la propagación de una imagen hagiográfica del Apóstol cubano. Con el fin de que el proyecto tuviera difusión internacional, la Comisión buscó a un director extranjero y, en todo caso, que no fuera Jean Angelo, dada la escasa calidad de sus dos piezas anteriores. El elegido fue Emilio Fernández, director mexicano de gran prestigio, y la película significó una más de las muchas coproducciones que desde hacía años los cubanos estaban compartiendo con los mexicanos, poseedores de un cine de mucha calidad y con una solvencia económica enormemente más acreditada que la cubana. Por otro lado, México era un país que siempre había valorado muy positivamente la figura de Martí. De hecho, el novelista Mauricio Magdaleno, asiduo guionista de Fernández, había escrito una novela biográfica sobre Martí, sobre todo por lo que se refiere a su internacionalización y a su estrecha y dilatada relación con México, titulada *Fulgor de Martí* (1941, Ediciones Botas), y más adelante llevaría a cabo una antología de la obra del cubano, con un prólogo y una abundante selección de textos. Por su parte, Emilio Fernández, tres años antes de acometer el encargo de la Comisión batistiana ya le había dedicado al Apóstol su melodrama *Un día de vida* (Juan, 2017, 156). Tres meses más tarde del comienzo del rodaje, ya en 1954, la película estuvo lista para su difusión, no exenta de polémicas, por la apropiación de la idea de un gobierno dictatorial y la realidad de que muchos de los que intervenían en la realización no eran cubanos. Además, su acabado dejó entrever algunos de sus defectos, como la imposibilidad de "conmovernos debido al acartonamiento de un guión empeñado en monumentalizar la figura del héroe, olvidando la humanidad del personaje" (Juan, 2017, 160). Guillermo Cabrera Infante, uno de los escritores que más ha reflexionado sobre las relaciones entre el cine y la literatura, opinaba sobre la producción cubano-mexicana en su reseña de 1954:

> ¿Cómo pretender que sea el cine quien descubra a un hombre que jamás fue espectáculo? Porque Martí no fue un guerrero audaz, ni un héroe pintoresco, sino un hombre mínimo en su exterior, recogido hacia dentro, una máquina de pensar que solo se comunicaba con el entorno para fulminar con una palabra justiciera o musitar unas frases de amor y comprensión para todo prójimo [...]. Hubiera sido preferible un poco menos de rigor formal e histórico y un poco más de sentimiento (Cabrera Infante, 2005, 56)

El año del centenario se estrenaron asimismo dos documentales cortos con tema martiano: *Martí, mentor de juventudes*, de Juan Díaz Quesada, y *Siguiendo la ruta de Martí*, de Enrique Crucet. Este último autor, pintor y cineasta, quiso recorrer los últimos meses de la vida de Martí, desde que tocó tierra cubana el 11 de abril de 1895 hasta su muerte un mes y una semana más tarde. Para ello, utilizó los datos del *Diario de campaña* del prócer, uno de los últimos textos escritos por Martí antes de su trágico fallecimiento, y los pobló de imágenes, en una cinta de 16 mm que sirviera no solo para el disfrute de un público general, sino también para unirse a otras películas en la Biblioteca Cinematográfica de la Academia Militar de Cuba, y contribuir a la formación de los soldados (Lam, 2018). Crucet, antes de realizar la película, ya había pintado algunos cuadros sobre la vuelta de Martí a Cuba en 1895, en los que destacaba la pasión por el paisaje cubano, más que la figura del poeta y revolucionario (Lolo, 2008).

De 1954 es la película *Mulata*, dirigida por el mexicano Gilberto Martínez y protagonizada por Ninón Sevilla (Emelia Pérez Castellanos), bailarina, actriz y vedette cubana que vivió y trabajó muchos años en México. La historia fue tomada de *Mulatilla: estampa negra*, novela del uruguayo Roberto Olivencia Márquez, de quien se utilizó el argumento pero se "cubanizó", trasladando personajes y situaciones a la mayor de las Antillas. En la película, Caridad –nombre típicamente cubano–, hija de un esclavo, debe iniciar una lucha denodada frente a todos los hombres que la desean. La historia está contada por un marinero mexicano que la conoció tiempo atrás, y en el transcurso de la trama tienen mucha importancia los bailes rituales de las negras cubanas relacionados con la religión yoruba, en los que se derrocha abundante sensualidad. De la misma temática y factura, aunque ya no entresacada de un texto literario, es *Yambaó* (1957), coproducción cubano-mexicana dirigida por Alfredo B. Crevenna, protagonizada por Ninón Sevilla y con un fuerte componente de cultura afrocubana en los bailes, rituales yorubas y costumbres de los negros.

En 1955, Julio García Espinosa lanzó su primera obra, el corto *El Mégano*, en colaboración con Tomás Gutiérrez Alea, Alfredo Guevara y José Massip, en el entorno de una concepción novedosa de cine crítico de carácter social, que culminaría con la creación del ICAIC en 1959, nada más triunfar la revolución. Escritores y cineastas comenzaron a asociarse en una tendencia que sería dominante en las primeras décadas del cine revolucionario propuesto por la dictadura castrista. Gutiérrez Alea y García Espinosa habían estudiado poco antes en Roma, y por allí habían pasado también Gabriel García Márquez y Fernando Birri, todos ligados a Cinecittà, donde recibieron clases de los ya clásicos del neorrealismo Cesare Zavattini y Vitorio de Sica. En el discurso que Gabriel García

Márquez pronunció en el acto inaugural de la Fundación de Cine Latinoamericano, en 1985, recordaba lo que habían vivido los cuatro, treinta años antes:

> Entre 1952 y 1955, cuatro de los que hoy estamos a bordo de este barco estudiábamos en el Centro Experimental de Cinematografía de Roma: Julio García Espinosa, viceministro de Cultura para el Cine; Fernando Birri, gran papá del Nuevo Cine Latinoamericano; Tomás Gutiérrez Alea, uno de los orfebres más notables, y yo, que entonces no quería nada más en esta vida que ser el director de cine que nunca fui. (García Márquez en Esteban y Panichelli, 2004, 256)

Gutiérrez Alea también recordaba aquella época, y confesaba que la experiencia de Cinecittà supuso no solo una especie de "barniz académico" sino también una maduración política, porque los latinoamericanos que allí estudiaban pudieron observar con detenimiento los sucesos que estaban ocurriendo después de una dura guerra y, en Italia, las cenizas del fascismo en una etapa de reconstrucción económica, social y política. Pero el problema fue a la vuelta de Roma, porque era muy difícil hacer buen cine (era muy difícil hacer, simplemente, cine) en Cuba, por falta de dinero y de tradición. Y así nació *El Mégano*, después de reunirse varios amigos, buscar dinero y seleccionar la mejor de las ideas para llevarla entre todos a la pantalla. La que más gustó fue la de Julio García Espinosa, que fue elegido como director pero la realización fue colectiva (Gutiérrez Alea en Évora, 1996, 20). El documental, que trataba sobre la explotación a la que eran sometidos los trabajadores de una ciénaga, que extraían madera para hacer carbón, fue retirado por la policía de Batista después de su primera exhibición, por lo que los realizadores no pudieron volver sobre sus propósitos sociales hasta la llegada del huracán revolucionario tres años más tarde, con el que todos se alinearon rápidamente.

La historia de la Isla estaba a punto de cambiar. Casi todo lo que constituía un peligro para el régimen de Batista, y que era sometido a la censura, tuvo las puertas abiertas a partir de 1959, y viceversa. Tanto en el cine como en la literatura, aquellos que habían estado perseguidos o silenciados por la dictadura batistiana encontraron un camino para una expresión más acorde con su pensamiento, aunque no totalmente libre. De hecho, algunos de los que abrazaron la revolución en los primeros momentos, como Desnoes, Cabrera Infante o Hebeto Padilla, terminaron en el exilio. La transición entre un sistema y otro no fue paulatina sino contundente, rápida y eficaz, de tal forma que algunos proyectos que habían comenzado en 1958 se vieron truncados o tuvieron un destino diferente al imaginado. Un ejemplo de ello fue la primera película que se estrenó en 1959, *Con el deseo en los dedos*, el 22 de junio de ese año dirigida por Mario Barral, hombre de cine pero también de radio, televisión, autor teatral y poeta. La película no era buena y, por ello, las críticas fueron a veces feroces. Se la llegó a tildar de "anticubana", pero no en un sentido político sino más bien de identidad, porque no era fiel a los valores propios de la cultura cubana. Guillermo Cabrera Infante, en la revista *Carteles*, del 5 de julio, la tildó, con ironía, de "ejemplar", pero en un sentido negativo. Y el crítico Manuel Fernández, en *Cine Guía*, aseguró que habría que retirarla de circulación, y ello constituiría un acto de "depuración artística, moral y patriótica" (Castillo, 2019a).

La obra de Barral fue rechazada no solo por su escasa calidad técnica, sino también por ser considerada como una obra poco útil, ligera, absurda y sin profundidad ni problematización, más allá del puro entretenimiento. Y si el destino de la película fue el olvido, también lo fue, dentro de la Isla, el de su autor, ya que Barral abandonó Cuba en los primeros años de la revolución. Se instaló primero en Puerto Rico, donde trabajó en Telemundo, y después en Miami, ciudad en la que vivió hasta su muerte en 1999. Continuó ligado a la radio y la televisión, escribió teatro y publicó algunos de sus poemarios más conocidos. Como anota Sergio Luis Hernández, a partir de enero de 1959, "los cambios ocurridos en el cine cubano fueron brusquísimos", lo que provocó que los jóvenes rechazaran "todo lo que supiese a la época anterior, desde los directores hasta el personal técnico e incluso muchos de los actores que no fueran políticamente aptos" pues, según el ICAIC, el cine tendría que ser "un instrumento de opinión y formación de la conciencia colectiva" que contribuyera "a hacer más profundo y diáfano el espíritu revolucionario" (Hernández, 2007, 52). Alfredo Guevara, en el primer número de *Cine Cubano*, alcanzó a sugerir que, realmente, el cine cubano nunca había existido, porque desde 1897 hasta 1959 lo que se había hecho en la Isla con una cámara y con la tentativa de contar una historia no era cine, porque nunca se le había dado el sentido revolucionario y comprometido que se le iba a conceder a partir de ese momento (Hernández, 2007, 52–53).

De ese 1959 cabe destacar una nueva, y muy distinta, relación entre el cine y la literatura en Cuba, que marca, como la película anterior, el cambio de época. Un director británico, Carol Reed, un escritor británico, Graham Greene y una novela británica, *Nuestro hombre en La Habana*, se asocian en la capital de la Isla para contar una historia de un espía británico en Cuba por medio de una película del mismo título que la novela. La cinta se grabó en La Habana ya en la etapa castrista aunque la historia se desarrolla en los últimos años de la época batistiana. Durante la grabación, Fidel Castro se acercó a la Plaza de la catedral de La Habana, en mayo de 1959, para seguir una de las jornadas de la grabación. Tanto el libro, que es de 1958, como la película, tuvieron un gran impacto en un público internacional. El prestigio de Greene, que pocos años más tarde, a mitad de los sesenta, estaría nominado varias veces para el Premio Nobel, y sus incursiones anteriores en el cine, de la mano del mismo director, Carol Reed, acostumbrado a adaptar novelas y obras de teatro de autores muy conocidos, dieron visibilidad a una isla que estaba envuelta en un proceso de cambio radical en sus estructuras políticas y sociales. De hecho, varias décadas más tarde, John Le Carré volvió al mismo tema con su novela *El sastre de Panamá* (1996), basándose en la obra de Greene pero colocando la trama en el conflicto entre Noriega y los Estados Unidos por el control del Canal de Panamá, y de esa novela hubo también una secuela en forma de película, dirigida por John Boorman y con Pierce Brosnan como protagonista.

Toda la información reseñable y sintética sobre los documentos visuales y escritos que acabamos de describir puede consultarse en la magna obra que María Eulalia Douglas terminó en 2008, después de largos años de trabajo, titulada *Catálogo del cine cubano 1897–1960*, que recoge una por una todas las producciones cinematográficas insulares desde los comienzos del cine a finales del siglo XIX hasta el triunfo de la revolución castrista, y ofrece la ficha técnica de cada cinta y una sinopsis.

1.3. Los felices años sesenta

A raíz de la creación del Instituto Cubano del Arte y la Industria Cinematográficos (ICAIC), dos meses después de triunfar la revolución de enero de 1959, dio inicio una nueva etapa, denominada como la edad de oro del cine cubano, en la que se multiplicaron los temas, los intereses, comenzaron a dirigir personajes de una talla intelectual y artística más que notable, y se inauguró una época de mayor complicidad entre la literatura y el cine. Además, tal como se contemplaba en la Ley 169, que recogía el aporte fundacional del ICAIC, quedaba patente la necesidad de fomentar no solo la creación de un arte cinematográfico propio sino también un conjunto de investigaciones y publicaciones de altura científica sobre el séptimo arte, con el apoyo de críticos, escritores, intelectuales, cineastas, bajo la batuta de la Comisión de Cultura y Técnica Cinematográfica, que también se proponía crear una Cinemateca (que estrenaría su andadura en diciembre de 1961), un Centro de Estudios Cinematográficos y abundantes cineclubs por todo el país. Esa labor editorial y de investigación fue completada por la Universidad de La Habana, que introdujo la temática cinematográfica en sus proyectos anuales de actividades culturales, difundió la revista *Arte 7* y creó la colección "Literatura y Arte" dentro de su Editorial, para fomentar los estudios interdisciplinares entre el cine, la literatura y otras artes, adelantándose a una moda que se ha convertido en tendencia muy en especial en los últimos años del siglo XX y los que llevamos del actual.

El panorama cultural y el tipo de protagonista relacionado con el cine se redirigieron entre 1959 y 1961 para orientar de un modo muy determinado el contenido y las formas de cualquier manifestación cultural. Entre 1959 y 1960 se extinguieron todas las empresas particulares que producían cine, y aquellos que las canalizaban o administraban abandonaron el país. A la vez, el mundo occidental se había interesado desde el 1 de enero de 1959 por todo lo que estaba ocurriendo en la Isla, de tal forma que una gran cantidad de escritores, políticos, pensadores, cineastas europeos y americanos visitaban Cuba, escribían ensayos sobre la situación y los nuevos productos culturales, sobre los cambios económicos y sociales. También fueron frecuentes las estancias de directores de cine de países del entorno soviético. A partir de junio de 1960 se comenzó a proyectar un programa de noticias dirigido por el ICAIC, que trataba de difundir con la mayor exactitud los postulados de las nuevas formas de entender el arte. El 6 de agosto de ese año el gobierno cubano promulgó la Ley 890 en la que, entre otras cosas, se daba a conocer lo siguiente:

> Artículo 1: Se dispone la nacionalización mediante expropiación forzosa de todas las empresas industriales y comerciales, así como las fábricas, almacenes, depósitos y demás bienes y derechos integrantes de las mismas, propiedad de las siguientes personas naturales o jurídicas [...] Grupo 'W': Circuitos cinematográficos y Cines.
>
> Artículo 2: Se adjudican, por lo tanto, a favor del Estado Cubano, todos los bienes, derechos y acciones de las empresas relacionadas en el Artículo 1 de esta Ley, transfiriéndose todos sus activos y pasivos y en su consecuencia, se declara al estado subrogado en el lugar y grado de sus personas naturales o jurídicas propietarias de las mencionadas empresas.

Artículo 3: La Administración y Dirección de las empresas comerciales e industriales que se dejan adjudicadas al estado por esta Ley, se les asigna a los siguientes organismos y dependencias: [...] Las empresas que aparecen relacionadas en el Grupo W, se le asignan al Instituto Cubano del Arte e Industria Cinematográficos. (Gaceta, 1960)

A partir de ese momento, las empresas extranjeras que tenían filiales en Cuba fueron intervenidas, porque trataron de no acatar las normas estrictas dictadas por el ICAIC. En mayo de 1961, a instancias del acuerdo 2868 del Departamento de Recuperación de Bienes del Ministerio de Hacienda, el gobierno retiró la titularidad en Cuba a las empresas Películas Fox, Warner Bros, Artistas Unidos, etc., la mayoría de origen estadounidense o mexicano, de acuerdo con lo que establecería Fidel Castro un mes más tarde, en sus "Palabras a los intelectuales", cuando afirmó que "Dentro de la Revolución todo; contra la Revolución, ningún derecho". Esto sería matizado en 1966, en un discurso que conmemoraba los nueve años del ataque al Palacio Presidencial, de la siguiente forma: "Amigos, familia, dentro de la Revolución, todo; fuera de la Revolución, nada" (Castro, 2008), y que parafraseaba una intervención de Mussolini, cuando aseguró: "Dentro del Estado, todo. Fuera del Estado, nada" (Schnapp, 2000, 66).

Uno de los primeros proyectos de alto calado que puso en marcha el ICAIC fue la creación de la revista *Cine Cubano*, cuyo primer número apareció en julio de 1960, por iniciativa del primer presidente de la institución, Alfredo Guevara, y que se encargó de difundir la cinematografía cubana, la latinoamericana y, más adelante, también la de los países soviéticos. Durante más de cincuenta años, *Cine Cubano* ha contribuido a resaltar el enorme esfuerzo que el ICAIC puso desde el primer momento por promover un tipo de cine que estuviera de acuerdo con las exigencias de los nuevos tiempos que se originaron a partir del día inaugural de 1959.

La primera obra que se llevó a cabo bajo los nuevos presupuestos ideológicos del ICAIC fue *Historias de la Revolución* (1960). Gutiérrez Alea, su director, confirmaba que trabajó con la novela de Humberto Arenal *El sol a plomo*, que acababa de ser publicada en Las Américas, de Nueva York, y tuvo una segunda edición ese mismo año en La Habana (Évora, 1996, 24). De hecho, Arenal vivía en Nueva York y fue requerido por Fidel Castro para aportar todo lo que pudiera al proyecto cultural de la revolución, por lo que decidió trasladarse inmediatamente a la Isla, en donde permaneció hasta su muerte en 2012. Nada más llegar trabajó con

Gutiérrez Alea en el guion de la película, contribuyó a la fundación de la UNEAC, dirigió durante un tiempo el Teatro Lírico Nacional, y colaboró con Guillermo Cabrera Infante en *Lunes de Revolución* con abundantes y generosas crónicas, llenas de calidad y profesionalismo. Pero no quiso alinearse ni con los de "dentro" ni con los de "fuera", y llegó a ser crítico con el gobierno unidireccional, lo que le valió caer más adelante en el ostracismo. Incluso se le prohibió publicar durante algunos años y desapareció por completo de la vida cultural del país. También 1960 fue el año de *Los tiempos del joven Martí*, documental cubano de orientación más política que literaria. La producción, la dirección y el guion constituyeron una pieza más en el sendero hagiográfico que desde el centenario se estaba modelando en la Isla. La película se comenzó a realizar en 1957 pero su conclusión se retrasaba por ajustes de presupuesto. Con la creación del ICAIC el proyecto pudo terminarse, gracias al aporte económico de la institución.

En la misma línea de compromiso con la nueva realidad proclamada por el joven gobierno, en 1961 se estrenó *Realengo 18*, un drama de Óscar Torres y Eduardo Manet, que adaptaba el contenido del texto homónimo de Pablo de la Torriente Brau, en el que se relata un hecho histórico: una localidad rural, denominada Realengo 18, se enfrenta a compañías estadounidenses para mantener la posesión de sus tierras. El suceso ocurrió en 1934, y Torriente Brau, narrador y periodista, publicó un reportaje para subrayar la valentía y el orgullo de los habitantes del lugar en contra de la intervención extranjera. Este pueblo de la provincia de Guantánamo se convirtió en el símbolo de las luchas de los campesinos en Cuba durante varias décadas, que la revolución de 1959 logró explotar como muestra del clímax al que se llegó en la oposición a Batista y el triunfo final. De hecho, se destacaba que muchos de los campesinos que participaron en aquellas luchas eran descendientes de mambises, lo que significaría que habría una línea directa de sentido entre la independencia y la revolución castrista, que culminaría en la ley de reforma agraria de 1959, la cual quiso devolver definitivamente el protagonismo a los campesinos cubanos frente a los terratenientes, muchos de ellos estadounidenses. En 1961, justo cuando se estaba estrenando la película, Fidel Castro promulgó una segunda ley de reforma agraria, por la que se eliminaba definitivamente el latifundio, señalando un límite de 33 hectáreas para cualquier propiedad agrícola, y engrosando la lista de bienes que pasaban a ser de propiedad estatal.

La siguiente película es nuevamente de Tomás Gutiérrez Alea, *Las doce sillas*, de 1962. El origen literario descansa en la novela *Las doce sillas*, de los escritores rusos Iliá Ilf y Eugeni Petrov, de 1928. Los autores publicaron muchas obras juntos entre los veinte y los treinta, pero su fama se debe sobre todo a esta obra y a su continuación, *El becerro de oro* (1931). En la primera, dos personajes tratan de recuperar doce sillas porque en una de ellas hay escondidos unos diamantes, aventura a la que se suma el confesor del hombre que había dejado el tesoro escondido. Todo ello desata un conjunto de situaciones cómicas que confieren el verdadero interés a la trama. Para Gutiérrez Alea, que había leído la novela antes de la revolución, supuso una nueva forma de enfrentarse al trabajo de dirección, presentando un tema para el que no se necesitaba una responsabilidad política y social tan evidente como la de su película anterior porque buscaba más el divertimento, lo que significaba gozar de una mayor libertad y de un placer más reconfortante (Évora, 1996, 27). Gutiérrez Alea no fue el primero ni el último en adaptar el argumento de los rusos. Desde comienzo de los años treinta hasta la actualidad, más de treinta artistas han realizado versiones escritas, dramáticas o fílmicas de *Las doce sillas*. Al año siguiente del estreno de la película, Gutiérrez Alea y Ugo Ulive publicaron en el ICAIC un libro con el texto del guion y la ficha técnica, precedidos por un prólogo en el que contaban el proceso de producción del filme.

También de 1962 es el documental *Minerva traduce el mar*, de Óscar Valdés, con la colaboración de Humberto Solás, que introduce el poema de Lezama del mismo título como referente e inspiración constante de la cinta. El propio Lezama declaró que los directores fueron a verlo cuando el documental ya estaba hecho y que le pareció de interés como texto fílmico experimental, pero que si hubieran acudido antes a él, les habría ayudado a conseguir una mejor compenetración de los tiempos del poema con el de la película (Ferrer, 2007).

Realizado asimismo en 1962, el documental *Hemingway* fue la primera muestra de un homenaje a un escritor desde el comienzo del trabajo del ICAIC. Dirigido por Fausto Canel sobre un texto de Lisandro Otero, significaba el acercamiento de la revolución a la figura de un estadounidense acusado en su país de abrazar la ideología comunista, que había residido en Cuba, que no había podido resistir las tensiones creadas alrededor de su figura literaria y política y se había suicidado. El documental fue un símbolo del apoyo a la revolución desde ciertos sectores críticos de la cultura del país vecino.

Humberto Solás se estrenó como director único en el cine de tema literario, que cultivaría durante toda su vida, con su tercer corto, *El retrato* (1963), basado en un cuento de Arístides Fernández, del mismo título. Fernández, pintor y cuentista de la primera mitad del siglo XX, de formación modernista, destacó por el énfasis en la descripción del mundo rural y las preocupaciones sociales. Como narrador, escribió 17 cuentos, publicados en las mejores revistas de la época, y más tarde en una colección en forma de libro en 1959, después de su fallecimiento. Sus relatos se preocupan sobre todo por el subconsciente humano y ciertas conductas y reacciones derivadas de problemas como la muerte de un ser querido, la crueldad, el hambre, etc. En *El retrato*, Solás exploraba más bien la veta pictórica de Fernández, al describir a un pintor que busca inspiración en una mujer imaginaria a quien descubre en un retrato de un edificio abandonado.

Menos cinematográfico y muy literario fue el resultado final de *Cumbite* (1964), según su autor, Tomás Gutiérrez Alea (Évora, 1996, 29), quien recurrió a la ayuda del narrador Onelio Jorge Cardoso para la adaptación de la novela del haitiano *Gobernadores del rocío* (1944), en la que un haitiano regresa a su país desde Cuba y trata de mediar entre dos familias por problemas con el control del agua, y aunque es asesinado, su novia y su madre consiguen lo que Manuel no pudo: establecer un pacto entre las familias para el reparto del agua. Y, sobre este tema social, una historia de amor al estilo de Romeo y Julieta o Tristán e Isolda, en la que el amor y la muerte establecen sus conexiones como tema literario universal (Santana, 2008, 277).

También literario pero asimismo pictórico y figurativo resultó el breve documental *Cosmorama* (1964), de Enrique Pineda Barnet, que se inspiraba en el "Poema espacial n. 1" del artista cubano-rumano Sandú Darié, amigo de Pineda, instalado en La Habana después de haber vivido en su país natal, Rumanía, y haber estudiado en París, entre 1926 y 1932. Ambos trabajaron en el guion-poema visual y el resultado fue un experimento que combinaba movimiento, sonido y experimentación. Del mismo año fue *En días como estos*, cinta de Jorge Fraga, basada en la novela *Maestra voluntaria*, de Daura Olema García, que recibió el Premio Casa de las Américas y fue publicada en 1962. La autora es también poeta y periodista, y ha colaborado en la elaboración de guiones de cine en el ICAIC. La película de Jorge Fraga, en opinión de Ferrera, mantiene muchos de los defectos de la novela, al centrarse en detalles innecesarios, sobre todo la "toma de conciencia" final de la protagonista, "débil solución dramática del conflicto" (Ferrera, 2012, 10), es decir, la facilidad con la que Elena, una pequeño-burguesa, decide alinearse con el tipo de compromiso que exige la revolución, al integrarse al colectivo de recién licenciados que van a ejercer como maestros voluntarios y convivir con ellos.

Otro experimento basado en un poema, como el de *Cosmorama*, fue *Iré a Santiago* (1964), documental de Sara Gómez, quien además ideó el guion basándose en el conocido poema de Federico García Lorca. Alrededor de los versos del granadino, Gómez trató de contar ciertos aspectos de la vida cotidiana de los habitantes de la ciudad más oriental de la Isla. Del mismo año fue la adaptación de otra obra de García Lorca, *Yerma*, con el mismo título, dirigida por Amaury Pérez, quien realizó además del guion, y que contó con la actuación de Consuelo Vidal, Sergio Corrieri y otros actores muy conocidos.

De 1964 dató asimismo la cinta documental *Romeo y Julieta '64*, grabada por Ramón Suárez, que recoge la adaptación teatral y puesta en escena del clásico de Shakespeare a manos del director y actor checo Otomar Krejca, quien trabajó codo a codo con Suárez para la redacción del guion. La iniciativa quiso destacar, con una explicación acoplada al documento visual, la importancia de la paz en momentos críticos de la Guerra Fría, pero esa observación, realizada por el autor checo, fue censurada por el gobierno cubano, que recortó esas palabras del producto final, dejando un profundo malestar en el autor centroeuropeo.

En 1966 se enmarcó la primera publicación específica de Ediciones ICAIC en forma de monografía sobre las relaciones entre el cine y la literatura. Se trata del libro del italiano Pío Baldelli, *El cine y la obra literaria*, un texto clásico y amplio sobre esa cuestión que tanto interesaba a la industria cinematográfica cubana en esos primeros años de gobierno revolucionario. Asimismo, resultaron muy relevantes los números de 1966 y 1967 de la revista *Cine Cubano* en los que muchos intelectuales, escritores y cineastas opinaban sobre los cruces entre el cine y la literatura, como el mismo Pío Baldelli. En concreto, fueron los volúmenes 38 (año 6, de 1966), y 39, 40 y 41 (año 7, de 1967). Entre los ponentes se encontraban Marguerite Duras, Graham Greene, Jorge Semprún, Enrique Pineda Barnet, José Massip, Alejo Carpentier, Lisandro Otero, Eliseo Diego, Ambrosio Fornet, Edmundo Desnoes, Tomás Gutiérrez Alea, Graciela Pogolotti, Humberto Solás, Julio García Espinosa y muchos más, y cada uno de ellos expuso sus experiencias personales en el contexto de esas relaciones y préstamos mutuos.

También de ese año es el libro de José Manuel Valdés Rodríguez *El cine en la Universidad de La Habana*, una obra necesaria para establecer de forma académica las relaciones entre cine y literatura. Se trata de la compilación de todos los apuntes que generaron las actividades sobre cine entre los años 1942 y 1965 en la Universidad de la capital cubana, con una división tripartita en la que se estudian, en primer lugar, las implicaciones mutuas entre cine y novela; en segundo lugar, algunas reflexiones sobre el sonido, la palabra y el doblaje en el cine, y finalmente las conexiones entre teatro y cine.

En 1967 Julio García Espinosa estrenó *Las aventuras de Juan Quinquín*, basada en la novela *Juan Quinquín en Pueblo Mocho*, de Samuel Feijóo, poeta y narrador vinculado durante un tiempo a la estela de *Orígenes*. La obra de Feijoó recuerda mucho al espíritu aventurero de Don Quijote, a la vez que recrea el cúmulo de aventuras que se suceden en las novelas picarescas clásicas españolas. El protagonista de la película, como el de la novela, Juan Quinquín, no tiene suficiente con su vida monótona de campesino, y sale fuera de su entorno en busca de aventuras, incluida la participación en guerrillas. Por el año en que se estrenó, que coincide con la caída del Che en la guerrilla boliviana, esta película sembró un relativo desconcierto, al no coexistir el sentido de compromiso del protagonista con el del héroe revolucionario. Por esas mismas fechas, Sergio Giral dirigió el documental *El cimarrón*, con un guion extraído de la novela que había hecho famoso al joven narrador y poeta Miguel Barnet, *Biografía de un cimarrón*. Giral se especializó precisamente en toda esa narrativa de lo nacional ligada al pasado esclavista y en general a las culturas africanas, por lo que la mayor parte de su producción mantuvo el mismo hilo y se basó en obras clásicas de la literatura cubana que manejaban los temas de su interés.

También en ese año hay que hacer referencia a *Tulipa*, un largometraje de Manuel Octavio Gómez protagonizado por Daisy Granados y Omar Valdés, basado en la obra dramática *Recuerdos de Tulipa*, de Manuel Reguera Saumell, quien colaboró en la realización del film reescribiendo diálogos para adaptarlos a la gran pantalla. En la obra Tulipa, que trabaja en un circo ambulante, va a ser sustituida por otra mujer y tiene que mostrarle el camino adecuado para que aprenda su cometido. Director y autor convinieron en que no deberían hacer una simple transposición del argumento. Para sacar mayor provecho al tipo de imagen y de narrativa propias del cine, ensancharon e introdujeron las acciones que en la obra teatral nada más se citan pero no se enseñan, como las actuaciones concretas del circo, las reacciones de los espectadores o los lugares concretos donde la función se establecía. También cambiaron el final, ya que en la obra teatral son las dos mujeres las que dejan el circo, mientras que en la película una se va y la otra se queda, para enfatizar el sentimiento de soledad y enajenación.

Finalmente, en 1967 Eduardo Manet, autor de 20 novelas, 24 obras de teatro, y con influencia en toda su obra –también en la cinematográfica–, de autores como Cervantes, García Lorca, Stendhal, Balzac, Flaubert o Dostoievski, dirigió *El huésped*, una película en la que un oficial de aviación recala en Gibara y va a vivir a una casa de huéspedes de una familia acomodada. La hija de la familia se enamora de él, y este la utiliza para tratar de salir del país. Protagonizada por Raquel Revuelta y Luisa María Güell, la cinta fue censurada por el gobierno cubano, porque no era suficientemente revolucionaria, ya que retrataba la perplejidad de la aristocracia cubana en los primeros años de la revolución, antes de que desapareciera por completo. La película se anunció pero nunca hubo un estreno oficial. Al año siguiente Manet abandonó el país, se instaló en Francia y desde entonces escribió sus obras en francés.

En 1968 se produjo el primer hito, del que hablaremos extensamente en otros capítulos, en la producción cinematográfica cubana: *Memorias del subdesarrollo*, dirigido por Tomás Gutiérrez Alea, que amplificaba y matizaba muchos aspectos de la novela homónima de Edmundo Desnoes. El autor de la novela colaboró con el director, y entre ambos trabajaron el texto inicial para hacer de la película una obra de arte independiente del texto escrito, que con el tiempo ha llegado a ser el gran clásico de la cinematografía cubana y ha convertido a la novela en otro de los textos indiscutibles del siglo XX, algo que no suele ocurrir con demasiada frecuencia en el contexto de las adaptaciones al cine de obras narrativas.

Para completar el mejor año de la cinematografía cubana, Humberto Solás estrenó por esas fechas *Lucía*, esta ya sin referencias literarias claras, pero que constituye un tándem indispensable con la anterior y coloca al cine cubano en su más depurada cima. Con estas cumbres se terminan los primeros años, la década del sesenta, que será la época de oro del cine cubano, con el aliento del ICAIC, verdadero motor económico y técnico del arte en Cuba, pero también tendencioso, intransigente en gran medida y falto de perspectiva histórica, capaz de reprimir una película como *PM*, de Sabá Cabrera, en los primeros años, porque daba cuenta del mundo de la diversión corriente de los cubanos que bailaban y disfrutaban en los bares de La Habana, o la comentada *El huésped*, en la que no había ninguna consigna en contra del gobierno establecido ya como una dictadura.

Un libro de 2018, titulado *1968, un año clave para el cine cubano*, señala esta época, entre 1967 y 1968, como el momento culminante de la producción cinematográfica en Cuba, signado también por las relaciones entre el cine y la literatura. Se trata de una obra colectiva, con la colaboración de destacados especialistas en la materia, compilado por Luciano Castillo y Mario Naito, con prólogo de Arturo Arango. En él se pone de manifiesto cómo el subdesarrollo matiza y determina, en ocasiones, el éxito de ciertas empresas culturales, obligando a sus protagonistas a realizar esfuerzos artísticos relevantes.

1.4. El decenio gris de la cultura y el arte en Cuba

En los años setenta se produjo lo que se ha llamado el quinquenio o decenio gris de la cultura cubana, en el que el control sobre los productos artísticos de cualquier tipo se multiplicó hasta el extremo, de tal forma que muchos escritores, actores, directores de cine, músicos, artistas plásticos, dejaron de producir, o bien guardaron lo que estaban creando, por miedo a una represión de corte estalinista, ya anunciada por Fidel Castro en el discurso de clausura del Primer Congreso Nacional de Educación y Cultura del 30 de abril de 1971 que fue, entre otras cosas, el colofón del caso Padilla y un aviso al resto de los creadores de la Isla. Castro atacaba a esas "dos o tres ovejas descarriadas", "liberales burgueses", que tenían "algunos problemas con la Revolución", lo que no les habilitaba para "seguir sembrando veneno, la insidia y la intriga en la Revolución". Ello significaba que si alguno se sentía desplazado, "para volver a recibir un premio, en concurso nacional o internacional", tendría que ser "revolucionario de verdad, escritor de verdad, poeta de verdad". Castro hacía también referencia al cine, sobre todo a las películas infantiles, necesarias para adoctrinar a los niños. Y se preguntaba: "¿cómo vamos a tener programas infantiles si surgen algunos escritores influidos por esas tendencias y entonces pretenden ganar nombre, no escribiendo algo útil para el país sino al servicio de las corrientes ideológicas imperialistas?" (Castro, 2008, s/p). Y apostillaba, para que la consigna "Dentro de la Revolución, todo; fuera de la Revolución, nada", mantuviera su exacto valor, diez años más tarde:

Nosotros, un pueblo revolucionario en un proceso revolucionario, valoramos las creaciones culturales y artísticas en función de la utilidad para el pueblo, en función de lo que aporten al hombre, en función de lo que aporten a la reivindicación del hombre, a la liberación del hombre, a la felicidad del hombre. Nuestra valoración es política. No puede haber valor estético sin contenido humano. No puede haber valor estético contra el hombre. No puede haber valor estético contra la justicia, contra el bienestar, contra la liberación, contra la felicidad del hombre. ¡No puede haberlo! Para un burgués cualquier cosa puede ser un valor estético, que lo entretenga, que lo divierta, que lo ayude a entretener sus ocios y sus aburrimientos de vago y de parásito improductivo. Pero esa no puede ser la valoración para un trabajador, para un revolucionario, para un comunista. (Castro, 2008, s/p)

Por eso, la creación artística en Cuba durante la década fue más bien poca y de contenido bastante lineal, de defensa de los supuestos valores "revolucionarios". La producción cinematográfica de esos años fue fundamentalmente documental y pedagógica. Hay cintas en las que se explica cómo funcionan ciertos instrumentos, cómo aprovechar los recursos naturales sin dañar el medio ambiente, cómo hay que interpretar la historia de Cuba, cuáles han sido los hitos políticos, sociales y económicos de la Isla desde 1959, cómo fueron las diferentes insurrecciones en la época de Batista, cómo funciona el ejército y qué gestas ha producido, qué hitos culturales ha habido en la música, el baile y otras artes, cuáles han sido asimismo los hitos deportivos en Cuba (béisbol, boxeo, etc.), cómo son y cómo se vive en algunas localidades, muchas de ellas pequeñas y alejadas de la capital, cuáles son las costumbres populares de los cubanos, dónde están y cómo funcionan las principales construcciones industriales del país, cuál ha sido la evolución de explotación del tabaco, por qué no terminó con éxito la zafra de los diez millones y cuál ha sido la importancia del azúcar en Cuba, cuáles son los ríos y los principales accidentes geográficos de la Isla, cómo se construye una casa, cómo se transforman las pieles crudas para uso industrial, cómo funcionan los hospitales y cómo ha mejorado la salud pública en la Isla desde 1959, cómo es el trabajo cotidiano de los equipos que controlan los radares utilizados para detectar sabotajes del enemigo, o cuáles son las labores de los CDR, cómo trabajan los bomberos, cuál es la relación de Cuba con algunos de los países del Este de Europa, u otros como Vietnam, Angola, Laos, China, qué papel juegan las delegaciones de aquellos países, que llegan a Cuba y desarrollan su actividad diplomática, la historia del helado y su proceso de producción, etc.

Cabe destacar, entre 1970 y 1975, una respetable cantidad de cintas dedicadas al estudio de las relaciones de Cuba con el Chile de Allende, como paradigmas de un proceso revolucionario en marcha. Suelen tener un carácter marcadamente político e ideológico. De todas ellas, la única en la que hay un acercamiento cultural y literario es *Cantata de Chile* (1975), con guion y dirección de Humberto Solás. En ella se expone un ligero argumento en el que lo más importante es la presencia de poemas y canciones de Pablo Neruda, Volodia Teitelboim, Violeta Parra y Patricio Manns, y la colaboración del Comité Chileno de Solidaridad con la Resistencia Antifascista. En general, hay años de esta década en los que el cine no documental, dirigido al entretenimiento o el propósito fundamentalmente artístico, no llegó a sumar un diez o quince por ciento de la producción total cinematográfica.

El símbolo de toda esta estrategia en el control del cine, asociándolo nada más a lo documental, didáctico, ideológico y propagandístico, es la película *Diversionismo ideológico*, de 1976, en la que se habla de la cultura, la literatura y el arte, como territorios en los que debe calar el espíritu revolucionario para luchar contra el capitalismo, sistema lleno de corrupción, sinsentido, injusticias y carente de futuro. Toda la cinta está basada en discursos de Raúl Castro como Ministro de las Fuerzas Armadas Revolucionarias sobre estos temas. Curiosamente, el protagonista que lleva el peso de la narración dirige un Ministerio que nada tiene que ver con la cultura y la literatura, y la productora no es en este caso el ICAIC sino los estudios de televisión y cine de las Fuerzas Armadas Revolucionarias. Hay que recordar que, precisamente, en ese mismo año de 1976 se creó el Ministerio de Cultura, con el fin de impulsar el ámbito del arte, la cultura y la literatura en el entorno de una perspectiva más profesional y menos dirigida desde el centro puramente político del país.

Por lo que se refiere a la ficción histórica y literaria, en 1971, Gutiérrez Alea utilizó un libro de Fernando Ortiz de 1959, *Historia de una pelea contra los demonios*, para elaborar una crítica a la religión católica recordando el episodio del cura que quiso, en el siglo XVII, cambiar un pueblo de ubicación para huir de la posesión diabólica que, según él, había en el lugar. En esta ocasión colaboró con Alea en la confección del guion el novelista Miguel Barnet, y el resultado, según el mismo Titón, fue decepcionante, porque la cinta *Una pelea cubana contra los demonios* no funcionó ni conectó con el público (Évora, 1996, 39).

En una línea más comprometida con el presente, y en el contexto de la apropiación por parte del sistema revolucionario de la figura de José

Martí, José Massip dirigió en 1971 la película *Páginas del diario de José Martí*, que se apoya en el discurso que Fidel pronunció el 10 de octubre de 1968 en la Demajagua, para conmemorar el centenario del primer estallido revolucionario por la independencia, el 10 de octubre de 1868, también en la Demajagua, por Carlos Manuel de Céspedes, y que significó el punto de partida de la campaña que con el rótulo de "Cien años de lucha", trataba de identificar el proceso que comenzó en aquella finca y culminó con la acción revolucionaria de José Martí hasta 1895, como si esos dos acontecimientos hubieran dado paso de una forma natural a la revolución de 1959 y al nuevo tiempo instaurado por ella (Juan, 2017, 161–162). La película intercalaba fragmentos del diario que Martí escribió desde que llegó a la Isla para entrar en la guerra hasta su muerte en mayo de 1895, con citas del discurso de Fidel, como si todo fuera un *continuum* homogéneo. A pesar de su compromiso y su connivencia con la cúpula del régimen, la película sufrió las consecuencias de lo que recientemente se había proyectado para la Isla y terminó provocando el quinquenio o decenio gris, porque fue criticada, censurada en alguna de sus partes y más tarde retirada, debido a su alto grado de experimentalismo, lo que significaba que estaba concebida para las élites y no para todo el pueblo.

En los años setenta se filmaron otras dos obras que relacionaban el pasado glorioso de José Martí con el presente ideal de la revolución cuyo protagonista principal es Fidel Castro. El director Santiago González continuó esa línea triunfalista, de continuidad impostada, como si se tratara de una unidad de destino, en los documentales *El primer delegado* (1975, donde se destaca la actualidad de las doctrinas martianas en el Primer Congreso del Partido Comunista Cubano y en su Secretario General, Fidel Castro) y *Mi hermano Fidel* (1977). En este, se filmaba la entrevista que Castro hizo a un anciano que conoció fugazmente a Martí en abril de 1895, en plena guerra, sugiriendo que Fidel es un Martí redivivo, dados los supuestos paralelismos entre los dos líderes (Juan, 2017, 164). También en los primeros ochenta hubo una película, corta y de animación, que se acercaba al universo martiano: *El alma trémula y sola* (1983), de Tulio Raggi, la cual recuerda la estancia en Nueva York de "La Bella Otero", la bailarina española que inspiró el poema de Martí en los *Versos sencillos*.

Y en 1972 hubo otra cinta que manejaba no solo la relación del cine con la literatura, pues se centraba también y de modo más específico en el mundo del ballet. Se trata de *Nos veremos ayer noche, Margarita*, inspirada en *La dama de las camelias*, de Alejandro Dumas hijo, publicada por primera vez en 1848 y popularizada ya a principio de los cincuenta; una historia de amor, prostitución y penurias, que Dumas extrajo de ciertos sucesos en los que él mismo estuvo involucrado alrededor de la personalidad de Marie Duplessis, una joven que tuvo una agitada vida sentimental con numerosos amantes y que fue muy conocida en París gracias a esas relaciones con hombres de la clase alta parisina, de grandes fortunas, y de la élite política del país. A pesar de ser una obra puramente narrativa, inspiró numerosas piezas musicales, la más conocida *La traviata*, de Verdi, de 1853. La película cubana de 1972, dirigida por Juan Carlos Tabío, mantenía el carácter musical de la interpretación de la historia, ya que fue el Ballet Nacional de Cuba quien representó la obra, siendo Alicia Alonso la verdadera protagonista de la puesta en escena. También en 1972 se publicaron tres documentales cortos titulados *Nicolás Guillén*, en los que el poeta leía sus versos y explicaba las circunstancias que en ellos se describían, en muchas ocasiones relacionadas con eventos revolucionarios o de cultura popular.

En 1973, cuatro documentales de larga duración fueron concebidos como lecciones en las que Alejo Carpentier hablaba sobre diferentes temas de interés: sobre el surrealismo, sobre sus novelas, sobre La Habana y sobre la música popular en Cuba. Todos fueron dirigidos por Héctor Veitía, con fotografía de Mario García Joya y producción del ICAIC. Un nuevo documental, de 1975, *Nombrar las cosas*, dirigido por Bernabé Hernández, recorría la vida y la obra de Eliseo Diego, utilizando precisamente el título que el poeta dio al volumen que en 1973 había recogido toda su obra poética hasta ese momento. Otro documental, de 1976, *Nosotros*, de Luis Felipe Bernaza, explicó la vida y la obra de Regino Pedroso, adentrándose en las circunstancias históricas en las que se generó su evolución literaria. Y un último documental reseñable de la década fue *Pablo* (1978), sobre la actividad literaria y política de Pablo de la Torriente Brau.

De ese año cabe asimismo hacer referencia al libro de Michael Myerson *Memories of Underdevelopment: The revolutionary Films of Cuba*, editado en Nueva York por Grossman Publishers, que estudia no solo la película con la que se da título a la obra, sino todas aquellas cintas de tema político y revolucionario del cine cubano hasta ese año, entre las que hay varias adaptaciones de obras literarias.

Para destacar otra película de ficción que contenga elementos literarios hay que situarse en 1974. Se trata de *El otro Francisco*, de Sergio

Giral, versión fílmica de la novela romántica *Francisco*, de Anselmo Suárez y Romero, uno de los primeros textos antiesclavistas en forma de ficción, escrito a finales de los años treinta del siglo XIX por sugerencia de Domingo del Monte. La novela desarrolla la historia del amor de los esclavos Francisco y Dorotea, perseguidos por sus amos, pues el joven Ricardo pretende a la esclava. De todas formas, el peso de la narración descansa en la descripción de la vida de los esclavos, el sistema al que están sometidos en el ingenio, las torturas y castigos de los amos hacia los esclavos, y las huellas de la cultura africana en sus quehaceres cotidianos. Giral continuó en los setenta trabajando un tema que podía conectar con los gustos y directrices de las políticas culturales cubanas, como era la crítica a la esclavitud como elemento afín a la lucha por la independencia, y entre 1976 y 1977 realizó *Rancheador*, producción inspirada en otro clásico de la literatura cubana, el *Diario de un rancheador*, de Cirilo Villaverde. La película amplificó la gama humana con la inclusión de más personajes, para ofrecer una muestra social más completa del lugar y la época, y generó algunos elementos de ficción no presentes en la novela, respetando siempre el contexto general, la acción principal y la historia en sus elementos básicos.

Dos películas de 1976 acreditaron una indudable huella literaria. La primera, que es otra de las obras cumbre de Gutiérrez Alea, lleva por título *La última cena*, y está basada en una historia que Manuel Moreno Fraginals cuenta en *El Ingenio* (1964). Aunque la obra del gran historiador es un ensayo, en concreto el texto más revelador que se ha escrito en el siglo XX sobre las plantaciones esclavistas de la colonia en Cuba, Titón extrajo una historia relatada en la obra para realizar un film de ficción histórica en el que se ridiculiza al conde de la Casa Bayona quien, en el siglo XVIII, llamó un Jueves Santo a doce esclavos, los invitó a cenar y les lavó los pies, imitando la Última Cena de Jesucristo con los doce apóstoles relatada en el Nuevo Testamento.

Una evidente carga ideológica, de corte marxista, que trata de desenmascarar supuestas falacias de uno de los momentos básicos de la religión católica, se une a la crítica al adoctrinamiento de los españoles en la época colonial hacia las poblaciones indígenas, en el proceso de conversión forzada al cristianismo. En el contexto de la persecución a la Iglesia Católica en la etapa más estalinista y represora del régimen cubano, esta película reflejaba perfectamente los condicionantes ideológicos de la travesía gris de la cultura cubana. La segunda película de ese año fue *La tierra y el cielo*, de Manuel Octavio Gómez, basada en el cuento homónimo de Antonio

Benítez Rojo, publicado por primera vez en 1967, en el que se combinan y contraponen las creencias religiosas de un haitiano en Cuba y las consignas materialistas y prácticas de los revolucionarios de la Sierra Maestra.

En 1978, mientras el director chileno Miguel Littin firmaba su versión cinematográfica de *El recurso del método*, de Alejo Carpentier, con música de Leo Brower, producción franco-mexico-cubana y un guion matizado por Regis Debray y Jaime Shelley bajo la batuta de Littin, Titón volvía a aportar un estreno ligado a una obra literaria: *Los sobrevivientes*, entresacada del relato de Antonio Benítez Rojo "Estatuas sepultadas", de su primer libro, *Tute de reyes* (1967), ganador del Premio Casa de las Américas de relato corto. El mismo Benítez Rojo participó en la elaboración del guion, que amplificaba la historia breve del relato para convertirla en un largometraje.

Titón afirmó que su película no era una mera transposición del relato, sino que mucho tiempo después de haber leído el texto, le evocó "un tono, una atmósfera lo suficientemente inquietante como para desencadenar una serie de ideas que finalmente se concretaron en un argumento" (Évora, 1996, 44–45) distinto al del cuento. Lo que sí permanecía intacto era la crítica a las actitudes burguesas anacrónicas en un país en el que hacía años había triunfado y se había generalizado una revolución radicalmente antiburguesa, crítica que establecía como símbolo esa familia que no quiere aceptar el cambio y se atrinchera en su mansión tratando de permanecer incólume ante esos cambios ya normalizados. Es más, según el mismo Titón observaba, en la familia se podía notar una involución desde una forma capitalista de actuar hacia otra de corte feudalista en el transcurso de la cinta, lo que corroboraba la actitud de rechazo al sistema que la revolución había implantado (Évora, 1996, 46).

Y en el mismo año se estrenó en la televisión cubana la serie sobre la novela de Rómulo Gallegos *Doña Bárbara*, el gran clásico de la literatura venezolana, adaptación dirigida por Roberto Garriga y protagonizada por Raquel Revuelta, Manuel Gómez y Daniel García.

Cabe citar también por estas fechas a Onelio Jorge Cardoso y su nueva incursión en el mundo del cine con el guion de la película *No hay sábado sin sol* (1979), dirigida por Manuel Herrera y protagonizada por Eslinda Núñez, en la que María trata de convencer a los campesinos para que se trasladen desde sus pequeñas posesiones en lugares apartados a una nueva población, creada por la revolución, en la que podrán acceder a mejores servicios, educación, vida social y compromiso revolucionario.

Merece asimismo una mención especial *El Super*, realizada en 1978 y estrenada en 1979. Su aporte a la cinematografía cubana es muy original, ya que constituye la primera película grabada en el exilio, en este caso en Nueva York, que manifiesta de un modo profundo y sin tapujos la sensación de vacío, destierro, extrañamiento e imposibilidad de aclimatación de los exiliados cubanos de la diáspora, y no significa simplemente un desahogo anticastrista de tintes políticos. El filme está basado en la obra teatral homónima de Iván Acosta, compositor, director de teatro, de cine, dramaturgo y documentalista cubano que salió para el exilio con 18 años, en 1961. La película fue dirigida por León Ichaso y Orlando Jiménez Leal, y en ella se cuenta la vida de Roberto, un cubano exiliado que es conserje en un enorme edificio de pequeños apartamentos en un barrio pobre del Alto Manhattan, encargado también de los arreglos del edificio, que establece diversas interacciones con inquilinos procedentes de todas partes de América Latina y sueña con volver a la Isla o bien con instalarse en Miami, como un sucedáneo de su país y su patria.

Por último, conviene hacerse eco de dos series reseñables: *Algo que debes hacer*, obra de ficción de seis capítulos, dirigida por Humberto García Espinosa en 1979, que puso en imágenes la novela homónima de Enrique Álvarez Jané, quien realizó además el guion junto con Jorge Alonso Padilla, y *El rojo y el negro*, adaptación del clásico de Stendhal.

1.5. La recuperación de un esplendor en los ochenta

Con la creación del Ministerio de Cultura en 1976, con Armando Hart como cabeza visible, el espectro de las manifestaciones artísticas cubanas se fue ensanchando poco a poco, hasta llegar a una considerable madurez en los años ochenta. Desde la cúpula del poder cultural se intentó rectificar la deriva represora en la que había caído el gobierno revolucionario en los setenta, y el ICAIC, que dependió desde el principio del Ministerio recién creado, se apresuró a fomentar la creatividad aceptando criterios que no fueran exactamente los que ya hemos visto en las películas de los setenta, que solo reflejaban aspectos muy positivos del sistema de gobierno de aquellos años, que se extendían a veces hasta la exaltación exagerada sin asomo de crítica o pensamiento autónomo u original. Las primeras cintas de la década con preocupaciones literarias son tres documentales: *Con Miguel Hernández en Orihuela* (1980), coproducción hispano-cubana grabada en la tierra natal del poeta, dirigido por Víctor Casaus y producido por el ICAIC; otro acerca de la obra de Fernando Ortiz, *El tercer descubridor* (1981), sobre todo aquella que indaga en la identidad africana del contexto caribeño, dirigido por Óscar Valdés, con guion de Miguel Barnet y un tercero, *Un ramo de flores y una bandera* (1981), basado en el poema de Bonifacio Byrne "Mi bandera".

De esos primeros años de la década destacan asimismo la película de ficción *La viuda de Montiel* (1980), dirigida por el chileno Miguel Littín, con música de Leo Brouwer y basada en el cuento homónimo de Gabriel García Márquez, con un guion realizado por el premio nobel, en una coproducción entre Cuba, México, Colombia y Venezuela, y *Cumbres borrascosas*, adaptación como telenovela de la obra de Emily Brontë, realizada por Maité Vera.

La primera gran obra maestra de la nueva etapa fue *Cecilia* (1982), adaptación magistral de la novela de Cirilo Villaverde realizada por Humberto Solás. El gran clásico del romanticismo cubano se convirtió en material fílmico y elevó al director a la categoría de mito, pues ya en los sesenta había conseguido granjearse un prestigio enorme gracias a su película *Lucía*, y esta nueva película supuso su consagración definitiva. Lo importante en Solás fue la reevaluación del texto fundacional de la literatura romántica, antiesclavista, y plena de arquetipos decimonónicos, tanto de la mujer como del hombre, de esclavos y amos, de la ciudad y el ingenio. El director profundizó en las realidades culturales propias de las religiones afrocubanas, que permeaban toda la estructuración de la cinta, y actualizó personajes, situándolos en una realidad más contemporánea, en un escenario más verosímil, alejándolos de la idealización y la homogeneidad románticas, para convertirlos en caracteres complejos, contradictorios, tanto algunos de los que aparecían en el original novelesco como de los invitados al guion, y con un protagonista masculino tan implicado en el negocio del amor como en el de la política independentista de la época. Significó, por tanto, una revisión de los mitos para insertarlos en la historia (Rosell, 2000, 15–16), a la vez que un texto fílmico con una clara intención estética.

Otra película reseñable de 1982 es *Concierto Barroco*, basada en la novela homónima de Alejo Carpentier. La obra fue dirigida por José Montes-Baquer, un español residente en Alemania que se especializó en el cine relacionado con la música clásica, y especialmente dirigido a formatos televisivos. La cinta hacía especial hincapié en la estructura y los contenidos musicales de la novela, y resaltó sobre todo la presencia de autores clásicos como Vivaldi, Haendel, Stravinsky o Wagner. Más tarde, ya al final de la década, se realizaría otra película sobre la novela del cubano en la que se abordaría el sentido musical a través de la desaparición absoluta de los diálogos.

También data de 1982 el libro de Ambrosio Fornet *Cine, literatura y sociedad*, que trató de proyectar una mirada general hacia el nuevo cine latinoamericano desde su fundación en los años sesenta hasta dos décadas más tarde, incidiendo en que significó una nueva manera de afrontar el lenguaje cinematográfico, buscando un aporte original en el ámbito de la expresión, tomada en un principio del neorrealismo italiano, pero con un carácter autóctono y una fuerza inquietante, asociando lo documental y el espacio de la ficción, con un realismo que apuntaba a los fenómenos sociales más acuciantes (Fornet, 1984, 4–5). Una posterior entrega de Fornet sobre el mismo tema tuvo lugar en 2007: *Las trampas del oficio. Apuntes sobre cine y sociedad*, libro publicado por Ediciones ICAIC y la Editorial José Martí.

Otro libro importante de 1982 es el de Mario Rodríguez Alemán, *La sala oscura*, publicado por Ediciones Unión, el cual reúne todo lo que el autor había escrito durante las décadas anteriores. La obra se publicó en dos tomos, y el segundo dedicó un amplio espacio a temas que establecían conexiones entre el cine y la literatura, incluyendo además las fichas técnicas de todas las películas que fueron estrenadas y comentadas en la Isla.

Los años siguientes, Manuel Octavio Gómez continuó su particular especialización en cine literario, después de las primeras incursiones en los años sesenta, con *Tulipa*, y en los setenta, con *La tierra y el cielo*. En esa nueva década dirigió *Patakin (¡quiere decir fábula!)*, de 1983, una comedia musical basada en la obra de teatro *Paladá Sulú*, del dramaturgo Eugenio Hernández Espinosa, quien realizó el guion junto con Gómez, y *El Señor Presidente*, secuela cinematográfica de la novela homónima del premio nobel guatemalteco Miguel Ángel Asturias.

Mientras *Patakin* es una más de las muchas mediocres comedias musicales cubanas, *El Señor Presidente* generó un mayor interés, sobre todo al tratarse de la adaptación de una novela de un autor muy conocido, y además bien valorado en la Isla por su mundo de valores, afín a la ideología del régimen cubano. Ya en 1969 había visto la luz la primera versión fílmica de la novela, en Argentina, a cargo de Marcos Madanes. La siguiente fue la de Gómez, que contó con una producción internacional: además de Cuba, Francia y Nicaragua colaboraron en el acabado de la película. Las escenas se filmaron entre Cuba y Nicaragua, gracias a la ayuda proporcionada por Ernesto Cardenal, que facilitó la entrada del equipo del ICAIC en el país centroamericano.

Habría que esperar a 2007 para ver una nueva adaptación: se trata de *Señor Presidente*, película venezolana dirigida por Rómulo Guardia. La gran diferencia entre las dos versiones del siglo XX y la última es que esta no reprodujo fielmente la trama de la novela, pues la historia se desarrolla en el año 2021 en un país ficticio latinoamericano, y a la relación de las tropelías del dictador se le añade también una historia de amor que termina de forma trágica.

Humberto Solás volvió al cine literario con *Amada* (1983). Inspirándose en la novela *La esfinge*, de Miguel de Carrión, inconclusa y no publicada en la época de principio de siglo en la que fue escrita y en la que ocurren los hechos, Solás logró una historia cerrada que supera al original escrito gracias al cambio de título, a la aproximación al mundo íntimo de la protagonista y a la elaboración de un final "coherente con la transmisión de un cuadro de frustración, angustia y desconcierto propio de La Habana de 1914" (Ferrera, 2012, 15). Pudo Solás dar complejidad y profundidad al personaje femenino gracias al interés por la figura y la literatura de Carrión, médico y agudo escrutador de tipos humanos, obsesionado por la psicología y el mundo interior de las mujeres de las primeras décadas del siglo XX, como bien se demuestra en *Las honradas* (1917).

Más adelante se realizaron sendas adaptaciones, para la televisión cubana, de las novelas más conocidas de Carrión. En 1984, solo un año después del estreno de *Amada*, comenzó a exhibirse en la pequeña pantalla la telenovela *Las impuras*, con Susana Pérez, José Antonio Rodríguez y Ramoncito Veloz como protagonistas, y con un guion adaptado por el mismo director de la serie, Roberto Garriga. Y en 1990 se estrenó también para televisión, con catorce capítulos, *Las honradas*, dirigida por Yaki Ortega y protagonizada por Broselinda Hernández, Jorge Martínez y César Évora, con actuaciones especiales de Rosita Fornés, Susana Pérez y Margarita Balboa.

En ese fructífero año de 1983 de *Amada* es necesario llamar la atención asimismo sobre Enrique Pineda Barnet, que estrenó *Tiempo de amar*. Desde que comenzara a dirigir a principios de los sesenta, Pineda se apoyó en textos literarios o utilizó el cine para difundir la literatura. En 1963 dirigió *Fuenteovejuna*, una cinta para la Enciclopedia Popular, en la Colección Especial teatros de la Habana, y al año siguiente, como ya hemos comentado, se atrevió con *Cosmorama*, a lo que siguió *Aire frío*, una versión cinematográfica corta de la obra teatral homónima de Virgilio Piñera, adaptada sobre la base de la realización escénica de Humberto Arenal. En 1969 y 1972 realizó sendas grabaciones documentales de la poesía de Nicolás Guillén, en las que el poeta recitaba sus versos, y en la primera mitad de los setenta acogió bajo su cámara los versos y la significación literaria e histórica de José Martí en sus *Versos sencillos*, en un documental de 17 minutos. Y los primeros ochenta fueron los de *Tiempo de amar* (1983), inspirándose en la novela del escritor y profesor universitario cubano Miguel Cossío Woodward *Brumario* (1980). Cossío ostentó cargos culturales relevantes como Director del Centro Nacional de Derechos de Autor de Cuba, Director de Educación, Ciencia y Cultura de la Junta Central de Planificación, y toda su literatura giró en torno a la lucha del pueblo cubano por su liberación en el sentido que los revolucionarios del 59 le han dado. Fue miembro fundador del Partido Comunista Cubano tal y como se concibió en la segunda mitad del siglo XX y recibió el Premio Casa de las Américas en 1970 por su novela *Sacchario*.

La película de Pineda reprodujo fielmente la historia de Cossío, en la que los jóvenes David y Elena protagonizan una historia de amor que se ve alterada por la movilización a filas de David, quien tiene que participar con el ejército cubano en la crisis de los misiles de octubre de 1962. Cossío, tras unas décadas de integración fiel en el entorno del sistema dictatorial, se radicó en México, donde realizó un doctorado y actualmente es profesor en la Universidad Iberoamericana. En la película, Pineda consigue enfatizar el aliento épico que se indica en la novela, y la dota de un impulso poético de dimensiones considerables (Ferrera, 2012, 16).

Para terminar ese prolífico año de 1983 hay que llamar la atención sobre un clásico muy reconocido en Cuba: *Rosas a crédito*, la novela de la rusa Elsa Triolet, traducida y editada en Cuba con una gran difusión por todo el territorio insular. La muestra televisiva fue protagonizada ese año por Susana Pérez, pero en la versión posterior de 1996 la protagonista fue Tahimi Alvariño.

Aunque no se trata expresamente de una obra basada en textos literarios, la relación del documental *Conducta impropia* (1984) con el mundo de la literatura es muy estrecha. Se trata de una obra que describe y realiza una severa crítica de la represión ejercida por el régimen cubano a mitad de los sesenta contra los homosexuales y, en general, contra elementos no integrados en el sistema, a través de los campos de concentración conocidos como UMAP. Narraciones y entrevistas convocan a numerosos escritores, artistas e intelectuales como Reinaldo Arenas, Heberto Padilla, Guillermo Cabrera Infante, José Mario, Juan Abreu, Reinaldo García Ramos, Carlos Franqui, Juan Goytisolo, Susan Sontag, Armando Valladares, Ana María Simó, etc., bajo la dirección de Orlando Jiménez Leal y Néstor Almendros desde Francia. La película tuvo un enorme impacto en todo el orbe cubano de la diáspora, y fue quizá uno de los documentos más conflictivos de la década, que ya había comenzado en una situación crítica después del episodio del Mariel. La difusión de esa cinta fue mucho mayor que cualquiera de las producciones cubanas realizadas en la Isla esos años.

Por aquellos meses se estrenó *El sastre*, película de ficción de Jorge Luis Hernández producida en los Estudios Cinematográficos del ICRT de Santiago de Cuba, basada en un fragmento de la obra de José Soler Puig *Bertillón 166*. También se enmarcaron en 1984 el corto documental *Oración*, inspirado en el poema de Ernesto Cardenal sobre Marilyn Monroe, acerca de la vida de la actriz estadounidense, y la telenovela *Teresa Raquin*, basada en la novela de Émile Zola.

En 1985, Jorge Alí Triana dirigió una coproducción cubano-colombiana titulada *Tiempo de morir*, basada en una historia de Gabriel García Márquez, quien fue el encargado de realizar el guion. En el mismo año, Víctor Casaús, poeta, periodista, narrador y director de cine, realizó *Como la vida misma*, con un guion escrito a cuatro manos con el también poeta Luis Rogelio Nogueras. La película estuvo basada en la obra de teatro *Molinos de viento*, de Rafael González Rodríguez, estrenada en 1984 por el Teatro Escambray, y premiada ese mismo año en el Festival de Teatro de La Habana.

Relacionada también con el mundo del teatro es la película de 1986 *Plácido*, que refleja la historia que se transmite en *Plácido*, una obra dramática de Gerardo Fulleda León (1982), la cual rescata la vida de "Plácido", el poeta decimonónico Gabriel de la Concepción Valdés, mulato liberto ejecutado por el gobierno español por su participación en actividades revolucionarias, dirigidas a movimientos de liberación de los esclavos y de independencia de la Isla. Asimismo, *Amor en campo minado* (1987) se inspira en una obra de teatro homónima del autor teatral Alfredo Días Gómez, de nacionalidad brasileña. La cinta cubana fue dirigida por Pastor Vega, director y actor de cine y de teatro, quien realizó además el guion y que por la misma época estuvo involucrado en la fundación de la Escuela Internacional de Cine y Televisión de San Antonio de los Baños, y años antes en la creación y dirección del Festival Internacional del Nuevo Cine

Latinoamericano. En 1979 filmó *Retrato de Teresa*, que le dio notoriedad, y con *Amor en campo minado* recibió varios premios en Portugal, Cuba y Siria, sobre todo por la interpretación de Daisy Granados, actriz que ya era muy conocida y apreciada en la Isla por sus excelentes papeles en *Tulipa, Memorias del subdesarrollo, Retrato de Teresa, Cecilia* y *Un hombre de éxito*. La cinta cubana mantiene el argumento y la localización espacio-temporal de la pieza teatral, situada en 1964 en Brasil, al hilo de los sucesos ocurridos alrededor del golpe de estado de Joao Goulart.

No hay que olvidar en esta mitad de la década *Cubagua* (1986), producción fílmica extraída de la novela homónima del narrador venezolano Enrique Bernardo Núñez publicada en 1931. La novela tenía un carácter histórico, pues hablaba de sucesos ocurridos en un pasado lejano, cuando los españoles buscaban perlas en la pequeña isla, que se confrontan con los de una contemporaneidad en la que el bien más codiciado es el petróleo. La película fue dirigida por Michael New, nacido en Trinidad y Tobago, pero residente en Venezuela y profesor del Departamento de Cine de la Universidad de Los Andes durante muchos años. La producción fue compartida entre Cuba, Venezuela y Panamá, y en el guion participaron, además del director, el escritor venezolano Ednodio Quintero y el poeta cubano Luis Rogelio Nogueras. También de 1986 es *España, aparta de mí este cáliz*, que nace de un poema de la obra homónima de César Vallejo sobre los niños que padecieron la virulencia de la guerra civil española. Y el año se completa con *Madrigal del inocente*, una película dirigida por Jorge Ramón González, con música de Pablo Milanés, basada en un cuento de Gerardo García Hernández sobre el *bildungsroman* de un adolescente de catorce años que descubre el amor.

En 1986 se publicó asimismo un libro importante: *La aventura de Miguel Littín clandestino en Chile*, de Gabriel García Márquez, en la Editorial Política de La Habana. La obra cuenta las peripecias que pasó el realizador chileno para rodar siete mil metros de cinta introduciéndose en su país después de más de una década de exilio, en medio de una dictadura atroz. El libro se publicó también en otros países, pero esta edición cubana tuvo un sentido muy especial, por la presencia del premio nobel en Cuba, su amistad con Fidel Castro y la cúpula del poder insular, la amistad de Littín con Gabo y las colaboraciones del chileno con el cine cubano, que se reforzarían con la creación, en esos mismos años, de la Fundación de Cine Latinoamericano y la Escuela de San Antonio de los Baños.

Una de las primeras colaboraciones de Leonardo Padura con el séptimo arte tuvo lugar en 1987, cuando era un periodista sin obra narrativa, pero con un oficio ya curtido en el arte de contar historias, desde que en 1980 comenzara a trabajar en *El Caimán Barbudo* y tres años más tarde en *Juventud Rebelde*. De los reportajes de *Juventud* vio la luz el libro *El viaje más largo*, del que en 1987 nacería la película homónima de Rigoberto López, que añade al texto original un alto contenido poético. Entre escritor y director confeccionaron el guion. La película mantiene el carácter "fragmentario" y misceláneo del conjunto de reportajes sobre la vida y la sociedad cubanas del de Mantilla. Según Scherer, la película se enfoca en

> construir un "collage" fílmico que reúne una gran variedad de técnicas cinematográficas incluyendo la utilización de fotografías, metrajes históricos, escenas de dramatización, material literario y etnográfico, entrevistas, y una cinta sonora sugestiva con las olas del mar, el viento, los ruidos callejeros del barrio chino, trocitos de lengua cantonesa y partes de música "oriental". (Scherer, 2016, 279)

También de 1987 es *Te llamarás inocencia*, película dirigida por Teresa Ordoqui, quien colaboró asimismo en la realización del guion, junto con Gerardo Fernández y Raúl García Riverón, para una cinta basada en el cuento "Inocencia", de Miguel de Carrión, en el que un hombre desea volver a la experiencia de un antiguo amor y lo hace alrededor del encuentro con las ubicaciones precisas y las imágenes de lo que constituyó aquella relación, en un ambiente en el que surgen la ambigüedad y las dudas sobre si lo que está ocurriendo es real o solo fruto de la imaginación del protagonista.

Completa el año *Gallego*, la última película de Manuel Octavio Gómez, quien falleció poco después de su estreno. La obra se basa en la novela de Miguel Barnet del mismo título publicada en 1981, una de las que dedicó al testimonio en su narrativa, y que fueron llevadas paulatinamente al cine. La primera en difundirse como película fue, veinte años antes, *Cimarrón*, y la tercera no tardaría en parecer, como veremos. Si en la primera se trataba uno de los tipos más frecuentes en la sociedad y en la literatura de Cuba, el negro esclavo, en esta aparece otro de ellos, el gallego o español que abandona su tierra buscando un futuro mejor y se establece en Cuba, con todos los sinsabores que significa vivir en tierra ajena y estar sometido al recuerdo continuo de la vida pasada en la patria chica. La obra de Barnet pretendía ser un homenaje a los gallegos que emigraron, muchos de los cuales terminaron adaptándose a la geografía y la vida insular. En cuanto a la película, una coproducción cubano-española, se evita documentar la enfermedad corporal como uno de los avatares negativos que acompañan a las dificultades de la incorporación a la sociedad cubana, mientras que se amplía la sugerencia del éxito económico que muchos españoles se granjearon en sus aventuras en la mayor de las Antillas (Tajes, 2003). De todas formas, la versión cinematográfica está en ocasiones demasiado adherida al original literario, por lo que pierde fuerza y expresividad performativa.

Cabe reseñar también dos libros memorables de 1987. El primero es *El guionista y su oficio*, con trabajos interesantes de varios autores, recopilados y editados por Ambrosio Fornet y Raquel Ramis, bajo el sello editorial de la Escuela de Cine San Antonio de los Baños, institución recién creada el año anterior, como explicaremos más detalladamente en el capítulo tercero. En el volumen se recogieron textos de nueve escritores y personajes relacionados con el cine, como Vsevolod Pudovkin, Alexandr Dovchenko, Bertolt Brecht, Eisenstein, John Howard Lawson, James F. Scott, Pio Baldelli, Mijail Romm o Juan Villegas. Algunas de las contribuciones estuvieron directamente dedicadas a manejar la relación del cine con la literatura, como la de Eisenstein ("Montaje fílmico y montaje literario"), la de Mijail Romm ("Literatura y cine") o la de John Howard Lawson ("Novela y guion: dos géneros"). El segundo libro es *Artes, cine, videotape: límites y confluencias*, de José Rojas Bez, publicado por la Dirección Municipal de Cultura de Holguín, en el que se intenta situar al séptimo arte en conexión con otro tipo de manifestaciones artísticas, incluyendo la literatura, para elaborar la hipótesis del lugar privilegiado que ocupa el cine entre todas ellas, el cual podría constituir el epítome de las otras artes.

De 1988 hay que destacar tres títulos: el primero, *Cartas del parque*, película dirigida por Tomás Gutiérrez Alea quien, por un lado, volvió a colaborar estrechamente con Gabriel García Márquez, al que había conocido en los años cincuenta en Cinecittà y, además, regresó al cine basado en obras literarias, ya que la película recreaba una de las historias que aparecen dentro de la novela *El amor en los tiempos del cólera* (1985), del nobel colombiano. La obra formó parte de la serie "Los amores difíciles", que García Márquez impulsó entre 1987 y 1988 en el contexto de la Escuela de Cine de San Antonio de los Baños. El segundo título, *Un señor muy viejo con unas alas enormes*, supuso una coproducción entre España, Italia y Cuba, sobre el cuento homónimo de Gabriel García Márquez, bajo la dirección de Fernando Birri y con el apoyo del trabajo de la Escuela de Cine de San Antonio de los Baños. El último, *Noche baja*, de Santiago Prado, ofreció un guion realizado por él mismo y por Lesbia Echeverría, basado en el relato homónimo de Manuel Cofiño.

La década de los ochenta terminó con el impacto de la desintegración del bloque soviético tras los sucesos de la caída del Muro de Berlín en 1989 y, en la política interna de Cuba, con la grave crisis después del fusilamiento del General Ochoa y Tony de la Guardia. En ese año hubo todavía un número muy relevante de obras cinematográficas en la Isla y, de ellas, algunas que guardaron relación con textos literarios y en las que permanecen involucrados escritores de consabida relevancia. La película *Bajo presión*, dirigida por Víctor Casaús, destacó por la presencia de un guion escrito por el narrador Reinaldo Montero, inspirado en la obra dramática *Accidente*, del autor teatral Roberto Orihuela, uno de los miembros más destacados del grupo Teatro Escambray, colectivo en el que Orihuela permaneció hasta 1991, para pasar a dirigir la UNEAC en Villa Clara desde ese año. Tanto la obra dramática como la película tratan sobre los problemas laborales, personales y familiares de un obrero que, después de un accidente en el trabajo, acarrea una serie de lesiones y debe, además, soportar anímicamente la muerte de un compañero ocurrida en el mismo percance.

Otra película de ese año inspirada en una obra de teatro es *Papeles secundarios*, del director Orlando Rojas, versión de la obra teatral de los años sesenta *Réquiem por Yarini*, de Carlos Felipe, autor dramático formado en el teatro español del Siglo de Oro. La pieza de Carlos Felipe ha generado múltiples versiones, en televisión, teatro y cine. El enorme interés que ha suscitado tiene que ver con la figura histórica de Alberto Yarini Ponce de León, sus intrigas políticas a un elevado nivel en los primeros años de la recién creada República y el mundo de la diversión, la prostitución y la santería. En el caso de la película, se pone el énfasis en la intrahistoria de un grupo teatral, y el destino de una joven actriz amenazado por los enredos de la veterana directora del grupo y las intrigas del elenco de actores.

Coproducida entre España y Cuba, la cinta llegó a cosechar grandes éxitos, con más de diez premios en Cuba y algunos más en Nueva York, Trieste, Damasco, etc. Fue nombrada mejor película cubana de los ochenta y una de las 100 mejores de toda la historia del cine cubano hasta 2009. Precisamente en esos últimos años de la primera década del nuevo milenio se estrenó otra de las obras maestras de la época, *Los dioses rotos*

(2008), que enlazaba con toda la temática del ambiente de los primeros pasos de la República recién instaurada y la figura de Yarini, vista por una profesora de universidad que realiza una investigación sobre el curioso personaje histórico. La película fue dirigida por Ernesto Daranas, quien se encargó también del guion.

Una pieza breve como *Canto a Matanzas*, dirigida por Óscar Valdés, en forma de documental, puso en comunicación la poesía de Carilda Oliver Labra y, en concreto, su poema homónimo, recitado por ella misma, con la arquitectura de la ciudad, su historia y los detalles estéticos más relevantes del lugar de origen de la poeta. Gracias a esa combinación lírica de palabra e imagen, la cinta recibió el Premio Coral de Fotografía en el Festival Internacional del Nuevo Cine Latinoamericano de La Habana.

Música, literatura, cine e historia se reunieron en *Barroco* (1989), coproducción cubano-mexicana-española, con dirección del mexicano Paul Leduc y guion de Jesús Díaz y el mismo director. La película recorre el argumento de la novela de Alejo Carpentier *Concierto barroco*, y respeta el protagonismo que tiene el elemento musical, aunque maneja una libertad sorprendente en la adaptación y se torna muy experimental. Integra una serie de fragmentos musicales que se colocan uno detrás de otro evitando la sensación de continuidad. Son homogéneos en el interior de cada uno de ellos pero no en su conjunto y mantienen una apariencia fragmentaria, en lugar de proponer la consolidación de un único argumento.

El esquema argumental es similar al de la película (un indiano del siglo XVIII, su criado negro y otro personaje, mestizo que recorren en el siglo XVIII diversas partes de América y Europa y buscan las raíces musicales del continente americano desde antes de la llegada de los españoles hasta ese momento) pero la narrativa es muy diferente, hasta el punto de que la música sustituye a las palabras. En el fondo, se trata de indagar acerca de la identidad latinoamericana en su diálogo con la influencia europea, sus encuentros y desencuentros, como es habitual en la mayoría de las novelas y los textos ensayísticos de Carpentier, pero con una originalidad y una autonomía considerables.

Otras adaptaciones de ese año fueron la que el propio Gerardo Fernández hizo de uno de sus relatos en *Juegos florales*, bajo la dirección de Jorge Ramón en los Estudios Cinematográficos de Televisión, y la que ofreció Julio García Espinosa en *La muerte inútil de mi socio Manolo*, versión cinematográfica de la obra *Mi socio Manolo*, de Eugenio Hernández Espinosa.

Cabe clausurar esta década de grandes títulos del cine cubano con otra de las obras maestras de la historia de la cinematografía insular, *La bella del Alhambra*, dirigida por Enrique Pineda Barnet, que es, como ya hemos visto, uno de los autores más destacados en lo referente al cine relacionado directamente con el universo literario insular e internacional. En este caso se trata de la tercera narración testimonial de Miguel Barnet que se lleva al cine: *Canción de Rachel* (1969). La protagonista, Rachel, es una vedette que desea triunfar en el teatro Alhambra, y lo consigue, a costa de algunas pérdidas irreparables. La película intercala el género musical con el drama, y en los dos aspectos consigue una realización memorable.

En el guion intervinieron tanto el director como el autor de la novela, y el trabajo conjunto fue sobresaliente, respetando hasta lo que se pudo el texto original y asumiendo cierta libertad por lo que se refiere a la historia del Teatro Alhambra en esos comienzos del siglo XX (Ferrera, 2012, 16). La calidad de la película quedó definitivamente contrastada por los premios recibidos: 22 en dos años, entre los que destacaron varios a la actuación de Beatriz Valdés, a la dirección, música, vestuario, escenografía, mejor película, etc. Todo un broche de oro para una década en la que se corrigieron muchos de los errores del decenio gris de la cultura cubana. Casi veinte años más tarde, en 2007, Carlos Barba dirigió y elaboró el guion de *Canción para Rachel*, un documental en el que intervinieron tanto el director de la película, Enrique Pineda Barnet, como algunos de los actores y actrices, como Beatriz Valdés, recordando a la que ya era considerada como una de las obras maestras del cine cubano.

Capítulo 2
De los noventa a nuestros días

2.1. El periodo especial: crisis y escasez

La década de los noventa estuvo signada por la gran crisis económica, política, social y cultural de la Isla, al perder la ayuda que llegaba desde hacía décadas de la Unión Soviética, ya extinta en 1990. En ese año se estrena *María Antonia*, una cinta de Sergio Giral que versiona la obra dramática del mismo nombre, escrita por Eugenio Hernández Espinosa en los años sesenta, con un alto contenido musical y de cultura popular relacionada con los ritos afrocubanos de la santería y los continuos bailes ceremoniales. También en 1990 Fernando Pérez presenta *Hello Hemingway*, en la que la adolescente Larita, que vive cerca de la residencia del escritor estadounidense, recibe una considerable influencia del escritor a través del protagonista de *El viejo y el mar*, obra que tiene sus orígenes en un personaje y una historia de la misma zona donde ambos viven. El guion de la película es original, escrito por Mayda Royero, pero sus resonancias literarias son constantes, hasta la aparición, como un personaje más, del premio nobel estadounidense, encarnado por Modesto Alanis.

En los años noventa, y fruto de las circunstancias generadas por el periodo especial, el espectro cultural y artístico de la Isla se llenó de voces críticas, como nunca antes había ocurrido desde que se produjo la revolución de 1959. Por un lado, tuvo lugar un nuevo éxodo de artistas y escritores, empujados por la pobreza y la censura y, por otro, aquellos que permanecieron en el territorio nacional se sintieron menos presionados para lanzar abiertamente sus críticas a un sistema que había fracasado, que había sido mantenido artificialmente por una potencia extranjera y que había silenciado cualquier tipo de posibilidad contestataria, en los medios de comunicación, en el escenario público de la política interior, en la participación ciudadana y en el ámbito de la cultura, y que se encontraba en su momento más débil y delicado.

El primer filme con un abierto contenido inconformista fue *Alicia en el pueblo de Maravillas*, que comenzó a rodarse en 1989, terminó en 1990 y se estrenó en 1991. Tres días después de su primer pase, la película fue retirada, y solo fue repuesta oficialmente en 2002, una década después, de modo igualmente efímero. La prensa de la época la atacó denodadamente y los medios oficiales hicieron lo que consideraron oportuno para que cayera en el olvido (Redruello, 2007, 82). Fue dirigida por Daniel Díaz Torres y en el guion colaboró Eduardo del Llano. La alusión al clásico de Lewis Carroll tiene un sentido más simbólico que argumental, ya que la cinta expresa la imposibilidad de la maravilla, de la fantasía, de la libertad absoluta para imaginar y vivir de los sueños y deseos, en un país en el que todo está controlado, vigilado, como en un panóptico. El muestrario de expedientes de enfermos y desubicados en un almacén del pueblo ficticio de Maravillas de Noveras remite más a una necesidad de mantener el poder sobre las personas y sus conciencias que a una preocupación por la salud y el bienestar. Y la simbología que conecta el mundo cubano con el relato de Carroll descansa en la función de los espejos:

> Alicia en esta película juega siempre con los espejos. De hecho, la puerta del botiquín del baño de su cuarto infectado de cucarachas tiene un espejo pero de dos caras. Alicia puede verse y ver a quienes estén del otro lado. Curiosa y como en las historias de Lewis Carroll, Alicia no se puede resistir y se mete por el agujero de la pared que forma su botiquín en el baño. Del otro lado del espejo, y a través del hueco de una cerradura, Alicia descubre que el Director Satán está confabulando con el compañero Pérez y la cúpula directiva del sanatorio para forzar a que el pueblo beba un "agua maravillosa de globitos" pero que está llena de impurezas, y aun así, la quieren destinar al consumo de la ignorante población nacional. (Porbén, 2015, s/p)

La protagonista no es, por tanto, una soñadora que abre su mente a la estatura de sus deseos a través del espejo que le traslada a una realidad más amplia y mejor, sino una sobreviviente que consigue vigilar, a la vez que es vigilada, gracias al juego de los espejos. La tensión generada por esta cinta se rebajó al año siguiente con una adaptación cubana de la novela del argentino Haroldo Conti *Mascaró: el cazador americano*, llevada al cine bajo el mismo título por el director Rapi Diego y con guion del mismo Rapi en colaboración con su hermano Lichi Diego y Jorge Cedrón. La sobresaliente actuación de Reynaldo Miravalles y la trama de aventuras suavizaron el panorama crítico que estaba comenzando a manifestarse en el entorno del cine cubano de los noventa. Destaca también en ese momento el documental *Dónde está Casal*, realizado por Jorge Luis

Sánchez, embrión de lo que casi treinta años más tarde se convertiría en el largometraje que el poeta modernista y su época estaban demandando, como veremos más adelante.

De 1992 data *La crin de Venus*, película de Diego Rodríguez Arché, con guion de Reinaldo Montero, elaborado desde su propia novela *Donjuanes*, publicada en 1986 y ganadora del Premio Casa de las Américas de ese mismo año. De la misma fecha es *La fidelidad*, dirigida por Rebeca Chávez, con guion de Senel Paz, basada en fragmentos de la novela del mismo Paz, *Un rey en el jardín* (1983), pieza poética e imaginativa en la fantasía y la magia que desbordan la intimidad de un niño.

Pero sin duda, la gran adaptación literaria de ese año fue *El Siglo de las Luces*, realizada por Humberto Solás. El clásico de Alejo Carpentier cobró nueva vida en una cinta, con un guion hecho en parte por Solás, con dos coguionistas: Alba de Céspedes y Jean Cassies. La producción también fue múltiple, ya que intervinieron en ella cuatro países: Cuba, Francia, Rusia y España. La obra se planeó primero como una serie de televisión de tres largos capítulos pero luego se puso a disposición del público una versión corta de dos horas, concebida para ser expuesta en salas de cine.

La película conserva el espíritu inicial de la novela, centrada en documentar los acontecimientos que dieron lugar a la independencia de Haití y el espíritu revolucionario de la época que influyó en diversos movimientos independentistas americanos, alrededor de la vida de tres cubanos que se encuentran con Victor Hughes, un comerciante francés radicado en la capital haitiana y defensor acérrimo de las ideas revolucionarias del momento.

La obra literaria de Carpentier sería versionada de nuevo dos años más tarde, cuando Octavio Cortázar dirigió *Derecho de asilo*, basada en el cuento del escritor cubano, en una coproducción cubano-mexicana. En esta película, el dato más destacable es la aparición de Jorge Perugorría, que unos meses antes había pasado de ser un actor joven poco conocido al gran protagonista de *Fresa y chocolate* (1993).

Tomás Gutiérrez Alea llega a la culminación de su carrera con la segunda de sus obras maestras, *Fresa y chocolate*, extraída del cuento de Senel Paz "El lobo, el bosque y el hombre nuevo", que recibió el Premio Juan Rulfo de relato antes de ser llevado a la gran pantalla. Con esta obra, Gutiérrez Alea cerró el círculo literario que acompañó a casi toda su obra, con una alusión a Caperucita Roja que había sido también el argumento simbólico elegido para su primera dirección en el mundo del cine, con el corto *La caperucita roja.* Por otro lado, y como veremos en otro capítulo más detenidamente, cerró asimismo otro círculo en su trayectoria profesional, relacionado con el mundo de los intelectuales y/o artistas y la revolución, que comenzó en 1968 con *Memorias del subdesarrollo,* con el intelectual burgués que no se adapta a las nuevas realidades, y terminaría con este intelectual y artista que debe abandonar el país porque la falta de libertad creativa lo ahoga constantemente, a pesar del diálogo que trata de establecer con el sistema, simbolizado en su amigo David.

Desgraciadamente, esta obra supone un broche de oro porque el director falleció poco después, cuando terminaba de rodar *Guantanamera,* una obra también crítica pero de menos resonancias literarias. Gutiérrez Alea es autor de un buen número de películas de un nivel muy elevado desde el punto de vista estético, técnico y de contenido pero, sobre todo es el director de dos de las mejores cintas de toda la historia del cine cubano, las *Memorias...* y *Fresa y chocolate,* las dos basadas en textos literarios, siendo esta última la única producción cubana nominada hasta la fecha al Oscar a la mejor película extranjera.

Poco después de la muerte del imprescindible del cine cubano, José Antonio Évora publicó, en la editorial española Cátedra, el libro *Tomás Gutiérrez Alea* (1996), que recorría la biografía y la filmografía de Titón, haciendo hincapié en la relación de su obra cinematográfica con la literatura: su formación literaria y las adaptaciones de obras literarias o películas basadas en ideas tomadas del mundo de la literatura. En esa década hubo un libro más dedicado a la memoria y el trabajo de Titón. Se trata de un texto colectivo, recopilado por Ambrosio Fornet en 1998 bajo el título *Alea, una retrospectiva crítica,* publicado por la editorial habanera Letras Cubanas. Y hay todavía otro libro de esos años, pero dedicado exclusivamente a la película *Fresa y chocolate.* Es de 1995, firmado por Senel Paz y Peter Bush, bajo el título *Strawberry and chocolate,* y publicado en Londres por Bloomsbury Publishing. Es un texto muy completo que incluye el cuento de Paz, una larga entrevista al escritor y guionista, la sinopsis, la ficha técnica y el guion entero de la película.

En 1993 se produjo la película *Tirano Banderas,* procedente de la novela homónima de Valle-Inclán. Fue un proyecto muy ambicioso, en el que Cuba colaboró con la participación del ICAIC, con ciertos actores y actrices como Daisy Granados, Patricio Wood, Samuel Claxton u Omar Valdés y la filmación de fragmentos de la cinta en La Habana y Trinidad. También México tuvo parte en la producción, pero la intervención más sólida fue la de España, que aportó la mayor cantidad económica, el director (José Luis García Sánchez), el guion (el mismo Sánchez y Rafael Azcona) y actores sobresalientes (Ana Belén, Juan Diego, Fernando Guillén y otros).

En Cuba, la película no tuvo demasiada difusión, pero en España recibió seis premios Goya. Valle-Inclán había sido llevado a la gran pantalla en siete ocasiones desde 1959 (la primera película sobre su obra fue *Sonatas*, de Juan Antonio Bardem), y en esta ocasión se reordenó la estructura temporal del relato para adaptarla a las necesidades de la narrativa cinematográfica, variaron algunos aspectos de los personajes y se aplicó un gran esfuerzo por dejar intactos los diálogos de Valle, debido a su "enorme fuerza" y su singularidad idiomática (Barrientos, 2012, 55–56). Además, el hecho de concitar actores de varios países de habla hispana hizo que el resultado cumpliera con las expectativas de riqueza lingüística del original escrito, que sitúa la acción en un lugar innominado de América Latina, y evita pensar en un país determinado.

Una nueva forma de integrar cine y literatura ocurre en *El elefante y la bicicleta* (1994), de Juan Carlos Tabío, que es también un texto metacinematográfico. El tema está relacionado con el séptimo arte, pues se trata de la historia de un joven que lleva el cinematógrafo por primera vez a una mínima población insular, unida a otras poblaciones solo por un puente de madera que, además, aparece destruido tras la primera proyección cinematográfica. El cine dentro del cine aprovecha asimismo un argumento literario legendario como el de Robin Hood, de origen medieval inglés, pero rehabilitado para la época contemporánea en un lugar muy diferente al de la fría Europa, aprovechando el detalle del puente y el hecho de que *Robin Hood* era la única película que el protagonista había llevado a aquel lugar. Es decir, se mezcla la idea de la adaptación al cine de una obra clásica de la literatura universal (hasta la actualidad, y desde 1908, ha habido más de 50 versiones fílmicas de esa obra) con la captación simbólica de un hecho extraído de la obra literaria para ofrecer un paralelismo con la trama de la película de Tabío.

También en 1994 se estrenó *Los últimos días de la víctima*, producción cubano-francesa dirigida por el cineasta galo Bruno Gantillón, que emulaba a la versión anterior, realizada por el argentino Adolfo Aristarain en 1981, de la novela de José Pablo Feinman del mismo título, en la que un asesino contratado para matar a otro criminal se plantea finalmente por qué debe o no terminar el encargo.

De ese momento hasta el final de la década el cine cubano ofreció pocas perspectivas, dado el estado de postración económica y política del país. La crisis de los balseros, la necesidad de buscar apoyos internos e internacionales, la ausencia de medios, el éxodo continuo de artistas y escritores, desembocó en una sequía creativa solo paliada por dos circunstancias: la ayuda económica en la producción, llegada de países como España, México o Francia, y la pericia de algunos directores y actores que, con pocos medios pero con mucho talento, realizaron obras memorables como *Guantanamera* (1995, de Tomás Gutiérrez Alea y Juan Carlos Tabío), *Amor vertical* (1997, de Arturo Sotto Díaz) o *La vida es silbar* (1998, de Fernando Pérez), pero ninguna de ellas relacionada con el mundo de la literatura.

También es destacable en estos años, y lo seguirá siendo a partir de ese momento, la producción cinematográfica de cubanos en los Estados Unidos o en México, en forma de dirección, producción o en la actuación. Cabe citar en este sentido obras como *Bitter Sugar* (1996, de León Ichaso) o *Who the hell is Juliette?* (1997, de Carlos Marcovich). En cuanto al cine literario, solo son destacables el documental *Los viajes de Lorca* (1998, de Juan Carlos Tabío), que recorre la estancia del poeta y dramaturgo español en Cuba a comienzos de los años treinta; la versión de *La casa de Bernarda Alba* (1999) de Belkis Vega; la película de ficción *Estorvo* (1999, del director brasileño Ruy Guerra), basada en una novela del también brasileño Chico Buarque y realizada en coproducción entre Cuba, Brasil y Portugal; y *Amor con amor se paga* (1999), de Tomás Piard, en la que el director teatral protagonista utiliza la obra dramática de José Martí para encontrar el amor que desea, mediante su identificación con el personaje masculino de la misma representación. Piard también realizó el mismo año *Ítaca*, basándose en el poema de Constantino Kavafis del mismo título. Triste final de década, siglo y milenio para una isla que comenzaría a remontar gracias a la ayuda económica de la Venezuela de Chávez, el compromiso de los países del nuevo socialismo bolivariano, una cierta apertura interna y la aportación de países tradicionalmente unidos al universo cubano como España –el más cercano y el que más contribuye–, algún país europeo más o México.

También pueden citarse, para concluir el milenio, tres libros: el primero, el de Rufo Caballero, *A solas con Solás* (1999), publicado en La Habana por la Editorial Letras Cubanas. El narrador, docente y crítico literario y cinematográfico realizó una de sus primeras pesquisas sobre el séptimo arte, en combinación con la literatura, difundiendo su particular homenaje al autor de varias de las obras cinematográficas más relevantes del ámbito insular. Hay que destacar de ese libro el análisis que se hace de las figuras femeninas con las Lucías, Cecilia, Amada y también la Sofía de *El Siglo de las Luces*, y las entrevistas en las que Solás habla de la relación de su cine con la cultura y la literatura.

Otro texto interesante sobre el director cubano se publicó el año siguiente por Ediciones ICAIC: se trata del libro de Luis Ernesto Flores González, *Tras las huellas de Solás*. El tercer libro es *Guía crítica del cine cubano de ficción*, de Juan Antonio García Borrero, publicado por Arte y Cultura. En esa guía se analizan todas las obras de ficción en la historia del cine cubano, también aquellas que no tuvieron un origen literario, pero asimismo se pone énfasis en las interrelaciones entre los dos tipos de arte, alrededor de las adaptaciones al cine de obras literarias.

2.2. La década de la perplejidad y las nuevas generaciones

Los primeros años del siglo trajeron consigo una renovación de los protagonistas. Fallecidas algunas de las grandes figuras, como Manuel Octavio Gómez (1988), Tomás Gutiérrez Alea (1996), Luis Felipe Bernaza (2001), Mayra Vilasís (2002), Pastor Vega (2005), Humberto Solás (2008) y exiliadas otras como César Évora, Eliseo Alberto (poeta, narrador y guionista en películas relevantes de los años anteriores), Alexis Valdés, Jesús Díaz (escritor, director y guionista), Rolando Díaz, Orlando Rojas, Sergio Giral, Armando Dorrego, etc., se fueron formando nuevas generaciones y además creció, en la medida de sus posibilidades, un cine independiente, más crítico que el anterior. También fue importante en el inicio del milenio la incorporación de nuevas tecnologías a la producción cinematográfica. De hecho, la primera película filmada en la Isla utilizando tecnología digital fue *Miel para Oshún* (2001), de Humberto Solás.

Asimismo, cada vez serían más las aportaciones del exilio, la diáspora y las producciones de los Estados Unidos, con una visión autónoma de la realidad cubana, no sujeta al control del ICAIC y a las posibles represalias internas. La primera gran obra del milenio resultó ser una adaptación de la autobiografía de Reinaldo Arenas *Antes que anochezca* (1992), cuyo título fue *Before Night Falls* (2000), dirigida por el pintor y cineasta neoyorquino Julian Schnabel, y producida por el también estadounidense Jon Kilik. La película tuvo un éxito rápido y supuso una contribución muy necesaria al ámbito artístico relacionado con el universo cubano, ya que por primera vez, un tema profundamente insular, relacionado con la historia de la segunda mitad del siglo XX e inspirado en la obra de un clásico de la literatura cubana, tuvo un tratamiento independiente del control del gobierno de la dictadura. De hecho, el único actor cubano relevante de la cinta fue Francisco Gattorno, por entonces ya exiliado. El resto del elenco tuvo un carácter internacional: estadounidenses muy conocidos (Sean Penn y Johnny Depp), franceses (Olivier Martinez), mexicanos (Diego Luna), canadienses y españoles.

Una de las claves del éxito fue la inclusión del actor español Javier Bardem en el papel protagónico de Reinaldo Arenas, quien consiguió una verdadera transformación en cuanto al acento cubano, al parecido físico y a la representación de un personaje homosexual y escritor perseguido, con la particularidad de que la cinta se grabó en inglés y el mismo actor realizó el doblaje a la versión en español cubano. Bardem fue nominado por este papel al Oscar al mejor actor, aunque el galardón lo recibió años más tarde por su actuación en *No Country for Old Men*.

En el insomnio, también de 2000, fue una breve adaptación de un cuento de Virgilio Piñera, hecha por Abel Milanés, en el que un hombre que no puede conciliar el sueño acaba suicidándose. Diez años más tarde, el filme de Lisbet Reyes producido en TV Camagüey *On off*, estuvo también basado en el mismo cuento de Virgilio Piñera.

Otra adaptación, ahora del ya clásico de Miguel Barnet *Biografía de un cimarrón*, fue la realizada por Ernesto Daranas, quien confeccionó además el guion, en el documental *Esclavo, cimarrón y guerrero*, sobre la vida de Esteban Montejo. Continuando con el documental histórico, Lídice Pérez López dirigió y realizó el guion de *Hijo soy de mi hijo*, título tomado de un verso de José Martí, sobre la vida de José Francisco, el hijo del poeta. Era la primera vez que el cine se acercaba al libertador indirectamente, y trataba su vida y su obra en el contexto de la figura filial.

La gran película cubana insular del año 2000, resultado de una coproducción con España, México, Alemania y Francia, fue *Lista de espera*, comedia basada en el cuento de Arturo Arango, que describe las peripecias de un grupo de viajeros que deben permanecer juntos en un lugar durante mucho tiempo, cuando el autobús en el que viajan sufre una avería y no pueden ser reconducidos, por causa de la crisis, a otros medios de transporte. En el guion de la película intervinieron, además de Arango, el director, Juan Carlos Tabío, y Senel Paz. Aparte del argumento, el atractivo principal de la cinta fue la nueva colaboración de los dos actores principales de *Fresa y chocolate*, Jorge Perugorría y Vladimir Cruz. Otra coproducción, esta vez triple (Cuba, España y Chile), realizó *Tierra del Fuego*, bajo la dirección del chileno Miguel Littin, quien escribió junto con el escritor Luis Sepúlveda el guion, basándose en la obra de Francisco Coloane y los diarios de Julius Popper.

De 2000 es también el libro de Luciano Castillo *Carpentier en el reino de la imagen*, publicado por la Universidad Veracruzana de México, en el que hace un repaso a todas las versiones que se habían realizado hasta la fecha de novelas y cuentos del cubano, así como las relaciones entre la obra de Carpentier y el cine y la personalidad de Luis Buñuel, y que partía de unas declaraciones del novelista insular, de 1928, en las que afirmaba que el cine revela la existencia velada e inquietante del universo que habitamos, y que ha constituido para el siglo XX un modo de conocimiento superior al que tuvieron los hombres y mujeres de otras épocas.

En 2001, el documental *A flor de la letra, a flor del verso* cuenta, con guion y dirección de Niurka Pérez, la vida y obra de Dulce María Loynaz, utilizando a veces sus propias palabras, y en otras ocasiones sus textos poéticos como fondo acústico de recreaciones figurativas de sus palabras. Y *La gracia de volver*, de 2005, de Luis Leonel León, relata los recuerdos de las largas estancias de Dulce María Loynaz en Tenerife entre 1947 y 1958, a raíz de su último viaje a aquellas tierras españolas, muchos años más tarde.

Corazón partido bajo otra circunstancia (2001), de Alejandro Gil, versiona el cuento homónimo de Alberto Guerra. Al año siguiente, *El son te salió redondo*, con dirección y guion de Senobio Faget, estudia cómo la obra poética de Nicolás Guillén ha ido sazonando la música popular cubana. También de 2002 es *Santa Camila de La Habana Vieja*, película con guion y dirección de Belkis Vega, sobre la base de la obra teatral homónima de José Ramón Brene, de 1962, en la que se trata un tema que era muy común en el comienzo de los sesenta pero que en el nuevo milenio había perdido actualidad: la inadaptación de una mujer muy apegada a la santería a las nuevas condiciones de vida que generó la revolución de 1959.

El interés por el personaje español que estuvo supuestamente involucrado en los servicios secretos estadounidenses en relación con las dictaduras caribeñas de mitad de siglo, Jesús de Galíndez, cobró más relevancia en la literatura y el cine desde la publicación de *Galíndez* (1990), novela del español Manuel Vázquez Montalbán, y de *La Fiesta del Chivo*, de Mario Vargas Llosa (2000). En 2002, Cuba y España coprodujeron un largo documental de hora y media, dirigido por Ana Díez, sobre ese personaje enigmático, exiliado por causa de la Guerra Civil y asesinado en 1956. Y al año siguiente, otra coproducción entre los mismos países más Francia, Italia, Reino Unido y Portugal, estrenó la película de ficción *El misterio Galíndez*, dirigida por Gerardo Herrero y con un guion de Luis Marías y Ángeles González Sinde basado en la novela de Vázquez Montalbán. Dotada de amplios recursos, la película tuvo una factura muy cuidada y el elenco de actores internacionales fue sobresaliente, por lo que la crítica especializada la consideró de un modo muy favorable.

Es digna de destacar en 2003 la tesis doctoral de Marcela Patricia Restom, en la Universidad Autónoma de Barcelona, titulada *Hacia una teoría de la adaptación: Cinco modelos narrativos latinoamericanos*, en la que se destaca principalmente el trabajo de Tomás Gutiérrez Alea en las adaptaciones de *Memorias del subdesarrollo* y *Fresa y chocolate*. Después de un primer capítulo sobre la teoría de la adaptación, hay dos amplias secciones, una para cada una de las adaptaciones de Titón. En la segunda, se introduce un estudio no solo del cuento de Senel Paz sino también del poemario de Lezama de 1941 *Enemigo rumor*.

El año 2003 continúa con una nueva colaboración entre Cuba y España: *Alberti, fascinación y compromiso*, documental dirigido por Fernando Santiago Muñoz, quien hizo también el guion, sobre las visitas del poeta español a la Isla, y con un contenido literario, político, familiar y amistoso, construido sobre la base de testimonios de muchos de los que conocieron al gaditano universal. Pocos meses después de este documental se estrenaría otro, también dedicado a la figura de Rafael Alberti, *Un poeta en el oleaje*, realizado por Marielys Abreu Rodríguez. Otra recreación histórica de un escritor es la que realiza Julia Mirabal en *De un viejo*, documental en el que Gregorio Fuentes, un canario que se instala en Cuba y se dedica a la pesca, vive una existencia apoyado en el recuerdo y el modo de vida de Hemingway en la Isla y emula su faceta literaria.

Miguel Coyula se estrenó como director y guionista de largometrajes con *Cucarachas rojas* (2003), que posee huellas indiscutibles de la literatura de ciencia ficción, sobre todo del escritor estadounidense Philip K. Dick y de cintas como *Blade Runner*, la cual está basada en la novela de Dick, de 1968, *¿Sueñan los androides con ovejas eléctricas?*. La producción fue compartida por Estados Unidos y Cuba, con un presupuesto muy bajo, y se grabó en inglés y en las calles de Nueva York.

Por su parte, Ernesto Daranas, vinculado en sus obras con cierta frecuencia al mundo de la literatura, terminó en 2004 *¿La vida en rosa?*, de la que fue director y guionista, cuya trama describe la vida de un narrador, Gabriel Gil, que ha escrito más de diez novelas de esforzada factura literaria, aunque ninguna de ellas ha contado con el beneplácito de los editores, mientras que la otra decena de novelas rosa que ha publicado bajo el seudónimo de Sergio Carreño, y que él desprecia por su baja calidad y su falso atractivo, constituyen el mayor fenómeno de éxito literario del momento. Y Emilio Antonio Caro Reyes, interesado esta vez por el escritor real José Álvarez Baragaño, realizó un documental sobre la vida del poeta y ensayista pinareño reuniendo anécdotas y opiniones contadas por destacados intelectuales y escritores, bajo el título de *Cambiar la vida*. También 2004 es el ano de *Corazón delator*, película de Ricardo M. González producida en Cuba que adapta el cuento de Edgar Allan Poe "El corazón delator".

El proyecto que durante más de una década unió a Guillermo Cabrera Infante con Andy García, pudo ver la luz finalmente en 2005. El conocidísimo actor cubano-americano, ya muy aclamado en esa época después de participar en los clásicos *Los intocables de Eliot Ness*, *Black Rain*, *El padrino III*, *Héroe por accidente*, *Cuando un hombre ama a una mujer*, *Cosas que hacer en Denver cuando estás muerto*, *La noche cae sobre Manhattan*, *Muerte en Granada*, *Ocean's Eleven* y *Ocean's Twelve*, se atrevió en ese año con *The Lost City*, en la que no solo fue el protagonista, sino también el director y el productor, basada en un argumento y un guion de Cabrera Infante, quien pudo ver la cinta poco antes de fallecer.

La historia trata el desmembramiento de una familia de clase alta cubana cuando, después del triunfo de la revolución castrista, los hijos toman diferentes sendas de apoyo o rechazo al nuevo sistema, y todos sufren las consecuencias de la implantación de una dictadura. La película se grabó íntegramente en la República Dominicana, fue producida en los Estados Unidos y tuvo como actores, además de alguna cara conocida del cine español, a los estadounidenses Dustin Hoffman o Bill Murray, y a los también estadounidenses, de origen cubano, Néstor Carbonell, Enrique Ricardo Murciano y Tomás Millán.

Como es conocido, las relaciones de Guillermo Cabrera Infante con el cine fueron profundas, intensas y muy dilatadas en el tiempo. De hecho, el guion de *The Lost City* pasó por muchas vicisitudes, porque el autor cubano dudó en alguna ocasión sobre la conveniencia de escribir un texto literario o aprovechar la historia para un guion cinematográfico. Pero esas dudas se disiparon cuando la amistad y el compromiso de Andy García con el escritor le animaron para integrarse de un modo más práctico y artístico en el mundo del cine. No es la primera vez que escribía un guion de cine, aunque los anteriores no tuvieron tanta repercusión. El primero fue para *Wonderwall* (1968), de Joe Massot, el siguiente para *Vanishing Point* (1971), de Richard Sarafian, y el tercero fue una adaptación de la novela de Malcolm Lowry, *Under the Volcano*, que no llegó a convertirse en película.

Por otro lado, la producción crítica del cubano acerca del séptimo arte es tan prolija como su obra narrativa de ficción. Toda ella ha sido recogida en los volúmenes *Un oficio del siglo XX* (1963), *Arcadia todas las noches* (1978) y *Cine o sardina* (1997). Después de su fallecimiento, la Editorial Galaxia Gutenberg ha ido publicando toda la obra de "Caín", y su primer tomo fue *El cronista de cine. Un oficio del siglo XX y otros escritos cinematográficos* (2012), que recoge todo lo publicado en su primer texto de crítica de cine más una gran cantidad de recensiones y críticas que no aparecieron en ese primer libro, pero que también pertenecen a los años cincuenta y principios de los sesenta, además de un combinado de entrevistas de la época con personajes tan relevantes como Marlon Brando o Luis Buñuel. Hay previsto un segundo volumen de textos cinematográficos, que sería el quinto de la serie de obras completas de Cabrera Infante en Galaxia Gutenberg, con mucho material inédito. El estreno de *The Lost City* sería, irónicamente, su última aportación al séptimo arte, una conformación de una Habana a la que deseaba volver cuando la dictadura desapareciera.

Un similar toque épico, de lejanía, de amor a la ciudad y de pertenencia a un entorno crítico y lleno de dificultades es la recreación cinematográfica que Tomás Piard hace en 2005 de la obra dramática de Abilio Estévez *Santa Cecilia*. Con el mismo título, el monólogo dramático de Estévez se convierte en película con un guion del propio Piard. La protagonista evoca un pasado glorioso y a aquellos que la marcaron desde la cercanía familiar o sentimental y los que construyeron el edificio de la alta cultura, como José Martí, Gastón Baquero, Eugenio Florit, Amelia Peláez, etc. Se trata de una ciudad que se ha quedado enquistada en su pasado, y vive "a espaldas" de él, "despreocupada por sus orígenes" (Pérez, 1998, 158).

En 2006, Enrique Álvarez llevó a la pantalla una versión, homónima, del clásico de Bertolt Brecht *Madre Coraje y sus hijos*, con Daisy Granados como protagonista, respetando el fondo de la trama de la obra dramática: la preocupación económica de una madre en tiempos de guerra por sacar adelante a sus tres hijos. Desde 2004, Álvarez, más conocido como Kiki, se había especializado en adaptar obras clásicas a la pantalla. En aquel año realizó *Escuadra hacia la muerte*, de Alfonso Sastre, también de asunto bélico, y en 2005 *Amores difíciles*, de Italo Calvino. *Madre Coraje* constituyó una constatación de su interés por divulgar mediante el cine a algunos de los mejores autores internacionales de mitad del siglo XX.

Uno de los intelectuales y escritores que forjaron la identidad cubana, en la época de las primeras luchas por la independencia, fue el padre Félix Varela. El documental que lleva su nombre fue uno de los primeros pasajes históricos que se llevaron a la pantalla en 2006, esta vez de producción y dirección brasileñas, en la persona de Renato Barbieri, que también elaboró el guion. En ese año no hubo más colaboraciones reseñables entre el cine y la literatura, ni siquiera en obras de ficción. Algo parecido ocurrió en 2007, donde solo es posible rastrear otro documental, *Zona de silencio*, escrito, dirigido y producido por Karel Ducases, en el que varios artistas, entre ellos dos escritores muy reconocidos, como Antón Arrufat y Pedro Juan Gutiérrez, manifestaron su repudio a la censura, como una fuente de impedimentos y limitaciones para la creación artística.

Este documental se hizo público coincidiendo con el malestar que originó el recuerdo del "pavonato", tras la aparición en un programa de televisión de algunos de los funcionarios encargados de organizar la represión de los años setenta que provocó el quinquenio o decenio gris, sobre todo Luis Pavón Tamayo, presidente desde 1971 a 1976 del Consejo Nacional de Cultura, órgano constituido para la censura de carácter estalinista contra escritores, intelectuales y artistas. A raíz de la difusión de ese programa, muchos escritores que habían vivido la época gris se comunicaron entre ellos y realizaron multitud de declaraciones rechazando lo ocurrido aquellos años y contando cómo les afectó personalmente. Los testimonios más conocidos fueron los de Antón Arrufat, Desiderio Navarro, Arturo Arango y Reynaldo González.

Dos documentales más, de 2008, recorren la vida de dos grandes escritores vivos: Edmundo Desnoes y Miguel Barnet. El primero, *Bocanadas de memoria*, fue realizado en Brasil, y daba una visión bastante alejada de la cultura oficial, al tratarse de la obra y el pensamiento de un autor que llevaba ya varias décadas viviendo en Nueva York, mientras que el segundo, *Miguel Barnet: un animal de sueños*, realizado en Cuba por Rolando Almirante, se limitaba a recorrer las etapas de formación intelectual y creación artística de uno de los escritores cubanos con más versiones cinematográficas de sus obras.

Ciudad en rojo, también de 2008, supuso la adaptación de la novela *Bertillón 166*, de José Soler Puig. La dirección de la cinta corrió a cargo de Rebeca Chávez, y el guion fue realizado por Xenia Rivery, en una coproducción entre Venezuela y Cuba. La historia se centra en la represión violenta que sufre un grupo de jóvenes que apoyan la revolución iniciada contra la dictadura de Batista en los últimos tramos del proceso que desembocaría en el triunfo de los alzados en Sierra Maestra. Se trata de una película en la que el ICAIC intentó mantener viva una llama de un tiempo pasado del que solo quedaban rescoldos. La novela de Soler Puig era muy de época, aneja al triunfalismo de los primeros años de la revolución, y la institución oficial se amparó en ella para exhibir una homogeneidad que ya no lo era tanto, pues el cine independiente que día a día crecía en Cuba durante el nuevo milenio, más aquellas producciones extranjeras que ponían en duda la viabilidad actual de un proyecto político que no había variado en medio siglo de andadura, estaban rellenando de colorido, posibilidades y puntos de vista, un campo artístico que exigía mayor libertad y amplitud de miras.

Muestra del contraste entre la línea oficial y la diaspórica fue, por ejemplo, el tono pedagógico y paternalista con el que se ambientaron los escenarios históricos y las circunstancias que dieron origen al triunfo de los revolucionarios, así como el detallismo asociado a ciertos sucesos y lugares para resaltar la gesta, algo que tuvo su sentido histórico y estético en el texto escrito, pero que resulta anacrónico, nada armónico y poco adecuado a la narrativa cinematográfica en una obra audiovisual del siglo siguiente.

En ese mismo año, un notable experimento cinematográfico trató de llevar a la pantalla *Paradiso*, la novela de José Lezama Lima, a través de una cinta titulada *El viajero inmóvil*. Tomás Piard se encargó de la dirección y del guion, y el proyecto resultó ser uno de los muchos que se estaban organizando para comenzar a celebrar el centenario del nacimiento del gran escritor cubano. El resultado fue un texto fílmico algo surrealista, que mezclaba la adaptación de algunos pasajes con la ficción simbólica, el expediente testimonial y documental, el elemento dramático teatral y la factura poética, para tratar de convencer al público de que la novela de Lezama era no tan inasequible, complicada, hermética, y llegar así hasta todo tipo de público, incluso el joven. Con un reparto amplísimo y muy bien escogido, introdujo entrevistas de Tomás Eloy Martínez, Margarita

García, Ciro Bianchi, Jean Michel Fossey y Juan Miguel Mesa, y opiniones de César López, Margarita Mateo, Pablo Armando Fernández y otros escritores y críticos relevantes.

Con una división tripartita, en el primer nivel se expone la entrevista de un estudiante de letras al maestro, que va poco a poco derivando en una estampa creativa por parte de los dos personajes dentro de un ámbito y un ambiente similar al de la novela *Paradiso*. En un segundo nivel estaría el famoso almuerzo lezamiano, evocado a través de una reunión en la casa de Lezama, con varios amigos y críticos literarios, que participan en una cena y comentan pasajes e interpretaciones diversas de la obra del de Trocadero. En el último nivel, varios pasajes de la obra, con marcas evidentes autobiográficas, permiten a los personajes de la novela revivir las principales escenas de la obra maestra de Lezama.

El esfuerzo por presentar a un Lezama más comprensible fue meritorio aunque no siempre consiguió que el mensaje llegara a todo tipo de público. Solo aquellos iniciados en la obra del maestro pudieron entender a fondo la trama escogida para la presentación de la novela. El resultado final fue una escenificación del barroco llevada hasta sus últimas consecuencias, con una densidad argumental y un artificio dramático que dificultaron la comprensión del producto final.

Una nueva emulación de un escritor carismático tuvo lugar en 2008 alrededor del documental *Jacques Roumain, la pasión de un país*, con guion y dirección de Arnold Antonin. Roumain fue un poeta, cuentista, novelista, periodista, político, diplomático e ideólogo haitiano. Aunque la producción se realizó en Haití, y los participantes en la confección del documental fueron fundamentalmente haitianos, cabe destacar la presencia singular de la Cuba de la primera mitad de siglo, ya que Roumain fue muy amigo de Nicolás Guillén, y en el documental se hace un recorrido por La Habana y los contactos del escritor y político, fundador del Partido Comunista de Haití, con el poeta del *Sóngoro Cosongo*, con quien coincidía también en su interés por todas las negritudes del Caribe.

El documental *La indócil pupila de adentro* es la siguiente muestra en el mismo año de acercamiento a una figura literaria, en este caso Cintio Vitier, y el Grupo Orígenes. El poeta y crítico relata con mucho detenimiento los pormenores de la fundación del grupo, la revista y su propia evolución como teórico e historiador de la literatura, bajo la batuta del director y guionista René Arencibia. Y un documental más sobre un autor literario en el mismo año es *Rara avis, el caso Mañach*, dirigido por

Rolando Rosabal, en el que se estudia la vida y la obra de Jorge Mañach, sobre todo por lo que se refiere a su exilio al comienzo del periodo revolucionario. La película pone en duda la coherencia del escritor e intelectual, debido a que, aunque su orientación revolucionaria desde muy joven le hizo sumarse a la euforia inicial del proyecto comenzado en 1959, retiró muy pronto su apoyo cuando el régimen se unió al bloque soviético y se declaró un estado acorde con proposiciones marxistas.

Juan Carlos Cremata se atrevió en 2009, como director y guionista, con la versión cinematográfica de la obra de teatro de Héctor Quintero *El premio flaco*, de 1966, que desarrolla la vida de Iluminada, una mujer que recibe un premio cuantioso y piensa en el tipo de vida que va a llevar de ahí en adelante, con una casa nueva y una forma diferente de afrontar el futuro, pero sus planes no llegan a realizarse. Quintero tuvo una repercusión muy importante con su teatro en los comienzos del proceso revolucionario y recibió premios significativos como el Nacional. Murió al poco tiempo de estrenarse esta versión cinematográfica de su obra, en 2011. Precisamente ese mismo año, Carlos E. León Menéndez y Abel Machado dirigieron un documental producido por el ICAIC, en el que estuvo involucrado Juan Carlos Cremata, sobre la obra teatral *El premio flaco* y sobre la película homónima, con las opiniones de los dos autores implicados (el teatral y el cinematográfico) y de otros protagonistas de la cinta.

2.3. Los últimos años (2010-2020)

Una adaptación más de *Caperucita Roja* se produjo en 2010, en una nueva muestra del cine independiente del naciente milenio. Jorge Molina dirigió *Molina's Ferozz*, ayudado en la confección del guion por Edgar Soberón y Alain Jiménez. La trama se desarrolla en el campo serrano del interior de la Isla, donde Miranda, adolescente, y su madre viuda pero todavía joven y atractiva, viven aisladas aunque con la ayuda de un leñador, Inocencio, vecino y familiar de ellas que está pendiente de sus necesidades, mientras las dos lo desean noche tras noche. El peligro se presenta en la forma del náhuatl de la Sierra, el Cagüeiro, que ronda por la zona y ataca a las personas mientras observa las peripecias de los moradores de la campiña y el bosque. La película fue realizada con pocos medios y con actores de segunda fila, y la historia inicial de Perrault se adaptó a ciertas situaciones, a veces extremas, que pueden ocurrir en un ámbito muy cubano, en el que cobran importancia las estrategias de las dos mujeres protagonistas para conseguir sus propósitos.

Si Jorge Perugorría y Vladmir Cruz ya habían colaborado en obras memorables, partiendo del éxito de *Fresa y chocolate*, en 2010 se estrenaron como directores, además de protagonistas, en la adaptación de la novela de Reinaldo Montero *Música de cámara* (2004), titulada *Afinidades*. La obra de Montero se basaba asimismo en *Las afinidades selectivas*, de Goethe. El guion fue compuesto fundamentalmente por Vladimir Cruz, y el propósito de la cinta fue altamente crítico, a pesar de contar con la colaboración del ICAIC en la producción. *Afinidades* cuenta el viaje que hacen dos parejas a una zona paradisíaca de Cuba con el fin de intercambiar parejas y pasar un tiempo sumamente placentero, para que uno de los hombres no pierda el empleo, porque la empresa donde trabajan está a punto de ser traspasada a una multinacional. En pleno siglo XXI, la crítica se extiende hacia el cubano que ha aprendido y asimilado lo peor del capitalismo, porque ha podido viajar, y del comunismo, porque lo lleva sufriendo y evitando toda la vida. La pretendida igualdad del comunismo es falsa y engañosa, según el propio guionista y director –que ya posee residencia en España–, y el individualismo de la doctrina capitalista impide la solidaridad (Carrón, 2011).

Casa vieja, también de 2010, es una película de ficción dirigida por Lester Hamlet, basada en la obra de teatro *La casa vieja*, de Abelardo Estornino, autor muy prestigioso desde que sus primeras obras, de los años sesenta, reclamaran la atención de la crítica y el público. Estornino siempre estuvo muy relacionado con el mundo de la literatura pues, como autor teatral, adaptó obras clave de la literatura universal como *La dama de las Camelias* o *El mago de Oz*, así como clásicos de la literatura cubana como *Las impuras*, de Miguel de Carrión. *Casa vieja* trata sobre la vida de Esteban, que vuelve a su casa después de catorce años alejado del hogar, cuando se entera de la muerte de su padre. En 2012, Alina Morante dirigiría el documental *Adagio a la memoria*, en el que Estornino, a sus 87 años, recordaría toda su trayectoria profesional, desde los difíciles momentos de la censura en sus primeras décadas como director y dramaturgo hasta el estreno de su última obra, ese mismo año.

También fueron objeto de adaptaciones en 2010 narradores europeos actuales como Milan Kundera, cuya novela *La identidad* (1998) fue utilizada para el guion que la misma directora de la cinta, Elena Palacio, realizó, titulada *Del lado del velo*. La historia era muy similar, pues en las dos versiones un hombre maduro trata de levantar la autoestima de su mujer, también madura, que ya no se siente atractiva ni deseada, escribiéndole cartas como si fuera un admirador anónimo. Otro autor europeo, August Strindberg, fue evocado en la cinta de ficción *El más fuerte*, de Tomás Piard, al concebir un guion en el que en La Habana de estos días un grupo de personas vinculadas al cine tratan de realizar una película inspirada en *La más fuerte*, una obra teatral del escritor.

El narrador, autor teatral y ensayista venezolano Luis Britto García siempre ha estado muy ligado a la historia cultural de Cuba en la segunda mitad del siglo XX, desde que en 1970 recibiera por primera vez el Premio Casa de las Américas por su libro de relatos *Rajatabla*. En 1979 lo volvería a recibir, en la categoría de novela, por *Abrapalabra*, y en 2005 sumaría a su personal lista de galardones de la Casa el de ensayo. Su cuento "El cuarto 101", aparecido dentro del libro *La orgía imaginaria o Libro de utopías* (1984) y publicado en Cuba en 2008, en el diario *Juventud Rebelde*, obtuvo una versión cinematográfica, también en Cuba, en 2010, bajo el mismo título, con guion y dirección de Pedro Luis Rodríguez. Los temas de Britto siempre tuvieron una especial acogida en el entorno revolucionario cubano, ya que es uno de los principales defensores de la izquierda radical venezolana y latinoamericana, y uno de los impulsores ideológicos del socialismo bolivariano del siglo XXI. Esta adaptación, realizada por la FAMCA (Facultad de Arte de los Medios de Comunicación Audiovisual), que ha dado voz a las nuevas generaciones de directores cubanos, mantiene el tono combativo y reivindicativo del relato, pues se trata de la resistencia de Eric frente al interrogatorio de los agentes, que lo llevan, ante su negativa a colaborar, al cuarto 101.

Una de las películas más importantes de ese productivo año 2010 fue *José Martí: el ojo del canario*, dirigida por el ya consagrado Fernando Pérez con un guion elaborado por él mismo. Pérez tuvo el acierto de evitar al Martí hagiográfico, al mito, al hombre conocido y público, para elegir un Martí humano, del que no se pudiera juzgar a favor o en contra, en una edad en la que se le permite todo al ser humano: la niñez y la adolescencia, zonas oscuras en la figura del héroe, de las que poco se sabe (Juan, 2017, 166). El mismo Pérez explicaba que Martí ha llegado a ser para los cubanos una estatua, quizá uno de los héroes de mármol a los que él admiraba y a los que dedicó su poema, y por eso, cada vez que se alude a él, se crea una polémica, porque es difícil separarlo del marbete de heroico o intocable. Por eso, más que un recuento de sus primeros pasos vitales, el director deseaba transmitir un "itinerario espiritual" del ser histórico, de la persona corriente (Velazco, 2011, 77). Aunque la cinta no es la mejor, ni siquiera una de las más destacadas, del director, tuvo mucha resonancia en el ámbito social y cultural de la Isla, hasta el punto de que algunos estudiosos hablaron de una "sublimación acrítica" del producto en Cuba, así como de un cúmulo de "descalificaciones exageradas" por parte del exilio (Juan, 2017, 169–170). La consecuencia inmediata fue que muy pronto se publicaron dos monografías sobre la película, una en 2010, a cargo del escritor y crítico exiliado Carlos Ripoll, titulada *Cuba, una película sobre José Martí*, y otra en 2011, a cargo de Carlos Velazco, libro misceláneo que contenía la ficha técnica, el guion concebido como un cuento y trabajos y opiniones de intelectuales y escritores tan dispares como Rolando Pérez Betancourt, Rufo Caballero, Zaida Capote o Emilio Bejel. Juan-Navarro ha resumido así el resultado final de la cinta:

> Se trata, sin lugar a dudas, de la recreación cinematográfica de Martí más próxima a la sensibilidad contemporánea; también de la menos manipuladora, lo que es realmente notable en una filmografía como la cubana que ha recurrido constantemente a la imagen martiana como legitimadora del discurso hegemónico. También es, desde luego, la más lograda estéticamente. Y esto hay que atribuirlo sin lugar a dudas a la gran sensibilidad y buen hacer de su realizador, Fernando Pérez. (Juan, 2017, 170)

Un buen colofón a 2010 lo constituyó *Memorias del desarrollo*, de Miguel Coyula, película basada en la novela homónima de Edmundo Desnoes. El paralelismo es evidente: la primera novela importante de Desnoes, *Memorias del subdesarrollo*, escrita y publicada en los comienzos de la revolución, tuvo su réplica cinematográfica muy pocos años más tarde, y significó un hito en la historia del cine cubano, que convirtió a la novela en otro hito de la literatura cubana. Como ambas historias quedaron abiertas, no era extraño que en algún momento se cerrara el círculo con un texto complementario. La novela *Memorias del desarrollo* fue escrita y publicada unos cuarenta años más tarde, cuando Fidel Castro y, simbólicamente, el régimen dictatorial que él representaba, estaba supuestamente cercano a la desintegración. La película no se hizo esperar, y resultó ser un producto de cine independiente, realizado entre Cuba y Nueva York, por un director joven y desvinculado del sector oficial de la cultura y el arte insulares. La cinta tuvo su estreno en el Festival de Sundance de 2010 y recibió la categoría de mejor film del año por la International Film Guide y por la Revista Cinema Without Borders. En solo tres años recibió veinte premios internacionales, tanto en Cuba como en España, México, Estados Unidos, Ecuador y Brasil. De esta conjunción inquietante hablaremos en otro capítulo.

Coincidió este guiño fílmico a la obra clásica del cine cubano de los sesenta, continuado por el propio escritor y por Miguel Coyula con la indagación sobre el *desarrollo*, con la publicación en 2010 del libro de Astrid Santana Fernández de Castro *Literatura y cine. Lecturas cruzadas sobre Memorias del subdesarrollo*, editado por la Universidad de Santiago de Compostela, en el que Santana estudia la personalidad de Tomás Gutiérrez Alea y las múltiples relaciones que ha habido en más de cuarenta años entre la literatura y el cine y el aparato crítico generado alrededor de esa simbiosis.

Leonardo Padura se convierte en guionista de ficción cinematográfica con la película *Siete días en La Habana* (2011). Más adelante continuará, como veremos, proponiendo colaboraciones entre el mundo de la literatura y el del séptimo arte. La idea de su primera incursión era ofrecer en siete argumentos una panorámica de la vida habanera del nuevo milenio. Para ello, el equipo de producción y dirección escogió a siete directores –Benicio del Toro, Pablo Trapero, Elia Suleiman, Julio Medem, Gaspar Noé, Juan Carlos Tabío y Laurent Cantet–, y encargó a cada cual un día de la semana. Leonardo Padura y Lucía López Coll hicieron los guiones completos de dos días, el lunes y el sábado, y entregaron otras dos ideas a dos directores (Pablo Trapero, martes, y Julio Medem, miércoles) y a la vez, Leonardo revisó todos los guiones, escritos por los propios directores, para darles homogeneidad alrededor de una reescritura global (Esteban, 2018, 128–129). El resultado fue desigual, pues hay diferencias de calidad entre unas historias y otras, y perspectivas distintas en el planteamiento de la narración audiovisual en cada director. Lo que sí destaca es la fuerza de las historias inventadas por Padura, sobre todo las de *El Yuma* y *Dulce amargo*, en los que el día a día del cubano actual se pone de manifiesto de un modo más patente y se intensifica la intención crítica, más social, que invita a la reflexión.

Cabe aludir en este año a la profusión de documentales con tema literario, como *El otro Lezama*, de Miguel Torres; *Daniel Chavarría*, de Eduardo Heras León; *Nancy Morejón*, de Gerardo Fulleda; *Pablo Armando Fernández*, de Reynaldo González; *Cartas de amor*, de Carlos Rafael Betancourt, sobre Ludmila Quincoses; *La casa del alilbi*, de Eliecer Jiménez Almeida, en el que se exponen las opiniones de Lezama sobre José Martí, y *Las islas de Hemingway*, de Esteban Ríos, documental sobre los escenarios de la novela del estadounidense *Islas a la deriva*.

Fábula, del director Lester Hamlet, con guion del propio Hamlet y Alejandro Brugués, adapta el cuento "Fábula de un amor feliz", de Alberto

Garrandés, con una historia de amor que comienza con un intercambio económico al más puro estilo del jineterismo cubano y que termina en una relación de pareja en la que hay un extranjero italiano, el tercero en discordia, que aterriza de vez en cuando en la Isla y pasa los días con ella, como en una relación intermitente. El criterio que define las circunstancias anejas a estas relaciones es fundamentalmente económico, en una isla en la que los que viven dentro no tienen posibilidad de enriquecerse sino simplemente de sobrevivir, mientras que los europeos que la frecuentan obtienen abundantes réditos sociales y sentimentales gracias a su dilatada capacidad económica.

Un cuento de Gabriel García Márquez, "Ojos de perro azul", de finales de los años cuarenta del siglo anterior, sirvió a Elena Palacio para realizar el guion y dirigir la película homónima en el Instituto Cubano de Radio y Televisión, en la que una intensa historia de amor se resume con la frase con la que él describe a su amada: "ojos de perro azul". Y una novela de José Lezama Lima, *Oppiano Licario*, fue el punto de partida para elaborar la trama de la película de ficción *Trocadero 162, bajos*, de Tomás Piard, en la que unos cuantos colegas y amigos se dan cita en el hogar de Lezama, en la calle Trocadero, el 19 de diciembre de 2010, para celebrar el día en que el escritor hubiera cumplido cien años y hablar largo y tendido sobre su novela inconclusa y otras muestras de su escritura literaria. Además de actores profesionales, también intervinieron en el rodaje, como personajes, los escritores José Moreno y Reynaldo González, y una profesora y una alumna de la Universidad de La Habana. Por último, dentro de este 2011, *Extravíos*, de Alejandro Gil, también trabajó la vida de un escritor, esta vez ficticio, que debe luchar contra las adversidades familiares, profesionales y sociales de su entorno más íntimo para poder llevar a cabo su obra literaria.

En 2012 proliferaron, como hemos visto en el año anterior, los documentales con asuntos literarios, como *Eduardo Galeano*, de Aurelio Alonso; *El aché de la palabra*, sobre los relatos de Rogelio Martínez Furé; *Havana on Dispaly, a Design by Estévez*, sobre el diseño artesanal que Estévez Jordán hizo de un libro que iba a ser reproducido 200 veces por Ediciones El Vigía; *Junto al poeta, el hombre*, de Claudia Rojas, sobre una de las tertulias literarias habituales en La Habana de ese año; *Nancy Morejón: Famous Landscapes*, de Juanmaría Cordones-Cook; *Pocho, Ambrosio o Fornet*, de Antonio Eliseo Lechuga y *Pocho, un hombre decente*, de Juan Ramírez, ambos sobre la figura del crítico literario Ambrosio Fornet.

La obra dramática *Pogolotti-Miramar*, de Alexis Vázquez, de orientación musical, fue trasladada a la pantalla en 2012 por el director Jorge Luis Sánchez en la película *Irremediablemente juntos*, en la que dos jóvenes protagonizan una historia de amor con el trasfondo de la oposición familiar a esa relación. También significó una adaptación de una obra dramática la película *Penumbras*, dirigida por Charlie Medina, con un guion de Carlos Lechuga inspirado en la pieza *Penumbra en el noveno cuarto* (2004), del autor teatral Amado del Pino, que describe las penosas condiciones de vida de los años noventa, durante el periodo especial, de la mano de un jugador de beisbol que se encuentra en los últimos momentos de su carrera deportiva.

La novela *Jardín*, de Dulce María Loynaz, fue la inspiración del corto de animación *La luna en el jardín*, en el que se manifiestan las experiencias íntimas de una mujer que vive en la soledad y la compañía de su jardín, mientras en la ciudad se desarrolla una actividad vertiginosa. También fue de animación la película *La muñeca negra*, de Nelson Serrano, que acoge una versión libre del cuento homónimo de José Martí.

De la colaboración desde 1994 de la actriz y directora cubana Alicia Bustamante y la actriz, cantante y directora alemana Hanna Schygulla, nació en 2012 una muestra de cine asociado a la literatura, *Según Kafka*, una adaptación del relato *Informe para una academia*, del escritor checo, dirigida y producida por Schygulla y protagonizada por Bustamante, en la que un mono se convierte en hombre para poder salir de la jaula en la que sufre cautiverio. Al año siguiente, las dos artistas continuarían su cooperación, adaptando el cuento "Hanjo", de Yukio Mishima, con guion, dirección y producción de la alemana y actuación de Bustamante, que interpretó a tres personajes y una narradora.

Mención especial merece en 2012 la película *Esther en alguna parte*, dirigida por Gerardo Chijona, con guion de Eduardo Eimil basado íntegramente en la novela homónima de Eliseo Alberto, finalista del Premio Primavera de Novela en 2005, de la Editorial Espasa. En la producción colaboraron el ICAIC, la peruana Sontrac EIRL y el programa de apoyo al cine latinoamericano Ibermedia, que recibe asimismo ayuda de países europeos como Francia, España o Italia. Con música de José María Vitier, primo de Eliseo Alberto, y actuaciones de artistas muy consagrados como Reinaldo Miravalles, Enrique Molina, Daisy Granados, Verónica Lynn, Elsa Camp, Alicia Bustamante, Paula Alí, Eslinda Núñez, Laura de la Uz, Luis Alberto García o Héctor Medina, la cinta recibió el Premio Rita a la Mejor Película y al Mejor Guion en el Festival Internacional de Los Ángeles de 2013, año en que finalmente se estrenó.

Mientras la película se estaba rodando, falleció el autor de la novela, de una enfermedad terminal, por lo que el trabajo de Chijona se convirtió en un homenaje al amigo fallecido. A pesar del hondo malestar que habían producido en las autoridades cubanas el exilio de Eliseo Alberto y la publicación de su *Informe contra mí mismo* a finales de los noventa, *Esther en alguna parte* había cosechado ya una edición en la Isla, en 2009. Por eso, el estreno de la película tuvo un aliciente añadido, ajeno a la propia producción cinematográfica. Además, la presencia en La Habana de Reinaldo Miravalles, que llevaba 15 años exiliado y 18 sin participar en una película hecha en Cuba (Santiesteban, 2013), se convirtió en un símbolo de lo que podría significar una apertura del ámbito de la cultura y del arte insulares con la diáspora. Quizá el tema de la novela y de la película, acerca de la amistad de dos ancianos de muy distinto carácter que se reencuentran e investigan sobre el pasado de uno de ellos y la doble vida de su esposa fallecida, pudiera ser una metáfora casual sobre ese controvertido problema.

De 2012 es también el libro de Juan Ramón Ferrera Vaillant, *Adaptaciones cinematográficas de novelas cubanas en el ICAIC*, publicado en Alemania por la Editorial Académica Española. Es el trabajo más extenso que se ha hecho, hasta la fecha, sobre las relaciones entre el cine y la literatura en Cuba. La obra se divide en dos partes: en la primera hay una descripción breve de algunas de las adaptaciones que ha habido de obras literarias, por parte del ICAIC, y después hay cuatro estudios más pormenorizados de algunas de ellas: *Cecilia, Juan Quinquín, La bella del Alhambra y Ciudad en rojo (Bertillón 166)*. Es interesante también el apéndice final, en el que hay una cronología y una ficha de las 28 películas básicas que significaron adaptaciones del ICAIC, desde 1959 hasta la primera década del siglo XXI.

Boccaccerías habaneras (2013), de Arturo Sotto, fue una versión insular del *Decameron*, del escritor y humanista medieval italiano Giovanni Boccaccio. De la misma forma que el clásico del siglo XIV, el director y guionista enlaza varias historias en un marco común: la vida de un escritor que no encuentra inspiración para sus relatos y recibe a otras personas que le cuentan anécdotas e historias con las que pueda ponerse a trabajar. Sotto mantiene todos los ingredientes de Boccaccio: un estilo provocativo y sensual, un contexto de humor, sátira e irreverencia y un lenguaje fresco y atractivo.

Tomás Piard, siempre muy ligado a los asuntos literarios, adaptó como director y guionista la obra de José Millán *Si vas a comer espera por Virgilio*, en la que Pepe y Virgilio quedan a diario para cenar en la cafetería del Hotel Capri y hablan sobre los temas comunes del teatro, la literatura y la cultura.

También de 2013 fue el documental *Rapsodia para Lezama*, de Carlos Y. Rodríguez, que describía la imagen poética que Lezama desarrolla sobre el mulo, en medio de un ámbito natural en el que el animal es muy útil para el hombre, la Sierra Maestra. Otro documental, *Tuya para siempre*, de Pablo Massip, se inspiró en el poema de Virgilio Piñera "María Viván", y contó con la interpretación de Rosario Cárdenas y su grupo de danza, a modo de coreografía. Un tercer documental de este año, *Variedades de calle Galiano*, de Lucas Bonolo, glosó los versos de Reina María Rodríguez, concretamente aquellos en que se ofrece una visión de La Habana y del pasado personal y emocional de la poeta en su libro *Variedades de Galiano*.

Ya en 2009 vimos la primera adaptación de una obra teatral de Héctor Quintero. En 2014, Juan Carlos Cremata trabajó nuevamente con una pieza de Quintero, *Contigo pan y cebolla* (1964), en la que, en casi dos horas, se cuenta la historia de una mujer que, en la década de los cincuenta, necesita una nevera y la trata de conseguir desesperadamente.

Uno de los escritores más veces llevado al cine volvió a verse adaptado en 2014, esta vez con una obra menos conocida: el cuento "Fátima o el parque de la Fraternidad", de Miguel Barnet, que recibió su película homónima de manos del ya director Jorge Perugorría. Otro relato, de Zuzel Monné, fue llevado al cine por Fernando Pérez en *La pared de las palabras*, que trata sobre las dificultades para comunicarse con los demás de Luis, un discapacitado por una distonía.

Otro de los grandes escritores cuyos relatos se han transportado al cine con frecuencia es José Martí. En 2014 vio la luz la cinta de animación titulada *Meñique*, con guion y dirección de Ernesto Padrón, quien adaptó sin mayores innovaciones la versión martiana del cuento de Laboulaye que fue recogida en la revista para niños *La Edad de Oro* (1889–1890). La película fue grabada en los estudios de animación del ICAIC y la música original la puso Silvio Rodríguez. Al año siguiente se realizaría una nueva adaptación de un cuento martiano, "El camarón encantado", a través de la película de animación del mismo título, dirigida por Adrián López, con guion de Jesús Rubio, y también se rodaría un documental para honrar la memoria del poeta, *Héroe de culto*, de Ernesto Sánchez, en el más puro estilo hagiográfico del siglo anterior.

Un documental de Antonio Eliseo Lechuga, *Onelio* (2014), describió la trayectoria vital y artística de Onelio Jorge Cardoso, partiendo de una entrevista al escritor, sazonada con opiniones de intelectuales y escritores insulares, y en el que se estudian también todas las adaptaciones que ha habido de las obras del autor al cine y al teatro. Otro documental, de Raydel Araoz, se internó en el mundo de la poesía y el arte. Se trata de *La Isla y los signos*, que es un recorrido por la obra de Samuel Feijóo y la revista *Signos*, la aportación cultural más importante de este poeta, editor, narrador y pintor de mitad de siglo, fascinado con la naturaleza y la vida cultural y social de la región central de la Isla, donde nació y donde residió gran parte de su vida. Paralelamente a esta obra, Alexander Rodríguez llevó a la pantalla, en forma de película de animación, la historia de Samuel Feijóo *Las aventuras de Juan Quinquín*, como una réplica de la película que Julio García Espinosa hiciera en 1967 adaptando la misma obra literaria.

Una de las mejores producciones de 2014 fue la que constituyó un nuevo aporte de Leonardo Padura al mundo del cine, *Regreso a Ítaca*, parcialmente basada en su propia obra *La novela de mi vida*, pero centrándose en una sola de las tramas argumentales del texto escrito: el reencuentro de varios amigos después de que uno de ellos regresara a Cuba, tras muchos años de exilio. El tema, que se había tratado en cintas de los últimos tiempos, serviría para explicar el contexto histórico de aquella generación de los que nacieron en la mitad de siglo y vivieron sus primeras experiencias intelectuales en los años setenta, cuando el entorno del país todavía generaba esperanzas en un mundo mejor.

A la vuelta de las décadas, esas personas ya maduras reviven aquel tiempo y se lamentan de la situación que se ha creado desde la llegada del periodo especial (Esteban, 2018, 133–137). Es una idea recurrente en la obra de Padura, que retoma y reitera hasta límites insospechados en su última novela hasta la fecha, *Como polvo en el viento* (2020), y que constituye un homenaje a su propia generación de escritores, artistas e intelectuales. La película fue dirigida por el francés Laurent Cantet y producida en el país galo, con un reparto muy sobresaliente: Isabel Santos, Jorge Perugorría, Fernando Hechevarría, Néstor Jiménez y Pedro Julio Díaz Ferrán.

Otra novela de síntesis generacional cubana, esta vez de Wendy Guerra, fue la llevada al cine por Sergio Cabrera con la película homónima *Todos se van*, terminada en 2014 pero estrenada ya en 2015. La cinta, dirigida, y producida en Colombia, mantuvo el carácter crítico de la novela, desde la mirada de una niña de ocho años que asiste a las diferencias entre sus padres, divorciados, y dedicados cada uno al arte y a la literatura de algún modo, pero con distintas perspectivas. El libro y la película maduraron, a la vez, un canto a la libertad y una crónica del desencanto de aquellos que crecieron en los años ochenta y vivieron la desintegración del proyecto revolucionario en los noventa.

2015 fue el año de *El Rey de La Habana*, esmerada producción española y dominicana dirigida por el peninsular Agustí Villaronga, con actores cubanos y dominicanos. Basada en la novela homónima de Pedro Juan Gutiérrez, describe una Habana destruida, desmoralizada, en la que solo funcionan los instintos y la violencia, la necesidad de supervivencia económica, el hambre, el sexo, el alcohol, la picaresca, el desenfreno, en un ambiente que se corresponde con el periodo especial, década en la que se publicó, también en España, el texto de Gutiérrez. Hay que destacar sobre todo la primera mitad de la cinta, con su ritmo vertiginoso, su intención crítica, el humor grueso bien perfilado y el planteamiento eficaz de la lucha de dos mujeres por atraer la atención de Rey o Reinaldo, el protagonista desinhibido y perturbador. El resultado final fue, sin embargo, algo decepcionante, porque alarga demasiado las situaciones iniciales y no las lleva a un final convincente. (Aparicio y Esteban, 2017, 135–136)

Una cinta muy distinta, de tema literario, fue la dirigida por Gerardo Chijona en ese mismo año, *La cosa humana*, en la que un ladrón que desea ser escritor arrebata un manuscrito a un novelista consagrado y lo presenta a un premio, generándose una rivalidad entre los dos protagonistas. También en 2015 se concretó la adaptación de la novela del dominicano Rey Andújar *Candela* (2007), en una película titulada *Tiznao*, bajo la dirección de Andrés Farías y producción cubano-dominicana, bajo el auspicio de la Escuela Internacional de Cine de San Antonio de los Baños. La acción se desarrolla en La Habana, a través de tipos humanos que protagonizan el desencanto y el fatalismo propios del mundo del Caribe.

Un nuevo recorrido por la actitud vital y poética de Dulce María Loynaz se describe en el documental *Últimos días de una casa* (2015), basado en el poema homónimo de la Premio Cervantes cubana, bajo la dirección de Lourdes de los Santos, con guion de Cary Cruz, que toma como símbolo visual de la producción la misma residencia de la poeta, convertida desde hace años en la sede de la Academia de la Lengua en Cuba, institución que ella dirigió desde 1992 hasta su muerte.

Ya en 2016, el corto *Belleza*, de David Moreno, significó la adaptación del cuento de Legna Rodríguez "Happy Together", en el que dos chicas jóvenes se dan cita en Gibara una vez al año para rememorar su historia de amor y amistad, paseando por las mismas calles y reiterando sentimientos que parecen eternos, no sujetos al cambio. Otro corto de ese año, *La coartada*, de Julio A. Rodríguez Sánchez, supuso la adaptación del cuento "La mujer que llegaba a las seis", de Gabriel García Márquez. Y un tercer corto, *Molina's Rebecca*, de Jorge Molina, recordaba a la adaptación que había hecho el mismo Molina años antes de la "Caperucita" con su *Molina's Ferozz*. Se trataba esta vez del cuento "El invernadero", de Guy de Maupassant, en el que la sobrina de un matrimonio maduro libra de la monotonía a sus tíos al sembrar en ellos un torrente de sentimientos, instintos y brotes de pasión.

Veintitrés años después de su muerte, en 2016, Cuba rindió de algún modo homenaje a Severo Sarduy con el documental *Severo secreto*, dirigido y producido por Gustavo Pérez en Violeta Producciones, con guion de Oneyda González. En él se repasaban ciertos aspectos de su obra literaria y de su orientación genérica, todo ello marcado por la decisión de abandonar el país, al que nunca regresó.

Lester Hamlet volvió a dirigir y realizar un guion de una obra literaria para adaptarla a una película. Esta vez lo intentó con la obra teatral *Weekend en Bahía* (1987), de Alberto Pedro, y el título de la adaptación fue *Ya no es antes*. Asimismo, Gerardo Chijona se atrevió con la novela de Alejandro Hernández *Algún demonio* (2007) en su película *Los buenos demonios* (2016), que recibió una ayuda de Ibermedia y cosechó tres premios en el Festival de Málaga.

Un año casi baldío para el cine cubano en general y sobre todo para el cine que guarda relación con la literatura fue el de 2017, en el que solo se puede aportar un título: *Los dos príncipes*, un corto de animación de quince minutos sobre el poema homónimo de José Martí, dirigido por Yemeli Cruz y Adanoe Lima. El texto de José Martí, incluido en *La Edad de Oro*, remitía al de la poeta norteamericana transcendentalista Helen Hunt Jackson "El poeta está muerto". La versión animada recibió el Premio Especial del Jurado en el 39º Festival Internacional del Nuevo Cine Latinoamericano.

El año siguiente no fue mejor que 2017. No hubo más que una película sobresaliente en toda la creación cubana, y fue *Yuli*, de producción y dirección españolas, con la colaboración de Alemania, Reino Unido y Cuba, sobre la vida del bailarín Carlos Acosta, sin relación alguna con el mundo de la literatura. Cabe citar nada más, en lo referente a lo literario, *La noria*, de Daniel Ross, corto de ficción de dieciocho minutos con un telón de fondo alrededor de la figura de Regino Boti, y otro corto, de veinte minutos, *Patas al aire*, de Leonardo Luis Blanco, basado en un cuento homónimo de Rafael del Águila, sobre la ruptura de una pareja.

Quizá lo más destacado de 2018 no fue el trabajo fílmico sino la publicación del libro *50 años del cine cubano (1959–2008)*, de varios autores, editado por Redys Puebla Borrero, con prólogo de Astrid Santana, en el que se conmemoraba con numerosos estudios el medio siglo de andanzas del ICAIC como motor de la producción cinematográfica de la Isla. Como ya había ocurrido en otras ocasiones, el germen de esta iniciativa corrió a cargo de Luciano Castillo y Mario Naito. Y otro libro igualmente interesante de aquel año fue *El cine latinoamericano del desencanto*, obra de Justo Planas, publicado por Ediciones ICAIC, que recogía una serie de reflexiones no solo sobre el cine cubano en relación con otros fenómenos culturales e históricos, sino de todo el ámbito latinoamericano, sobre la base de la idea de una utopía que ya no se trata como proyecto colectivo sino como posibilidad y necesidad, frente a un pragmatismo cada vez mayor, en sociedades que reciben el impacto constante del neoliberalismo y la globalización.

El año de 2019 comenzó con un documental dedicado al escritor cubano vivo más relevante del momento. La cinta *Leonardo Padura, una historia escuálida y conmovedora*, con dirección y guion de Nayare Menoyo, recorre la vida del creador del expolicía y detective Mario Conde en función de su obra literaria, periodística y cinematográfica. Por lo que se refiere al cine de ficción, lo más destacable de 2019 fue *Buscando a Casal*, de Jorge Luis Sánchez, película dedicada a exponer los hitos fundamentales de la vida del poeta modernista y de su faceta intelectual más que artística, en la lucha por la libertad expresiva que es general en la literatura de fin de siglo. Y una obra menor, en el contexto del cine de ficción, fue *El secadero*, corto de algo menos de media hora, de José Luis Aparicio, basado en el relato de Jorge Enrique Lage "La máquina", sobre un asesino que mata policías y les corta la cabeza.

Y para terminar con esta aproximación a la producción cinematográfica relacionada con el ámbito de la literatura hay que hacer referencia a una producción reciente, *Letters to Eloísa*, documental sobre la vida de Lezama en los años posteriores a 1959, basado en las cartas que el poeta y narrador envió a su hermana y en las declaraciones de escritores, críticos, académicos e investigadores sobre esa etapa oscura en la vida de Lezama, que sufrió la censura y el ostracismo por parte del gobierno revolucionario. Entre los entrevistados destacan Mario Vargas Llosa, César López, Antón Arrufat, Pablo Armando Fernández, Orlando Jiménez Leal, Roberto González Echevarría, Lilian Guerra, Senel Paz, Rafael Rojas, Reynaldo González, Margarita Mateo, Roberto Méndez, Jesús Barquet, Emilio Bejel, Carlos Alberto Montaner y otros.

Por lo que se refiere a las publicaciones sobre cine y literatura es necesario aludir a la magnífica *Enciclopedia Digital del Audiovisual Cubano* (ENDAC), situada constantemente y de forma interactiva en www.endac.org. Se trata de una continuación de la *Guía crítica del cine cubano de ficción* realizada también por Juan Antonio García Borrero. El primer día de enero de 2019 se puso en manos de la comunidad cultural internacional el portal ENDAC, asociado a la página personal de su mentor, cinecubanolapupilainsomne.wordpress.com, con más de seis mil entradas. El proyecto tiene su sede en Camagüey pero recibe la colaboración de una gran cantidad de especialistas y usuarios interesados de todo el mundo. García Borrero expresaba entonces las características de su iniciativa:

> La *Enciclopedia*, a diferencia de la *Guía crítica*…, intenta proponer una Historia que no se queda en el registro gélido de las imágenes que vemos en pantalla, sino que explore con una perspectiva de conjunto las conexiones que se establecen entre los filmes, las tecnologías, los contextos económicos, políticos, y culturales, así como los escenarios más íntimos donde los individuos convierten en una práctica sistemática el consumo del audiovisual. (Expósito y Pérez, 2020, s/p)

Una de las grandes aportaciones de esta enciclopedia es el definitivo alejamiento del "icaicentrismo", como lo llamó García Borrero. Ya en su *Guía crítica*… trataba hace veinte años de alejarse de la absoluta omnipresencia de la institución gubernamental, para incidir en otras formas y acercamientos a la producción cinematográfica, ya que a partir de la recuperación posterior al periodo especial y de la implantación de las tecnologías digitales y el espacio cibernético, el cine independiente y el cine cubano realizado fuera de la Isla crecieron considerablemente. Y otra de las grandes virtudes de la iniciativa de García Borrero ha sido la posibilidad de utilizar la guía temática e histórica, gracias a la cual se pueden seguir las novedades, las publicaciones actuales sobre cine cubano, pero también la época en la que se quiera investigar o la dirección temática que se desee indagar. Hay secciones por décadas pero también grupos de ítems ordenados por ficción, documentales, animación, etc., y, por supuesto, diversas relaciones del cine con otras artes, donde la literatura tiene un espacio destacado, pues se acoge ahí a un buen número de cintas basadas en obras literarias. Cabe subrayar también la presencia de una sección enteramente dedicada a la ubicación de José Martí en el cine y seis más centradas en libros relacionados con el cine, sobre la base del estudio de editoriales implicadas en esos temas. Es, por tanto, una guía imprescindible para todo aquel que quiera conocer a fondo y en detalle los pormenores de la producción cinematográfica cubana desde sus comienzos hace más de ciento veinte años.

2.4. Leonardo Padura: *Cuatro estaciones en La Habana*

En toda la trayectoria profesional del creador de Mario Conde ha habido conexiones continuas entre la literatura, el periodismo y el cine. Su primera incursión en materiales híbridos consistió en la conversión en guion cinematográfico del su reportaje sobre "Yarini, el Rey", aquella figura inquietante y desoladora que cobró fama en los primeros años de la recién creada república cubana. Poco más tarde elaboró otro guion para la cinta *El viaje más largo*, acerca del fenómeno de la ubicación de inmigrantes chinos en Cuba, y participó en dos documentales más a finales de los ochenta y principios de los noventa: *Esta es mi alma* (1988) y *Una historia de amor* (1990). En este último hay ya atisbos de ficción y conexiones con un reportaje anterior publicado en *Juventud Rebelde*. De 1996 es *Yo soy, del son a la salsa*, documental de Rigoberto López con guion de Padura, que marcaría la inflexión definitiva entre el trabajo para documentales y el desarrollo de ficciones cinematográficas.

El de Mantilla escribió, ya en el nuevo milenio, un guion para la película policíaca *Malabana* (2001), y otros dos más para películas que nunca llegaron a ver la luz. Pero no fue hasta diez años más tarde que comenzó a realizar trabajos de ficción con cierta difusión tanto en Cuba como fuera de la Isla. Primero fue *Siete días en La Habana* (2011), y tres años más tarde *Regreso a Ítaca*. Finalmente, *Cuatro estaciones en La Habana* fue estrenada a finales de 2016 en la plataforma Netflix, y más tarde en televisiones nacionales de varios países. Concebida como una serie de cuatro capítulos dobles, la obra recoge el contenido fundamental de las cuatro novelas publicadas por el autor en los años noventa, que configuraron la tetralogía de Mario Conde "Las cuatro estaciones": *Pasado perfecto* (1991), *Vientos de Cuaresma* (1994), *Máscaras* (1997) y *Paisaje de otoño* (1998). Cada novela es trabajada en dos subcapítulos. La primera de las novelas que se llevó a la pantalla fue *Vientos de Cuaresma*, y la cinta fue estrenada como una película de metraje largo, de casi dos horas, con el título *Vientos de La Habana*, en el Festival del Nuevo Cine Latinoamericano de La Habana. Finalmente, cuando el conjunto de las novelas estuvo terminado, se concibió como una serie, que ganó además el Premio Platino en 2017 a la mejor serie latinoamericana, y que va a albergar una segunda temporada, gracias a la adaptación de las novelas que Padura ha publicado en el nuevo milenio que continúan la saga del detective Mario Conde.

Desde el punto de vista técnico, *Cuatro estaciones en La Habana* es una de las mejores cintas cubanas de todos los tiempos, gracias a las posibilidades económicas que generó el sistema de coproducción entre Alemania, España y Cuba, junto con la ambición contrastada de Tornasol Films y Nadcon Film, y el patrocinio de Netflix para su lanzamiento internacional. Además, la nómina de actores no podía ser mejor: Jorge Perugorría en el papel de Mario Conde, Luis Alberto García, Juana Acosta, etc., y con guion del propio Leonardo Padura y Lucía López Coll. Todos los elementos de la producción de la serie se congregaron para sumar calidad al producto final, junto con la descripción en forma de imágenes de la ciudad de La Habana, uno más de los protagonistas de la serie:

> En el caso de *Cuatro estaciones en La Habana*, es tan importante la labor de los guionistas como la de los buenos actores y como la de la fotografía y las imágenes de la ciudad. Nadie duda ya de que Padura es el narrador de La Habana del periodo especial y del siglo XXI, ni de la trascendencia de la ciudad en la construcción de sus novelas [...]. La ciudad no es solo, para el policía, el lugar que habla al detective, que le sugiere por dónde dirigir su investigación, que visibiliza las pistas y las deja al descuido para que Conde haga su tarea. (Esteban, 2018, 139).

El acierto de la serie consiste no solo en captar la esencia del género policial y enfatizar la figura del protagonista, una especie de antihéroe solitario que se enfrenta tanto a los crímenes como al *establishment*, sino también en hacer llegar al público el mensaje de la ciudad, una Habana en ruinas, trasunto de la ruina moral del país, que mantiene su belleza histórica por encima del proceso de degradación paralelo al proceso de degradación del sistema que no ha sabido conservarla. Y en ese espíritu de paralelismos alegóricos, tiene mucha importancia la conexión de los guionistas con el director, el español Félix Viscarret, acostumbrado a realizar adaptaciones de novelas, como ocurrió con su primer largometraje, *Bajo las estrellas*, basado en la novela de Fernando Aramburu *El trompetista del Utopía*, y después de la obra de Padura, la serie sobre la novela de Aramburu *Patria*. En todas ellas hay una combinación de las preocupaciones temáticas relativas al guion con la captación de los ambientes donde se desarrollan las tramas, tanto los exteriores –las ciudades– como los interiores. De hecho, Viscarret ha confesado en alguna ocasión su fascinación por las urbes, los ambientes, etc., que en el caso de La Habana tuvo que ver con las descripciones de la ciudad que leyó en las novelas de Padura antes de saber que iba a ser el director de la serie *Cuatro estaciones en La Habana*. Viscarret acostumbraba a soñar con los lugares de sus artistas favoritos, como la Nueva York de Paul Auster, el Sáhara de *El paciente inglés* o el Cape Cod de Edward Hopper. En el caso de La Habana ese territorio emocional se identificaba con las narraciones sobre el detective y expolicía Mario Conde. Así lo refleja él mismo:

> Reconozco que durante mucho tiempo La Habana tuvo sobre mí ese mismo poder cautivador, ese extraño hechizo. Como una ciudad-sueño. Como un lugar contradictorio y fascinante que nunca llegarás a conocer del todo. El culpable de este magnetismo fue Leonardo Padura. Antes de haber pisado la ciudad por primera vez ya podía imaginar sus recovecos. Desde un callejón poco iluminado en Santos Suárez, o una avenida en ebullición como 10 de Octubre, con su decrépita arquitectura colonial, hasta las últimas mansiones Art Deco de los 50 en Nuevo Vedado. Las novelas de Padura me hicieron soñar con cada uno de esos rincones. Cuando me ofrecieron ser el director para llevar ese mundo al cine sentí otra bonita contradicción: era un honor y una responsabilidad, pero al mismo tiempo sabía que lo iba a disfrutar mucho. ¿Como si ya hubiera estado ahí en sueños? (Viscarret, 2016, s/p)

Esa fijación con la ciudad que tienen tanto el director como los guionistas se concreta, para transmitir la corriente de fascinación al espectador, en la acumulación de detalles y matices. Aunque abundan aquellos relativos a la investigación, como la presentación de los cuerpos que han sufrido la violencia, las pequeñas bolsas con droga, las huellas o los primeros planos del investigador tratando de resolver un pequeño enigma, tienen una carga emocional mucho más consistente aquellos otros en que se exhibe, sin pudor, la ciudad, sobre todo alrededor de cuatro perspectivas: desde dónde se mira, cuándo se mira, la intensidad con que se mira y la carga social de los interiores (Esteban, 2018, 140–142). Todo ello, unido al interés suscitado por la intriga, esencia del relato policial, confirma la calidad y la repercusión que ha tenido la serie, devolviendo a las adaptaciones cinematográficas de obras literarias la eficacia artística y divulgativa que no se apreciaba desde décadas anteriores, en películas como *Fresa y chocolate* o *Before Night Falls*.

Capítulo 3
Cine y literatura en San Antonio de los Baños

3.1. La Fundación y la Escuela

La historia de la Escuela de Cine más conocida y prolífica de América Latina ha estado ligada desde su inauguración hasta nuestros días a la impronta de la literatura. Aunque su puesta en marcha data de 1986, los orígenes se remontan a la mitad de los años cincuenta en los que, como hemos visto, pasaron por Roma cuatro jóvenes que dejarían una huella imborrable en el cine, la cultura y la literatura del siglo XX, mucho más allá del ámbito cubano y latinoamericano. Gabriel García Márquez, Julio García Espinosa, Tomás Gutiérrez Alea y Fernando Birri fueron estudiantes en Cinecittà y se formaron con algunos de los mejores maestros del neorrealismo italiano de aquella época: Cesare Zavattini, Vitorio de Sica, etc. García Márquez recordaba esos comienzos treinta años más tarde, a propósito del discurso que pronunció en el acto de inauguración de la Fundación del Nuevo Cine Latinoamericano (Esteban y Panichelli, 2004, 256). En aquellos cincuenta italianos, Gabo deseaba ligarse al mundo del cine como guionista, porque era otra manera de contar, que es lo que hasta entonces había hecho en forma de reportajes periodísticos o crónicas, reseñas, cuentos y novelas. Antes de viajar a Roma, ya tenía experiencia como crítico de cine, ya que durante año y medio había trabajado en *El Espectador* de Bogotá realizando reseñas de películas internacionales. En el otoño de 1955 se matriculó en la asignatura de "Dirección" en el Centro Experimental de Cinematografía de Roma, pero realmente aprovechó su estancia para conocer a fondo el material de la cinemateca y entablar cierta complicidad con la profesora de "Montaje", la señora Rosado, que le enseñaba la "gramática del cine", que le sería muy útil para el momento en el que deseara escribir algún guion.

Para entonces, Gutiérrez Alea y Julio García Espinosa ya realizaban películas en la Isla, y habían comenzado a preocuparse por los préstamos que la literatura pudiera dar al cine, algo en lo que siguieron involucrados en las décadas siguientes. Titón se estrenó con *La caperucita roja*, y luego vinieron *Las doce sillas*, *Memorias del subdesarrollo*, *Una pelea cubana contra los demonios*, *La última cena*, etc., mientras que Julio García Espinosa despuntó en 1967 con *Las aventuras de Juan Quinquín*, y más tarde con su colaboración en el guion de *El otro Francisco* o la dirección de *La muerte inútil de mi socio Manolo*. Y Fernando Birri, instalado en su natal Argentina, fundó en 1956 el Instituto de Cinematografía de la Universidad Nacional de Litoral, que sería más adelante la Escuela Documental de Santa Fe.

Todos ellos contribuyeron a que a partir de esos años se difundiera una tendencia cinematográfica en América Latina distinta a las más comunes en el ámbito occidental, denominada "El Tercer Cine". Fernando Birri también trabajó desde muy pronto temas literarios, y así se mantuvo hasta sus últimas producciones. Ya en 1962 firmó *Los inundados*, cinta basada en el cuento homónimo de Mateo Booz; en 1983 realizó *Rafael Alberti, un retrato del poeta* y cinco años más tarde adaptó el cuento de García Márquez "Un señor muy viejo con unas alas enormes", auspiciado por la Escuela de Cine de San Antonio de los Baños. Pocos años antes de morir, su última película fue *El Fausto criollo* (2011), una versión más de la obra de Estanislao del Campo, que remite a su vez al *Fausto* de Goethe, en clave latinoamericana.

Gabriel García Márquez cerró el círculo de su dedicación al cine en Cuba en la segunda mitad de los años ochenta. Hasta ese momento, y después de sus primeros escarceos con el cine en los años cincuenta, llegó una fase de mucha intensidad, en la que incluso pensó en dejar la escritura literaria –antes de publicar *Cien años de soledad*– y dedicarse a los guiones cinematográficos. Colaboró en la adaptación del cuento de Rulfo "El gallo de oro" y escribió guiones basados en cuentos suyos o ideas propias y que cristalizaron en películas como *En este pueblo no hay ladrones* (1965), *Tiempo de morir* (1965), *Juego peligroso* (1966), etc. A finales de los setenta y principios de los ochenta volvió a los guiones tomados de sus propias obras o ideas, como *La viuda de Montiel* (1979), *María de mi corazón* (1979), *Eréndira* (1983) o guiones basados en obras clásicas, como la adaptación del conocido texto de Defoe en *El año de la peste* (1978).

En 1985, el sólido panorama artístico que combinaba cine y literatura, de aquellos cuatro ya no tan jóvenes que habían partido de sus experiencias en Cinecittà entraría en una etapa de absoluta madurez y apogeo colectivo, ya que los dos cubanos, el colombiano y el argentino se involucrarían de una forma muy comprometida en el proyecto que iba a nacer, el cual, sin duda alguna, fue tan relevante para el séptimo arte de la Isla como la creación del ICAIC en 1959 o la inauguración del Ministerio de Cultura en 1976. El 4 de diciembre de 1985 fue instituida la Fundación del Nuevo Cine Latinoamericano por el Comité de Cineastas de América Latina, que venía funcionando desde 1974 y procedía del Centro Latinoamericano del Nuevo Cine, generado a instancias del Primer Encuentro de Cineastas Latinoamericanos, celebrado en 1967 en Viña del Mar, en el marco del Festival Cinematográfico. Desde abril de 1985, el Comité abrigaba la idea de una Fundación continental, inspirada en la que Fernando Birri había promovido en Argentina.

La iniciativa de la Fundación del Nuevo Cine se concretó, entonces, en el acto de clausura del Festival de Cine de La Habana, tras una conversación de Julio García Espinosa y Gabriel García Márquez con Fidel Castro. La primera edición del Festival había sido poco antes, en 1979, y en su quinta edición, la de 1983, Castro se reunió con el Comité de Cineastas, que había estado ligado a la organización de los festivales de Cuba y del resto de los países latinoamericanos desde los años sesenta, y los miembros del Comité le expusieron su trabajo y sus proyectos. En esas fechas, el premio nobel de Literatura ya era uno de los más certeros confidentes íntimos de Castro, quien se dejaba asesorar por el colombiano en asuntos culturales y artísticos pero también netamente políticos. Tal era la confianza entre el escritor y el dictador, que este había liberado numerosos presos políticos, la mayoría de ellos relacionados con el mundo de la literatura o el arte, gracias a la acción directa de García Márquez (Esteban y Panichelli, 2004, 240-249).

En diciembre de 1985, Castro dio vía libre a su amigo escritor y al Viceministro de Cultura, junto con el Comité de Cineastas, para llevar a cabo aquella idea promocional de la actividad cinematográfica en la Isla, combinada con la protección, difusión y unificación de todos los cines nacionales de América Latina. Pero eso no significaba necesariamente uniformidad, sino expresión autóctona de cada región apoyada por el resto de las industrias de los países del entorno hispánico, a través de las coproducciones o las multicoproducciones. De esa forma, las identidades nacionales no se tenían que oscurecer, y al mismo tiempo tendrían la posibilidad de traspasar las fronteras del propio país y darse a conocer en un espacio continental. Castro leyó un discurso en el acto de clausura del Festival y mostró su interés en la Fundación, que al poco tiempo de ser aprobada, recibió a Gabriel García Márquez como primer presidente, cargo que ostentó hasta su muerte en 2014.

El 4 de diciembre del año siguiente se inauguró la sede oficial de la Fundación, en la Quinta Santa Bárbara, que había sido propiedad de Flor Loynaz y en la que, por cierto, se había grabado la película de Gutiérrez Alea *Los sobrevivientes*, basada en el relato de Antonio Benítez Rojo "Estatuas sepultadas". Once días más tarde se creó, en el contexto de la actividad de la Fundación, la Escuela de Cine de San Antonio de los Baños. Presidieron el acto y fueron los verdaderos protagonistas de ese comienzo García Márquez, Fernando Birri, Julio García Espinosa y Fidel Castro, pero entre los miembros fundadores se puede contar a algo más de una treintena de nombres relevantes en el mundo de la cultura latinoamericana, de 15 países americanos, incluido Estados Unidos, entre los que destacan Miguel Littin, Alfredo Guevara, Daniel Díaz Torres, Lisandro Duque, Jorge Sanjinés o Nelson Pereira.

La Fundación y la Escuela comenzaron enseguida su ingente labor de difusión, enseñanza, creación artística y promoción del cine, en unos años de cierta bonanza económica y política en que algunos países latinoamericanos estaban adquiriendo nuevamente textura democrática (Perú en 1980, Argentina en 1983, Uruguay en 1985, Chile en 1989), y con la colaboración inestimable de gobiernos socialistas europeos con los que García Márquez tenía opciones de negociar acuerdos (la España de Felipe González y la Francia de Miterrand en los ochenta y noventa). Las primeras actividades, además de la docencia y la formación de futuros cineastas, giraron en torno a la conservación de la memoria cinematográfica, la escritura de guiones bajo la batuta del nobel colombiano, la elaboración de una historia del cine latinoamericano y la colaboración con el Sundance Institute de Utah (Estados Unidos), presidido por Robert Redford, concretada en un programa de intercambio. Sobre aquellos comienzos recordaba García Márquez en una entrevista:

> Nos sentamos un grupo de estudio y dijimos: "Vamos a planear una Escuela de Cine y Televisión, internacional, no burocrática, práctica, no teórica o simplemente teórica", y empezamos a tratar de visualizar en el papel cómo era esa Escuela. Cuando ya creíamos tenerla, hicimos la escuela exactamente igual a como la teníamos prevista en el papel.
> Pero en la práctica empezamos a darnos cuenta de que la vida era más rica. Y que tenía que llevar mucha improvisación por dentro. Porque esto surgió en diciembre del 85 y se inauguró en diciembre del 86. En ese año se construyó y se equipó la Escuela. Se hicieron las convocatorias para los alumnos,

se consiguieron los profesores, se hizo todo el proyecto de enseñanza y de reglamentación de la Escuela. Vinieron los alumnos, los profesores y empezó la Escuela a funcionar el día que se había previsto. Sería absolutamente milagroso que no hubiera problemas. Pero no ha habido, no ha sucedido nada, que no estuviera previsto. (Valenzuela, 1989, 95)

Una de las primeras preocupaciones de la Escuela fue la selección de los alumnos. Se admitían candidatos que hubieran terminado el bachillerato y que tuvieran entre 20 y 30 años, y las procedencias eran fundamentalmente de América Latina, aunque también se contemplaba la inclusión de alumnos de otros continentes, sobre todo de Asia y África. Y el primer problema se planteó alrededor del nivel de los alumnos y las posibles adscripciones a niveles diferentes, ya que algunos llegaban con muchos conocimientos de cine, mientras otros se matriculaban para empezar desde el principio. Los cursos que se comenzaron a ofrecer tuvieron como temas el guion, la producción, la fotografía, el sonido, la edición y el documental. Eso fue ya en 1987, con matrículas gratuitas en una primera época, ya que se pretendía formar candidatos que por su procedencia o condición económica no pudieran asistir a las mejores escuelas de los Estados Unidos o Europa. Y un segundo problema fue dilucidar quién se acercaba a la Escuela solo por interés o lo hacía porque realmente tenía vocación. Así lo reflejaba Gabo:

> Un problema de este centro docente, que existe y existirá siempre en todas la escuelas, es el de la vocación. Esta Escuela tiene un peligro muy grande, y es que está cogiendo fama de ser una Escuela privilegiada. Totalmente gratuita. En el mundo no hay una Escuela como esta, en la que todo es gratis. No desconocemos que hay un peligro muy grande, y es el que uno que se aburrió en Medicina o que no sirvió en Ingeniería, pregunte, ¿y qué hago ahora? Y se responda: 'Pues meterme en el cine. Hay chicas bonitas, van artistas...' Llenan los requisitos y luego resulta que sí, que son capaces, gente inteligente. Y vienen por pasarse uno o dos años, a ver qué ocurre. No les gustó y se van al carajo. ¿Cómo definir entonces la verdadera vocación? Yo era partidario de que se les diera a los estudiantes un tiempo, después del bachillerato, para comprobar si realmente daban muestras de vocación. Porque en verdad ahora no es difícil hacer cine. Difícil era cuando nosotros lo estudiábamos, con cámaras de 35 milímetros. Profesionales completamente. Ahora no. Ahora los muchachos tienen todas las facilidades. (Valenzuela, 1989, 96)

A eso se unía que, en muchas ocasiones, aquellos que solicitaban una plaza como estudiantes, no tenían realmente un origen popular, es decir, no se cumplía así la voluntad de hacer posibles esos estudios a aquellos que no pudieran acceder a una enseñanza de calidad por motivos económicos. Lo cierto es que las primeras convocatorias se difundieron más en capitales y ciudades grandes que en zonas rurales, por lo que la forma de captación no se adecuaba a lo que se proponía la Escuela como parte de su compromiso social. Pero esa cuestión se fue solucionando en poco tiempo, pues la fama de la institución creció ostensiblemente antes de terminar la década de los ochenta. De todas formas, cuando el proyecto contaba ya con una década de vida, los problemas económicos derivados del periodo especial en los noventa y de una crisis económica generalizada que llevó a algunos gobiernos a menguar su capacidad de colaboración, significaron el cambio de condiciones en la incorporación de alumnos, al incluir en la matrícula una aportación económica por parte del candidato.

3.2. Gabriel García Márquez: clases de guion y películas

Desde el primer año, García Márquez impartió un curso de guion, por el que han pasado no solo alumnos que son ahora conocidos directores de cine, sino también escritores de reconocido prestigio. De esos cursos, que duraron casi dos décadas, salieron varias publicaciones: *Cómo se cuenta un cuento* (1995), *Me alquilo para soñar* (1997) y *La bendita manía de contar* (1998). De la génesis de esos libros quedan huellas invaluables en los documentos que el Harry Ransom Center de la Universidad de Texas en Austin conserva en la sección dedicada al nobel colombiano, sobre todo en dos carpetas: una titulada "Historia que contó Socorro", y otra con el encabezamiento "Historia que contó Victoria", de casi cuatrocientas páginas entre las dos, relativas a algunas de las sesiones prácticas con el maestro, del 12 y 13 de abril de 1989. En aquellos apuntes se recogían las palabras textuales de las conversaciones con los alumnos sobre lo que ellos entregaban al profesor como trabajo de clase:

> El nobel repasaba cada uno de los detalles del texto y hacía sugerencias, acerca del argumento, los personajes, la estructura, etc., y animaba a los alumnos a reflexionar sobre cualquier movimiento de la trama y cualquier acción de cada personaje, para ofrecer variantes que pudieran mejorar el interés del público por la historia o su propia calidad comunicativa. En todas esas intervenciones del colombiano se observa un instinto certero que tiene su origen en la necesidad de saber qué pasa, a quién la pasa y cómo le pasa, para llegar a un final que acabe con las incógnitas o, al menos, despierte más todavía la curiosidad por una suerte de desenlace. (Esteban, 2018, 119–120)

La simbiosis entre el cine y la literatura ha estado siempre presente en la Escuela desde su puesta en marcha, y ello se evidencia en la importancia que tuvo para la Escuela y para la Fundación el ciclo de películas, basadas en obras literarias de Gabo, que se realizó entre 1987 y 1988 bajo el título general de *Los amores difíciles*, cuyo principal protagonista fue precisamente el premio nobel colombiano, que por entonces pasaba gran parte del año en la Isla, y sobre todo en la época en que se celebraba el Festival de Cine de La Habana y él aprovechaba para impartir su curso de guion, hacia el final de cada año. La serie tuvo un espíritu homogéneo, apoyado en los mismos presupuestos que la Fundación y la Escuela: unir a los pueblos latinoamericanos en un frente común, en un espectro de cooperaciones combinadas, respetando además las idiosincrasias particulares, como explicaba el mismo promotor del proyecto:

> El primer paso para lograr el reconocimiento del cine latinoamericano en el mundo es volver a creer en el desacreditado refrán de que la unión hace la fuerza. Arduo intento, en un territorio tan vasto y dividido, cuya identidad de fondo está todavía por descubrir. Y sin embargo, feliz intento de una galaxia de nuevos creadores que están construyendo sus sueños de luz con la materia de nuestras vidas. Muestra ejemplar de ese propósito son estas películas de seis realizadores formados dentro del inmenso perímetro de 21 millones de kilómetros cuadrados de la cultura ibérica: un brasileiro, un colombiano, un mexicano, un cubano, un venezolano y un español, que en este caso viene a ser como ese tío ultramarino que no suele faltar en ninguna empresa latinoamericana desde hace cuatrocientos años. (García Márquez, 1990, 649)

Líneas más adelante, Gabo justificaba el hecho de que todos los argumentos fueran suyos, porque se trataba de "reafirmar las posibilidades transnacionales" de la identidad latinoamericana, ya que seis directores de seis países diferentes podían manifestar las infinitas combinaciones de lo uno en lo diverso, en un formato, además, que permitía la difusión en las grandes salas y en las televisiones particulares, pudiendo llegar así a un público muy amplio y variado, democrático. Por otro lado, explicaba igualmente la conveniencia de que el tema de todas las películas fuera el mismo, concretamente el amor "contrariado", una "ideología para militantes eternos, más necesario cuanto más desdichas trate de imponernos la vida real", porque nos ayuda a ser más libres y más felices (García Márquez, 1990, 649).

Las cintas consistieron en coproducciones entre España y un país latinoamericano, aquel al cual pertenecía el director. Por ello, la película dirigida por el español no fue coproducción sino de factura únicamente peninsular. Además, la seis estuvieron auspiciadas por la Fundación del Nuevo Cine Latinoamericano (Rocco, 2009, 197–199), en combinación con el trabajo realizado por la Escuela de Cine de San Antonio de los Baños. En 1987 llegó la primera de ellas, *Fábula de la bella palomera*, producida en Brasil y llevada a cabo por Ruy Guerra, quien ya había dirigido antes *Eréndira*, y que al año siguiente de ser concluida la serie volvió a dirigir para García Márquez, esta vez con la adaptación de su relato *Me alquilo para soñar*, incluido en los *Doce cuentos peregrinos*, y que podría haber formado parte igualmente de *Los amores difíciles*, por el tema, la factura, el origen de la historia y la cooperación entre Televisión Española y la Fundación del Nuevo Cine Latinoamericano. La cinta se basó, con ciertas diferencias, en un episodio que ya había relatado Gabo en su novela *El amor en los tiempos del cólera* (1985), y contaba la historia de amor entre un rico dueño de una fábrica y Fulvia, una bella palomera, avivado por la comunicación que establecen por medio de las palomas mensajeras, y con un final trágico.

Las películas restantes vieron la luz en 1988. *Milagro en Roma*, colombiana, dirigida por Lisandro Duque, reflejaba una anécdota, fantaseada por el tiempo, la memoria y la carga ficcional de cualquier historia de Gabo, que ocurrió en Roma en 1955, cuando el premio nobel se encontraba en Cinecittà estudiando cine. Gabo escuchó la historia de un colombiano que había llevado a su hija muerta a Roma para que la beatificaran, porque años después de haberla enterrado seguía incorrupta y le había crecido el pelo de una forma exagerada. Esa historia formó parte, en 1992, de los *Doce cuentos peregrinos*, con el título de "La santa", como también lo haría "El verano feliz de la señora Forbes", relato que coincide con la película mexicana, perteneciente a esta misma serie, dirigida por Jaime Humberto Hermosillo, *El verano feliz de la señora Forbes,* con música del cubano Sergio Vitier, y protagonizada por el también cubano Francisco Gattorno. (Esteban, 2007, 26)

Otras dos películas fueron textos de García Márquez adaptados a guiones cinematográficos que no aparecen en sus volúmenes de relatos, pero con la impronta inconfundible del maestro colombiano. Se trata en primer lugar de *Yo soy el que tú buscas*, dirigida por el español Jaime Chávarri, en la que una mujer, Natalia, es violada y contrae el síndrome de Estocolmo, pues se obsesiona con el hombre que la forzó y se dedica a buscarlo compulsivamente, gravitando desde entonces en una nueva realidad de sueños y deseos que la aparta de su vida cotidiana. El segundo texto es *Un domingo feliz*, del venezolano Olegario Barrera, con un guion en el que también colaboró el cubano Eliseo Alberto. La película es una dura crítica a las clases altas venezolanas que han generado grandes capitales con el *boom* del petróleo, en contraste con las clases populares, que luchan por sobrevivir y generalmente encuentran el rechazo y el destino adverso ligados a los comportamientos descentrados de los poderosos. La película logra mantener la tensión inicial provocada por la huida del hogar del niño Carlitos, que no soporta la vida burguesa, anodina e hipócrita de sus padres ricos, e inventa un secuestro para llamar la atención de sus progenitores. La trama se apoya en la relación de ese niño de las clases altas con un músico de jazz que sobrevive tocando en varios establecimientos por las noches.

Finalmente, la que es quizá la mejor cinta de las seis, *Cartas del parque*, revive un suceso relatado en *El amor en los tiempos del cólera*. En el capítulo IV de la novela, Florentino Ariza escribe cartas para que se establezca una relación amorosa entre una pareja. Ambos acuden a él, por su fama de escritor, para que escriba sus cartas de amor hacia la otra persona, y Florentino las redacta siempre pensando en su situación: las de ella simulan lo que él quisiera que le escribiera Fermina, y las de él son las que Florentino desearía escribir a Fermina. La historia termina con el enamoramiento de los dos, la boda y el nacimiento del primer hijo, momento en el que cada uno de ellos se entera de que esas cartas habían sido escritas por otra persona, y que en ambos casos se trataba de la misma pluma, por lo que deciden que Florentino sea el padrino de su hijo. En el caso de la película el planteamiento es el mismo pero el desenlace diferente: un escritor cubano de Matanzas escribe esas cartas para los dos, pero poco a poco vamos descubriendo los verdaderos sentimientos del autor de las misivas hacia la chica, que tiene unos efectos peculiares en ella. La cinta fue grabada en Cuba bajo la dirección de Tomás Gutiérrez Alea y protagonizada por Mirta Ibarra, Víctor Laplace, Ivonne López y Elio Mesa.

Y en ese año de 1988 hubo aún tiempo para otra película, aunque aparte de la serie *Los amores difíciles*, que reunía a los mismos protagonistas: García Márquez, adaptación de una obra suya, auspicio de la Fundación del Nuevo Cine Latinoamericano y la Escuela, Televisión Española e incluso el ICAIC. Otro relato más del nobel, "Un viejo con unas alas enormes", se convertía en película por la unión de todos aquellos cómplices cinematográficos, bajo la dirección de otro de los fundadores de la Escuela: Fernando Birri, que fue además el primer director de la institución, y fungió como tal hasta 1991.

Todavía hubo una obra más en la que se unieron similares colaboradores: *Me alquilo para soñar*, de 1992, el mismo año en el que el relato homónimo de García Márquez fue publicado en los *Doce cuentos peregrinos* y que, como ya hemos anotado, fue dirigida por Ruy Guerra. Esta fue ya la última acción directa del colombiano en las instituciones cubanas dedicadas al cine con un guion, una historia o un cuento de su propiedad, pero su colaboración con la Escuela no cesó hasta la mitad de la década siguiente, ya incoado el siglo XXI, mientras pudo ejercer como profesor de guion, o bien cuando pasaba temporadas residiendo allí, siempre que necesitaba concentrarse para escribir alguna de sus novelas. Eso ocurrió, por ejemplo, a finales de los ochenta, a propósito de la redacción de *El general en su laberinto* (Esteban y Panichelli, 2004, 265).

3.3. Aniversarios, la revista *Enfoco* y la revolución digital

Algunas de esas incursiones del nobel en las rutinas de la Escuela, como profesor, tuvieron repercusión en el ámbito cultural de La Habana. En diciembre de 2004, el curso tuvo nueve estudiantes elegidos especialmente, de siete países diferentes de Europa y América Latina. Durante aquel mes, y en el contexto del Centenario del nacimiento de Alejo Carpentier, *La Jiribilla* publicó una entrevista con el nobel sobre dos de sus novelas. Opinó sobre *El otoño del patriarca*, en su intento de realizar un experimento, que no fue tan bien recibida como *Cien años de soledad*, excepto en Cuba, donde —aseguró— la gente la pudo entender mejor. (Esteban y Aparicio, 2012, 92)

Al año siguiente se cumplían los veinte años de la puesta en marcha de la Fundación. Gabo volvió una temporada a La Habana e impartió su curso habitual en la Escuela, pero ese mes hubo algo más que celebraciones: primero, un encuentro del nobel con Emir Kusturica, el reputado director serbio, para comenzar, a ser posible, con la adaptación de *El otoño del patriarca*, que coincidió con el estreno en la Isla, en el marco del Festival de Cine de La Habana, de *La vida es un milagro*, la última de sus películas hasta esa fecha.

También se presentó *Habana Blues*, de Benito Zambrano, antiguo alumno de la Escuela, y otras cien que se sometieron a concurso. Lo más destacable de la edición de aquel año fue el homenaje realizado a García Márquez y a los que protagonizaron la creación de la Fundación y de la

Escuela de Cine. Se celebró a "los Quijotes", los cuatro que no dudaron en poner lo mejor de sí, incluso su propio dinero, para que la iniciativa cuajara. Gutiérrez Alea ya había fallecido pero los otros estaban presentes. Fernando Birri pronunció unas palabras que resumieron el espíritu de los comienzos:

> Creo con sinceridad que esa integración del cine latinoamericano está lograda, superando inclusive lo que nosotros mismos pensamos, y para utilizar una palabra más justa, lo que soñamos. Todo lo que se ve es producto de ese sueño. Lo hemos concretado, y esto no se hace sin dolor, sin una enorme carga de paciencia, sin una tremenda sinceridad. (Esteban y Aparicio, 2012, 98)

El mes de diciembre de 2006 fue muy especial para Gabo y para la Escuela. Esta cumplía veinte años, pero ni ella ni su mentor pudieron disfrutar de la celebración por completo, porque, desde la arriesgada operación de Castro en el verano de ese año, todos los actos institucionales a los que él solía acudir habían quedado deslucidos. En el caso del colombiano, el desconcierto era mayor, dada la amistad entre los dos. La sesión inaugural tuvo como evento significativo la presentación de *El laberinto del fauno*, y en los días siguientes compitieron más de cien películas, en una efemérides especial por el 20º aniversario de la creación de la Escuela. A partir de ahí, las visitas del colombiano a la Isla se redujeron drásticamente, ya que la salud del nobel también se resquebrajó y tuvo finalmente que dejar de impartir sus cursos. Recordando lo que había significado García Márquez para la Escuela y la Fundación, Fidel Castro escribía el 10 de julio 2008, en *Cubadebate*, un artículo titulado "El descanso", en el que describía la última estancia de Gabo en la Isla, a raíz de la cual se gestó uno de los encuentros finales de los dos amigos. Destacaba los "casi 50 años de sincera amistad" con Gabo, y reconocía: "Gabo a mis ojos ganó respeto y admiración por su capacidad para organizar la Escuela de forma meticulosa y sin olvidar un solo detalle. Yo lo había supuesto, por prejuicio, un intelectual lleno de maravillosa fantasía; ignoraba cuánto realismo había en su mente." (Esteban y Aparicio, 2012, 105)

La última noticia de la que hay constancia escrita, sobre la relación del colombiano con el ámbito cinematográfico insular data de diciembre de 2010, para conmemorar los 25 años de la Fundación del Nuevo Cine Latino-americano, en el marco de la XXXII edición del Festival de Cine de La Habana, en el teatro Karl Marx. Ese año la celebración tuvo un aliciente añadido: el 6 de diciembre se presentó la película basada en su novela *Del amor y otros demonios*, dirigida por la costarricense Hilda Hidalgo, directora joven que, tras haber estudiado en la Escuela de San Antonio de los Baños, estableció una asidua relación profesional con García Márquez en todo el recorrido de adaptación, producción y creación de la película, y que en esa ocasión estaba algo nerviosa con las posibles críticas del nobel a su cinta. El colombiano aseguró entonces que se encontraba muy satisfecho con el resultado, porque el espíritu de su obra estaba en el filme: "Yo estaba en ascuas —dijo la directora—, y entonces respiré". (Esteban y Aparicio, 2012, 112)

Otro capítulo importante de la actividad de la Escuela relativa al mundo literario fue la revista *Enfoco*, creada en 2007, con más de cincuenta números editados hasta 2016. Concebida como una publicación sobre las novedades cinematográficas, acogió colaboraciones técnicas, de investigación, entrevistas, noticias sobre nuevos autores, actores, etc., y también miradas hacia épocas anteriores que ya pueden considerarse clásicas en el séptimo arte. Ya en el cuarto número, de marzo de 2008, José Carlos Avellar disertaba sobre "Cine, literatura y cobrador: la cabeza sin almohada", analizando la película *Cobrador: In God we Trust*, de Paul Leduc, en relación con el libro que la inspiró, *El cobrador*, de Rubem Fonseca, señalando además que el horizonte de expectativas que se produce en el lector de un libro no es el mismo que el del espectador de una versión fílmica (Avellar, 2008, 15).

Y en el séptimo número, también de 2008, Silvia Hardy, en su artículo "H. G. Wells, el hombre que sabía demasiado", repasaba las estrechas relaciones del escritor con la industria del cine en los Estados Unidos y Reino Unido durante toda su vida profesional. Dos números después y todavía dentro del mismo año, Maykel Rodríguez realizaba un acercamiento general a la obra de Titón, mientras que Nelson Rodríguez trabajaba un estudio más pormenorizado de *Memorias del subdesarrollo*, siempre en la doble naturaleza de texto escrito y fílmico. Y en el capítulo de entrevistas, Nick James hablaba con la directora indostana Mira Nair sobre la adaptación que había hecho en 2006 de la obra de Jhumpa Lahir con su película *El buen hombre*.

Y así podríamos seguir en casi todos los números hasta llegar al 49, de abril de 2015, en el que se abordaron monográficamente las cuestiones más actuales del trasvase entre los medios. Con el título general de "Narrativas transmedia", hubo numerosos estudios sobre el cine en relación con otros medios: televisión, videojuegos, teatro, parques temáticos, redes, narrativas clásicas (literaturas), etc., y se trataron temas y conceptos como creación digital, lenguaje de las máquinas, *touch-media*, *cross-media*, intermedialidad, transmedialidad, hipertextualidad, multimodalidad, la multiplataforma, la *enhanced storytelling* o narrativa aumentada, es decir, todo lo que tiene que ver con las "culturas participativas". Es esta una muestra de la capacidad de la Escuela para estar al día no solo en lo que se refiere al cruce entre literatura y cine, sino con todo el universo que las nuevas tecnologías han creado en pocos años.

En total, por la Escuela han pasado en las más de treinta ediciones de cursos regulares y talleres especiales, unos 6.500 alumnos, de los que más de 1.000 se han graduado como cineastas, aunque también hay, entre los profesores y los alumnos, un buen número de profesionales que finalmente se decantaron por la escritura, o han combinado el cine con la producción literaria, como es el caso de Eliseo Alberto, Senel Paz, Wendy Guerra, Raydel Araoz, Arturo Arango, Lázaro González, Miguel Coyula, Jaime Rosales, Marcos Loayza, Carlos Ordóñez, Carlos Alberto Franco, Eliseo Altunaga, Edgar Soberón, etc. La Escuela ha sido y es, por tanto, uno de los focos principales de la Isla en que se ha manejado de una manera práctica, evidente y constante, la relación entre dos artes entre las que hay contactos desde hace más de un siglo.

Cuatro acercamientos analíticos

Capítulo 4
Alejo Carpentier, el cine y sus secuelas identitarias

4.1. Carpentier y el cine

La vinculación del cine con otras artes, especialmente con la literatura, fue una cuestión que nunca dejó de interesar al autor de *El reino de este mundo*. Así como cultivó la reflexión sobre arquitectura, la literatura y la música, el escritor cubano demostró un especial interés por el séptimo arte, en algunas ocasiones como periodista, publicando artículos, crónicas y reseñas y otras como ensayista o crítico. Pero también, como veremos en la segunda parte de este capítulo, los temas más universales y a la vez identitarios, autóctonos, dentro de un contexto americano, o de la relación entre Europa y América, presentes en sus novelas y cuentos desde su primera gran narración, *El reino de este mundo*, han servido de base y ejemplo para elaborar piezas magistrales en otras artes como el cine o los géneros audiovisuales.

Los primeros artículos sobre el séptimo arte vieron la luz en la mitad de los años veinte. Entre 1924 y 1945, Carpentier publicó crónicas y críticas de cine en las revistas *Social* y *Carteles*; a partir de 1925 también en el periódico *El País*, de La Habana, y más tarde en *El Tiempo*. Muchos de esos trabajos recorrieron la historia del cine silente europeo y americano. En la época en que vivió en Venezuela (1945–1959), solía colaborar también con cierta frecuencia en *El Nacional*, y sus comentarios contribuyeron a acrecentar el prestigio de que ya gozaba como periodista y escritor. De los textos publicados por el cubano en Venezuela, sobre todo entre 1951 y 1959, que llegaron a ser cerca de dos mil, muchos se dedicaron a estudiar las relaciones del cine con la literatura o simplemente a reseñar películas, circunstancias relacionadas con actores, directores, etc., del entorno internacional del séptimo arte. Todos ellos fueron recogidos en el tomo 15 de *Letra y solfa*, esa zona nada despreciable de las obras completas en la que se destaca la labor periodística del escritor en Venezuela.

Raimundo Respall destacaba cinco grandes aspectos o líneas en esas crónicas cinematográficas:

> Su dimensión o génesis, desarrollo y crisis; los seres y fantasmas que habitan dentro y fuera del *celuloide*; el hecho artístico en particular, es decir, "en torno a un film": las fuentes que lo pueden enriquecer o destruir –literatura, teatro u ópera–, en consecuencia con el uso del lenguaje o procedimientos, y, por último, la música como elemento esencial en la banda sonora. (Respall en Carpentier, 1990, 11)

Fueron numerosos los textos dedicados a la investigación y valoración del cine en el contexto insular, sobre todo después de su vuelta a Cuba en 1959, y entre ellos cabe destacar las menciones hechas al cine cubano en el periódico *Granma* y en *El Mundo*, desde el comienzo del periodo revolucionario hasta la década de los setenta, en los que se valoraba muy positivamente el crecimiento del cine cubano, con abundantes méritos que lo colocarían en una posición de prestigio del cine transatlántico. Asimismo, en la mitad de los sesenta, Carpentier colaboró en uno de los volúmenes de la revista *Cine Cubano* que, entre 1966 y 1967, trataron a fondo las relaciones entre el cine y la literatura. En ellos intervinieron, entre otros, Tomás Gutiérrez Alea, Marguerite Duras, Graham Greene, Enrique Pineda Barnet, José Massip, Lisandro Otero, Eliseo Diego, Ambrosio Fornet, Edmundo Desnoes, y Humberto Solás. Toda la producción escrita del cubano sobre el universo cinematográfico constituye un material valiosísimo que está todavía por descubrir y valorar en su justa medida. De ello ha escrito en ocasiones Luciano Castillo:

> Personalidades, cimeras unas, representativas otras, de la historia del cine, filmes significativos, corrientes cinematográficas o panoramas de la producción fílmica de determinados países, prácticamente desconocidas por entonces en estas latitudes, fueron abordados en el característico estilo de este género por Carpentier. Deviene una rica fuente a la cual habrá que acudir y ahondar con profundidad para revelar, en su justa dimensión, otra faceta del escritor, apenas esbozada en todo lo disertado sobre él: la de ese crítico de cine que, en menor proporción que el músico, también bullía en su interior. (Castillo, 2000, 21)

Pero la primera aproximación práctica de Carpentier al mundo del cine no estuvo relacionada con su propia obra sino con el filme entresacado del relato de Vicente Martínez, *El deshaucio*, como ya hemos anotado en el capítulo primero. El guion corrió a cargo de Juan Marinello, la película fue dirigida por Luis Álvarez Tabío, y el tema elegido por unos cuantos escritores e intelectuales ligados al Partido Comunista Cubano, quienes en la década de los cuarenta trataron de agitar el mundo cultural a través de obras de arte comprometidas con la situación de los obreros y, en general, las clases bajas. La participación de Carpentier en el filme se limitó a la música, sin relación alguna con el texto (Hernández, 2007, 44).

Con el transcurso de las décadas, desde mediados del siglo XX, muchos han sido los cineastas que se han sentido cautivados por las historias de Carpentier, y han mostrado interés por dar vida cinematográfica a las tramas construidas por el cubano. Buñuel intentó adaptar *El acoso*, aunque sin éxito, puesto que quizá fue más fuerte el recelo de viajar a la Isla en tiempos de la revolución cubana que el anhelo de rodar la magistral novela. Hubo, sin embargo, más contratiempos, como reconoció el mismo Carpentier:

> Luis Buñuel quiso hacer *El acoso*. Él había hecho declaraciones sobre mí; declaraciones realmente enternecedoras. Estaba entusiasmado con *El acoso* y, según él, quería encerrar la novela, fílmicamente claro, en el tiempo que dura una sinfonía de Beethoven. Pues bien, Buñuel se quedó sordo. El proyecto se paralizó. (Santana, 1985, 189)

Por su parte, el actor y director Tyrone Power descubrió el texto de *Los pasos perdidos* en una librería de Londres, en 1956, y desde aquel momento no cesó en su empeño de producir la película de sus sueños acerca de la vida, la naturaleza y el hombre primitivo en América. Para el cineasta resultaba interesante representar la crisis de conciencia del protagonista, un músico que busca respuestas en la naturaleza de la selva americana. Power se perfiló desde el primer momento como productor de la cinta, pero también reclamaba un papel como actor. Era, en el fondo, "su" propio proyecto.

Todo parecía ir por buen camino, Carpentier había quedado muy satisfecho al ver que no se le pedirían cambios en el argumento de la obra, y por ende la representación sería fiel al espíritu de la novela. En una entrevista realizada por Carlos Dorante, el escritor cubano se refería a la idea concebida por Power para la realización de lo que sería el gran filme:

> Será la película más importante que nunca ha hecho [...] Y tiene una serie de ideas propias para adaptarlas al film... Una de ellas se refiere al color. [...] Y es que el color en *The Lost Steps* va a ser diferente. Tyrone Power quiere hacer un empleo simbólico del color. Las primeras escenas, las de la gran ciudad, van en tonos neutros, opacos, casi blanco y negro... A medida que el personaje

va desarrollando su espiritualidad en el contacto con la naturaleza americana, el color irá cobrando más vida. A partir de la escena del paso de los Andes, el color comienza a subir en tonalidades hasta alcanzar su máximo esplendor en las escenas de Guyana, la Gran Sabana, la Selva Amazónica... Cuando el personaje sale de ese mundo mágico, el color decrece otra vez... Igual tratamiento hará Power con la música. Al principio, la gran ciudad será una sinfonía de ruidos que se purificarán hasta encontrar una expresión brillante en las escenas culminantes y decrecerán luego. (Dorante, 1985, 46)

El proceso creativo de la película en cuanto a la iluminación auguraba el comienzo de una técnica novedosa e interesante, que se correspondería con las tonalidades musicales del filme, desde los acordes y colores más vivos hasta los más oscuros, al compás de la música, que, según afirmara Carpentier en una entrevista al Diario *La Marina* "es estridente en armonía con el paisaje y los interiores, cuyos colores irán palideciendo a medida que la música se vaya haciendo más tenue" (Gutiérrez, 1985, 47). Ahora bien, la muerte de Tyrone Power en 1958 impidió que se consumara el proyecto.

Otro autor que pensó en adaptar la obra fue Luis Buñuel, quien en una entrevista concedida en México afirmó: "Me gusta mucho la novela latinoamericana contemporánea [...]. Una vez quise hacer *Los pasos perdidos* de Carpentier, pero Tyrone Power me ganó los derechos. Carpentier es el máximo escritor vivo en la lengua castellana [...]. Tengo una tumba llena de proyectos muertos" (Castillo, 2000, 18). La novela de la selva constituyó también uno de los proyectos más deseados de Tomás Gutiérrez Alea, quien confesaría a una periodista argentina su profundo interés por la historia y la época en que se desarrolla:

> Leí la novela de Alejo Carpentier en esos años y me fascinó porque el tema está muy cerca de mis preocupaciones constantes. Tiene que ver con nuestra identidad latinoamericana. Ese personaje de *Los pasos perdidos*, que no encuentra su historia y está en crisis tanto en la ciudad como en el mundo primitivo, tiene algo que ver con el Sergio de *Memorias del subdesarrollo*. (Oroz, 1989, 149)

Luciano Castillo, en su libro *Carpentier en el reino de la imagen* (2000) relata pormenorizadamente los detalles de esa historia sobre una película que nunca nadie hizo, pero también cuenta los temores de Carpentier en cuanto a las posibilidades reales de que se elaborara una obra que reflejara de modo convincente lo que él trató de evocar en su texto escrito. Asimismo, señala que hubo dos productoras, una de México y otra de Francia, que acudieron a él en esa época de la segunda mitad de los cincuenta, para pedirle los derechos. Sin embargo, él siguió fiel a la propuesta de Power, que pensaba terminar de grabar en 1958 (Castillo, 2000, 17). Pero el proceso fue dilatándose y en noviembre de ese año solo había un guion escrito por Shaw, que Carpentier revisó, corrigió y aceptó. Cuando ya se había previsto el comienzo del rodaje para 1959, Tyrone Power murió repentinamente a causa de un infarto. A partir de entonces, hubo interés de directores y productores por ciertas obras del cubano, para ser llevadas a la gran pantalla, pero ninguna de las iniciativas llegó a cuajar. Harry Belafonte lo intentó, de nuevo con *El reino de este mundo*, y Manuel Octavio Gómez con *El camino de Santiago*, proyecto en el que Tomás Gutiérrez Alea mostró igualmente disposición, pero nada se concretó, en ambos casos por dificultades económicas.

La primera adaptación de una obra de Carpentier la realizó el chileno Miguel Littin en 1978. Se trata de la versión cinematográfica de *El recurso del método*, la novela del dictador, escrita pocos años antes, justo en la mitad de los setenta, cuando tantos escritores del *boom* manifestaron su particular visión del tema, muchos de ellos influidos por *Tirano Banderas*, de Valle-Inclán, y por las diversas obras clásicas de la literatura latinoamericana que habían descrito hasta entonces el comportamiento de ciertos caudillos del siglo XIX y del XX. El guion fue escrito por el mismo Littin, con la colaboración de Jaime Shelley y Regis Debray, y en la producción intervinieron, además de Cuba, Francia y México. El chileno aseguró, en el texto oficial de la promoción del filme, que cuando leyó la novela, enseguida experimentó el sentido de "pesadilla histórica" que emanaba de la figura del Primer Magistrado y la mezcla de realidad y maravilla que había en el fondo de la trama, la cual hacía alusión a todo un continente en continua transformación, bajo la apariencia de un personaje grotesco, tragicómico, a través del cual se iban insertando anécdotas reales y pesadillas no menos reales en forma de sueño. En definitiva, Littin deseaba provocar mediante el cine la misma sensación que perseguía Carpentier con su obra escrita, mediante la indagación sobre la forma de describir el elemento maravilloso que existe en la realidad latinoamericana, y el desenmascaramiento y desmitificación de las actitudes tiránicas de muchos líderes y caudillos.

Un rasgo muy destacable de la peripecia profesional conjunta entre Carpentier y Littin fue la enorme empatía que sintieron ambos al comenzar el trabajo de adaptación. Cuando Littin le presentó el guion, elaborado a seis manos, como ya hemos adelantado, el escritor manifestó su total confianza en el producto realizado, a pesar de la heterogeneidad del colectivo: un poeta mexicano, un intelectual y político francés y un director de cine chileno habían confluido en el proyecto. Carpentier dio absoluta libertad para el seguimiento del script en el comienzo de las grabaciones y asistió a muchas de las sesiones. Esa compenetración entre escritor y director se reveló hasta en pequeños detalles, como el que relata Luciano Castillo:

> En un momento, durante la filmación en la casa parisina de la secuencia en la cual el Dictador estalla en un acceso de cólera al recibir el segundo cable donde le comunican las insubordinaciones en su país, debía desplomarse en un sillón, y el actor, de improviso, incorporó una oración de su infancia. Littin rio ante la ocurrencia y, al volverse, descubrió a Alejo Carpentier sentado en un sillón, que contemplaba sonriendo la escena, y le dijo en complicidad: "Es él". (Castillo, 2000, 24)

En 1982, cuando todavía quedaban ecos del fallecimiento de Carpentier, se estrenó *Concierto Barroco*, una coproducción francesa, alemana y suiza, dirigida por el español José Montes-Baquer quien, además de productor y realizador, era también actor y, sobre todo, un gran conocedor de la música clásica. Montes-Baquer había estudiado violoncelo en su adolescencia y después se trasladó a Munich para estudiar musicología. Sus primeros trabajos siempre estuvieron relacionados con la música y su difusión en formato radiofónico y televisivo. En Colonia llegó a ser a partir de 1989 el director del Departamento de Música de Televisión. Su obra cinematográfica rinde constantemente tributo a otras artes, como la pintura, la música o la literatura. Mozart, Beethoven, Narciso Yepes, Massenet, Maurice Béjart, Monteverdi, Alfredo Kraus, Bach, Roland Petit, Astor Piazzolla son algunos de los homenajeados en sus obras. En el caso de Carpentier, vinculó la música con la literatura. El aspecto musical de la película, manejado por Ingfried Hoffman, introdujo composiciones de Vivaldi, Haendel, Stravinsky, Wagner, Louis Armstrong, y una partitura original para el filme compuesta por el alemán instalado en Italia Hans Werner Henze, músico afín a las preocupaciones carpenterianas, ya que se consideraba marxista, militaba en el Partido Comunista, compuso una Sinfonía sobre textos revolucionarios de poetas cubanos y dedicó alguna de sus composiciones al Che.

Del elenco de actores de *Concierto Barroco* cabe destacar al propio Montes-Baquer, en el papel de Domenico Scarlatti, a Javier Escrivá como El Maestro, Beam Souaré como Filomeno, Balmer como Vivaldi o Ingfried Hoffman como Haendel, entre otros. Montes-Baquer, que conoció a Carpentier antes de su muerte, llegó a decir que su obra había mejorado la novela, ya que la profusión de acercamientos musicales en su más refinada versión acústica junto con el respeto al original del cubano, acercaban ciertas obras maestras de la música clásica a un público amplio en un contexto de alta literatura y cultura. Aunque la afirmación del director es exagerada, sí es necesario señalar las virtudes de la cinta: además de las musicales, hay en el filme una "meticulosa ambientación", una auténtica "reproducción de la época", una "precisa selección de locaciones", una "búsqueda infatigable de la identidad" y unas adecuadas "reflexiones vinculadas con el problema del folklorismo musical" (Castillo, 2000, 27-29).

Siete años más tarde del estreno de *Concierto barroco*, llegó a las salas la película *Barroco*, muy diferente a la versión anterior. Dirigida por Paul Ledouc y basada asimismo en la novela *Concierto barroco*, la nueva versión respetó la trama del texto escrito y la relevancia de los elementos musicales, pero propuso una estructura fragmentaria que dota a la cinta de un carácter experimental. Sin embargo, hay un trasfondo que se repite casi de modo obsesivo, como ocurre en la adaptación anterior y seguirá siendo fundamental en *El siglo de las luces*: la preocupación explícita por los problemas de la identidad en América Latina, siempre en un contexto transatlántico que involucra versiones de la historia del entorno latinoamericano en su relación con Europa desde el siglo XVIII. Para conseguir los dos propósitos, el artístico y el identitario, Leduc decidió eliminar todos los diálogos, porque para él, esta cinta se constituía y se construía como un juego en el que el espectador tiene que tomar la iniciativa para llevarlo a su término. Por eso, lo importante eran las sugerencias y no las afirmaciones concluyentes. Además, los diálogos provocan muchas veces el descuido de la iluminación, de los movimientos, de la performatividad, de la escenografía y de las direcciones sobre las que se mueve la cámara. El mismo Leduc lo explicaba así:

> Me interesa el silencio en la música, en la literatura, en el cine. Creo que, además, nuestro cine ha caído a veces en la verborrea excesiva que no aporta nada. El cine no es solo imagen, es también sonido, sonido que puede ser los diálogos, puede ser el silencio, puede ser de música o de ruidos incidentales, puede ser de gritos, pero se ha pensado poco en la banda sonora de nuestro cine latinoamericano en general. (Castillo, 1994, 36)

Gran parte de la obra del padre de lo real maravilloso podría ser ubicada dentro del concepto de novela épica, al presentarse cargada de simbolismos y conceptos que dibujan el ambiente, la arquitectura y las costumbres de la etapa decimonónica en el proceso de emancipación. Muchos conocedores del desarrollo del séptimo arte fueron capaces de percibir, desde la primera lectura, el potencial cinematográfico de las novelas escritas por Carpentier, gracias a las imágenes, las vívidas escenas y los personajes esbozados en sus relatos. En el caso de *El siglo de las luces*, el filme refleja la trama enmarcada en un momento histórico decisivo para la historia de Occidente: la Revolución Francesa. La urdimbre de la cinta, como ocurre en la novela de Carpentier, se remonta a la época napoleónica, y caracteriza de algún modo los desmanes cometidos bajo las consignas de la revolución.

El siglo de las luces es, para numerosos críticos e investigadores, la obra cumbre de Alejo Carpentier, también inspiradora de cineastas de gran talante. Finalmente, fue Humberto Solás quien materializó el proyecto que parecía imposible, llevando a la gran pantalla, con la adaptación de la novela homónima, la representación de la Habana Vieja del siglo XIX, la misma ciudad que también dibujara Cirilo Villaverde, pero esta vez desde una mirada que incluye los matices barrocos carpenterianos presentes en su obra y representando lo real maravilloso americano, que tendrá como escenario la capital de la isla caribeña.

Estrenada en 1992, en una época crucial de la historia de la isla, marcada por escaseces y carencias del denominado período especial, Solás se reafirmaba como uno de los más destacados realizadores latinoamericanos, y desvelaba, utilizando el trasfondo de una historia del siglo XIX, las contradicciones sociales de una época de revoluciones y búsquedas identitarias. El realizador intentó, con la ayuda del guion escrito por Alba de Céspedes, conseguir la armonía entre la historia individual y la colectiva, conceptos que constituyen temas recurrentes en su producción fílmica, y que están asimismo presentes en la novela de Carpentier.

La adaptación cinematográfica significó un reto para Solás. A diferencia de su anterior película, también inspirada en una de las obras más emblemáticas de la literatura cubana, *Cecilia Valdés*, de Cirilo Villaverde, *El siglo de las luces* ofrece una versión bastante fiel a la trama, siendo más una reproducción que una versión o lectura crítica del cineasta, como había ocurrido con la puesta escena de *Cecilia*.

Por otro lado, el director tuvo que emplear toda su audacia e imaginación ante la reducción del presupuesto inicial que se había concebido para el rodaje, las constantes limitaciones económicas, y la ausencia de recursos para ambientar los lugares de Haití, Guadalupe y Guyana. Alba de Céspedes, la guionista, se empeñó en que el filme fuese lo más fiel posible a la obra, por lo que la película logra dar vida al barroquismo literario que caracteriza la novela de Carpentier, y consigue ofrecer unas imágenes y un lenguaje, según José Luis Lanza, "de pretensiones filosóficas, una obra de una monumentalidad increíble, de un profundo lirismo como suele caracterizar al cine de Solás y sobre todo de un barroquismo visual único en nuestro cine". (Lanza, 2009, 373)

Cabe destacar el buen criterio de Solás en la elección de un elenco de actores capaz de representar la historia compleja, marcada por las reflexiones filosóficas, sin diálogos extensos, y escrita con el lenguaje barroco que caracterizara a su creador. Fueron memorables las actuaciones Jaquelin Arenal, en el personaje de Sofía, Frederic Pierrot como Carlos y François Dunoyer como Victor Hughes, que se desenvolvieron a la altura de los protagonistas carpenterianos. También resultó significativo el ingenio del cineasta, que elige localizaciones adecuadas para lograr, en plena época de período especial y ante la ausencia casi total de recursos en la isla, que las escenas transcurridas en Haití, en La Guyana o en La Guadalupe cuenten con la exuberancia y el exotismo propios de la trama, a pesar de que los desplazamientos fueron mínimos. Además de todo lo mencionado, es preciso señalar la brillantez de "la fotografía magistral que realizó Livio Delgado, la excelente música compuesta por José María Vitier, la construcción de la escenografía, la exquisita ambientación de la época…" (Lanza, 2009, 373)

Dos años más tarde del estreno de *El siglo de las luces*, Octavio Cortázar adaptó *El derecho de asilo*, novela corta o narración larga que vio la luz por primera vez en 1972 y que a partir de ese momento formaría parte del libro de cuentos *Guerra del tiempo*, cuya primera edición databa de 1958. El texto de Carpentier ofrecía al director y al guionista, Walter Rojas, algunos de los atractivos del estilo y el modo de proceder de Carpentier, y ciertos temas de evidente interés para un público latinoamericano: el exilio, los golpes de estado, el derecho de asilo político, las dictaduras y su funcionamiento, la violencia política y social, el intrusismo de los países poderosos, la prepotencia de caudillos y tiranos, etc. Además, su estructura, su temática y su desarrollo facilitaban una posible adaptación. De hecho, el director aseguró, refiriéndose al cuento: "Cuando lo leí me pareció una pieza muy cinematográfica, con una estructura dramática muy bien definida, muy atrayente […]. Es una narración anterior a *El recurso del método* y se engarza con esa gran novela. Tanto a Carpentier como a mí nos interesa la picaresca. Es una lectura apasionante. No es difícil la traslación al cine" (Castillo, 2000, 38).

La película fue galardonada con el premio El Vigía, concedido en el XVI Festival Internacional del Nuevo Cine Latinoamericano de La Habana, y consiguió asimismo una nominación para mejor filme latino en el Golden Kikito. A la pericia del director se unió la interpretación del protagonista, realizada por Jorge Perugorría, que muy poco antes había conseguido fama y prestigio por su magnífica actuación en *Fresa y chocolate*, a las órdenes de Gutiérrez Alea. Sin embargo, a diferencia de lo que ocurrió en la cinta de Alea, Cortázar no logró dirigir a Perugorría con la habilidad y el buen tino que consiguió Titón para el protagonista de *Fresa y chocolate*. El actor siempre ha reconocido esa deuda con Alea. En una entrevista en la que se le preguntaba sobre el éxito de *Fresa y chocolate* aseguraba que la clave de su propia proyección internacional no residía solo en el eco que tuvo la película en el ámbito transatlántico, sino la ayuda que le brindó el director. Este sacó lo mejor que pudo de sus dotes interpretativas, hasta el punto de cambiarle el papel en medio de la grabación, ya que Perugorría iba a representar a David y Vladimir Cruz a Diego. Ese trueque fue fundamental para la calidad de la película pero también para la interpretación de los dos actores. A partir de ese momento, la carrera de Jorge Perugorría no solo se multiplicó en ofertas, papeles protagónicos, reconocimientos, premios y prestigio, sino que derivó en una mayor confianza personal en sus propias capacidades (Perugorría, Aparicio y Esteban, 2011, 139). Pocos meses después del éxito interpretando a Diego, Jorge continuó su carrera artística dando vida al personaje principal de *El derecho de asilo*.

4.2. La huella de Carpentier en el cine latinoamericano actual

Una de las preocupaciones fundamentales de Carpentier fue, sin duda, el ocaso y la decadencia de Europa y sus consecuencias en el continente americano, "la relación acá-allá (América-Europa)" (Padura, 2002, 100). En este sentido, Carpentier "concordaba muy bien con el deseo latinoamericano de declararse libre de la tradición europea; una posición, en suma, que le permitía esquivar la reflexividad del pensamiento europeo para llegar a una cultura espontánea, enraizada en el paisaje, en la *terra mater*" (González Echevarría, 1993, 68). Muchas de las novelas escritas por el cubano giran alrededor de la una idea recurrente: que la América espontánea, maravillosa, primitiva es aquella "milagrosamente enajenada de la historia contemporánea" (Padura, 2002, 101). Por tanto, los materiales primarios con los que construye sus narraciones están sujetos a datos exquisitamente seleccionados del contexto histórico, identitario y cultural americanos que, en el debate entre la civilización y la barbarie, resuelven la dicotomía a favor del mundo libre, natural, perfectamente diferenciado del racionalismo del mundo desarrollado, erróneamente identificado con el concepto de civilización.

Así, aunque lo maravilloso esté siempre presente en sus narraciones, como base teórica y como contenido de trama, el fundamento de las novelas del cubano descansa sobre la observación de la realidad, tal cual se manifiesta en el mundo que le es cercano. El autor se nutre de un basamento histórico real para dibujar sus escenarios, a partir de los cuales es capaz de deshacer y rehacer la historia, inventando una nueva realidad que surge de lo que ha visto, oído, leído y descubierto en sus aventuras americanas. La narrativa carpenteriana "es un mosaico increíble de datos históricos, mitológicos, religiosos, etnológicos y sociológicos recogidos por Carpenter en libros de viajeros, historiadores, en correspondencias, artículos especializados, biografías, manuales [...] refundidos y organizados en un orden compacto para dar una versión literaria." (Vargas Llosa, 2000, 32)

Desde esas premisas, es adecuado pensar que la obra del cubano haya provocado reflejos, de forma directa o indirecta, en numerosas manifestaciones artísticas en la segunda mitad del siglo XX y las primeras décadas del XXI, dentro de un contexto latinoamericano, para todos aquellos que hayan querido conectar la historia con la identidad, lo real con lo maravilloso, lo natural con lo artificial, lo sagrado con lo profano.

La primera de las grandes tentativas carpenterianas por engarzar la realidad con los elementos maravillosos que ella misma atesora fue, sin duda, *El reino de este mundo* (1949). A partir de ese momento, en los años cincuenta y, sobre todo, a partir de los años en que los críticos acuñan y aplican el concepto de "realismo mágico" o "lo real maravilloso" a ciertas obras del *boom*, lo que fue una teorización carpenteriana en el prólogo a *El reino de este mundo* y una solución técnica a ese descubrimiento antropológico y cultural, comienza a protagonizar una andadura convertida en huella, que va a llegar hasta el Siglo XXI, provocando, a veces de modo inconsciente, paralelismos en manifestaciones artísticas de diverso tipo, también en el séptimo arte. Es el caso del filme *La forma del agua*, condecorado con el Oscar a la mejor película en el año 2018, dirigido por el cineasta mexicano Guillermo del Toro, que transcurre fundamentalmente en unos laboratorios de alta seguridad, situados en una gran ciudad norteamericana de los años sesenta. La trama gira alrededor de una criatura que ha sido capturada y arrancada de su entorno latinoamericano, concretamente de la selva tropical del Amazonas, y que un grupo de investigadores tortura, encadena y estudia, como parte de una tarea impulsada por el gobierno estadounidense y la seguridad nacional.

Este extraño ser, mitad hombre y mitad anfibio, conecta con la idea carpenteriana de criatura mitológica selvática, como Mackandal, que era venerado por sus coetáneos y que resultó atrapado por sus secuaces "después de cuatro años de múltiples y sucesivas transformaciones" (Acevedo, 1994, XXXIII). *La forma del agua* recrea la historia de un individuo que es, como tantos otros personajes selváticos de los relatos "real maravillosos", un personaje inocente a merced de un grupo de individuos despiadadamente depredadores: los hombres del siglo XX en la sociedad capitalista y desarrollada.

Alejo Carpentier esboza el concepto de lo maravilloso partiendo de la historia latinoamericana. En su viaje a Haití, en 1943, el escritor descubrió la fascinación americana como espacio en el que confluyen varios mundos, distintas historias, diversas épocas, culturas y modos de producción material y espiritual, diferente a las manifestaciones del movimiento surrealista con el que se identificara el novelista en su anterior etapa, en un continente que se encontraba en un proceso de constante redescubrimiento de su caudal mitológico, la magia y la fe. En *El reino de este mundo*, los datos biográficos e imaginarios, así como la investigación y la creatividad, se entrelazan sin perder la singularidad, y navegan con éxito de la realidad histórica a la realidad maravillosa, las cuales giran constantemente alrededor de una idea clave: lo real maravilloso sigue existiendo en aquel lugar donde la perfección no ha podido ser corrompida por una civilización egoísta y destructora de lo auténtico.

En su obra, Alejo Carpentier es capaz de detectar los espacios vacíos del discurso europeo que aborda la realidad americana, por ello hace referencia a las carencias lingüísticas que no logran describir el ámbito latinoamericano. La clave fundamental estriba en "ese vínculo primigenio entre realidad autóctona y ficción literaria" (Fornet, 2005, 186). El escritor cubano comprendió, en su viaje a Haití, que la descripción de lo insólito tendría que insertarse en lo cotidiano, en el relato autóctono como base de un constante mestizaje de dialectos y culturas. Para cada una de sus narraciones, hay un espacio escondido o silenciado del que hay que extraer verdades, experiencias y conclusiones: la revolución de Haití en *El reino de este mundo*, la idea de libertad ligada a la naturaleza en *Los pasos perdidos*, las tiranías e injerencia norteamericana en *El recurso del método*, etc.

Carpentier trata de llenar los vacíos de la historia partiendo de aquellos episodios en los que es necesaria una especial iluminación, para que la indagación en lo recóndito, primitivo, auténtico, como noción general abstracta, cobre vida y represente la búsqueda de uno mismo, el anhelo de evasión y libertad en un paraíso perdido, olvidado y maravilloso, que tenga sentido en un espacio individual pero que, a la vez, contribuya a mejorar nuestro conocimiento de los procesos colectivos. Utilizando las técnicas y los propósitos de la nueva novela histórica, propia de la segunda mitad del siglo XX y primeras décadas del XXI, el cubano pretende ir más allá de las historias oficiales, poner en duda las certezas impuestas por la tiranía del eurocentrismo y asociarse a una nueva mirada, autóctona, que supere las coordenadas que el capitalismo instauró desde el siglo XVI no solo en América sino en la supuesta ordenación del mundo en sus cuatro partes.

Para adentrarnos en la idea de la conexión de la narrativa carpenteriana con la fascinante historia ambientada por Guillermo Del Toro en *La forma del agua*, partiremos del planteamiento de algunos autores como González Echevarría (1993), quienes afirman que es en El Caribe donde comenzó a formarse la identidad latinoamericana, produciéndose en el nuevo mundo, por primera vez, fenómenos como el colonialismo, la esclavitud, los movimientos de independencia y las primeras revoluciones. En ese nuevo concepto de realidad americana, se revela la importancia del papel que desempeña el mito o, más exactamente, la conciencia mítica, en el curso de los acontecimientos históricos, así como en la conducta de sus personajes. Nos encontramos ante un sistema de creencias, de rituales mágicos, que permiten por ejemplo a los esclavos, en *El reino de este mundo*, ver escapar a su líder de la hoguera volando sobre la cabeza del verdugo, en el preciso momento en el que su cuerpo es consumido por las llamas. Dichas experiencias convencen a los esclavos de que su inminente victoria guarda relación con los ancestros africanos y que la magia, por tanto, tiene una función liberadora.

En esta línea, es posible descubrir notables semejanzas con el desarrollo de la película dirigida por Guillermo del Toro, en la que el protagonista logra escapar, ayudado por sus poderes mágicos. La criatura concebida por el cineasta mexicano se acerca a la idea establecida en *El reino de este mundo* del hombre que "nunca sabe para quién padece y espera [...]. Pero la grandeza del hombre está precisamente en mejorar lo que es. En imponerse tareas" (Carpentier, 2004, 151–152), aunque en este caso es el personaje en sí mismo, desde su condición de ser viviente, sin transformarse, quien es capaz de alcanzar la tan ansiada libertad, ya no en la tierra, aunque sí en el reino de este mundo, pero en otro plano, otra dimensión: el agua. En el filme, el viaje hacia lo maravilloso parece realizarse a través del río, no por aire, como había sido el caso de Ti Noel, "que rechaza los valores del orden y la razón en tanto enajenan los valores mágicos y religiosos que constituyen el sostén y la esperanza de un mundo latente que está sojuzgado. Hay un rechazo explícito al saber que viene del mundo 'civilizado' y se concibe a 'las culturas autóctonas, o incivilizadas como base de la futura liberación'." (Bravo, 2005, 251)

En ambos casos, los personajes emprenden una intensa lucha que culmina con el convencimiento de que es preciso escapar de los amos crueles y despiadados, que seguirían llegando, esclavizando y maltratando. La tarea consistiría en ayudar a los hombres, en utilizar el legado de sus antepasados, la magia y la fuerza de aquellos héroes lejanos para luchar contra las injusticias, pero desde un lugar que no hubiese sido usurpado por los atacantes. Tanto el vuelo de Ti Noel como la salida por mar del hombre anfibio, confirman la idea esbozada en la novela, de que "agobiado por las tareas, hermoso dentro de su miseria, capaz de amar en medio de las plagas, el hombre solo puede hallar su grandeza en el Reino de este Mundo" (Carpentier, 2004, 152). El final de las historias apunta, por tanto, a que los personajes no abandonan su particular lucha, sino que salen a la búsqueda del lugar maravilloso, desde donde puedan servir a los suyos. Las concomitancias son, por lo tanto, evidentes, desde el punto de vista de la "síntesis" simbólica. Como confesó Guillermo del Toro al señalársele ciertas similitudes con obras clásicas de la literatura universal, incluido Carpentier, siguiendo el concepto de función como elemento recurrente ya expuesto por Vladimir Propp (1972, 186–189), "la única originalidad del arte radica en la síntesis. Todo lo que se quiera expresar ya se ha dicho" (Del Toro, 2017a, s/p).

El personaje de *El reino de este mundo,* ya anciano, nunca cesa en su empeño por encontrar un lugar de libertad. La obsesión prevalece desde su etapa como esclavo hasta el final de la narración. Durante la época de la revolución, albergará la esperanza de recuperar los tiempos en que aprendía de Mackandal y añoraba la vida del *Gran Allá,* pero el anhelo se verá truncado con la llegada del primer rey de Haití, que tiraniza a su pueblo e intenta esclavizar a Ti Noel, quien más tarde será en una pieza clave en el saqueo el Palacio de Sans-Souci y el derrocamiento del dictador.

Con la desaparición de Henri Cristophe, el discípulo de Mackandal, ahora convertido en hombre libre, vive una especie de tregua maravillosa, en la que "Ti Noel dictaba órdenes al viento. Pero eran adictos de un gobierno apacible, puesto que ninguna tiranía de blancos, ni de negros, parecía amenazar su libertad." (Carpentier, 2004, 143) Aquel estado de calma, disfrute y deleite, fiestas, bailes, abundancia y armonía tardó poco en ser perturbado por los Agrimensores, a quienes Ti Noel intentó espantar, hablándoles enérgicamente, aunque sin resultado alguno, pues aquellos hombres continuaron sus labores de medir, apuntar, labrar, imponer tareas agrícolas y propinar latigazos a quienes no obedecieran las nuevas leyes de trabajo.

Los Agrimensores estaban por todas partes, se propagaban como insectos y ejercían el poder sobre los pobladores de Santo Domingo. Una vez más, Ti Noel hizo todo lo posible por librar a su pueblo del yugo, pero acabó apaleado por los Mulatos Republicanos, que eran los nuevos amos de la llanura del norte. Es entonces cuando el personaje se ve a sí mismo incapaz de continuar la lucha contra la opresión y el ansia de conquista: "el anciano comenzaba a desesperarse ante ese implacable retoñar de cadenas, ese renacer de grillos, esa proliferación de miserias, que los más resignados acababan de aceptar como prueba de la inutilidad de toda rebeldía." (Carpentier, 2004, 147)

Ante el temor a volver a ser apresado, esclavizado y obligado a realizar trabajos forzosos, a pesar de su edad, Ti Noel recordó la sabia idea de Mackandal sobre los problemas y calamidades que podría acarrear la vestidura de hombre; entonces decidió adoptar la forma de animal, convirtiéndose en ave, garañón y hormiga, pero "fue obligado a llevar cargas enormes, en interminables caminos, bajo la vigilancia de unos cabezotas que demasiado le recordaban a los mayorales de Lenormard de Mezy, los guardias de Cristophe, los mulatos de ahora." (Carpentier, 2004, 147–148)

Así las cosas, el anciano se percató de que la lucha era necesaria, no dentro del mundo de las hormigas, ni de los gansos, sino entre los hombres, aunque su cuerpo adoptase formas diversas. En la novela, el viejo antillano reflexiona acerca de su cobardía, recordando que "Mackandal se había disfrazado de animal, durante años, para servir a los hombres, no para desertar del terreno de los hombres." (Carpentier, 2004, 151) La incógnita fundamental sería dónde luchar, ser capaz de encontrar el sitio adecuado, semejante al Gran Allá descrito por Mackandal, lugar en el que cree fervientemente, pero que no conoce.

Ti Noel es consciente de que, en una tierra contaminada por la conquista y explotación, primero extranjera y luego criolla, la esperanza de libertad se había convertido en una quimera, pues cada intento de independencia culminaría con la dominación de un nuevo opresor. El modelo maravilloso de lo que había sido El Caribe antes de la injerencia europea y más adelante americana, quedaba ya muy lejano y parecía irrecuperable. Aquel paraíso en el que los hombres habitaban ejerciendo el libre albedrío, disfrutando del privilegio de gozar de lo real maravilloso donde aún no se había entrado en contacto con las tiranías, parecía no poder ser salvado, ni siquiera por la fe colectiva que había hecho el milagro para salvar de la ejecución a Mackandal. A pesar de ello, la idealización del Mundo mackandiano da fuerzas al personaje para continuar enfrentándose a las injusticias. Ti Noel envejece con la añoranza de recuperar el mundo maravilloso que había dibujado su maestro, donde los mandatarios eran justos, guerreros y jueces implicados en el mejoramiento de sus países:

> el mandinga solía referir hechos que habían ocurrido en los grandes reinos de Popo, de Arada, de los Nagós, de los Fulas. Hablaba de vastas migraciones de pueblos, de guerras seculares, de prodigiosas batallas en que los animales habían ayudado a los hombres. Conocía la historia de Andohueso, del Rey de Angola, del Rey Dá, encarnación de la Serpiente. [...] Aquellos reyes, además, cargaban con la lanza a la cabeza de sus hordas, hechos invulnerables por la ciencia de los preparadores [...] Reyes eran, reyes de verdad, y no esos soberanos cubiertos de pelos ajenos, que jugaban al boliche y solo sabían hacer de dioses en los escenarios de sus teatros de corte. Mas oían esos soberanos blancos las sinfonías de sus violines [...] los chismes de sus queridas y los cantos de sus pájaros de cuerda que el estampido de cañones disparando sobre el espolón de una media luna. (Carpentier, 2004, 20)

Una idea similar se dibuja en *La forma del agua*, a través una historia que persigue representar la sociedad norteamericana idealizadora de la época de los años 60, que parece magnífica en la superficie, con cines, teatros, música, vestuarios maravillosos y la percepción de ser el país de los ganadores. Sin embargo, en el interior de la misma, los habitantes sueñan, anhelan y esperan esa representación que solamente han visto en la televisión o en las grandes pantallas cinematográficas. En una entrevista al director del filme, él mismo apunta:

> La acción transcurre en plena Guerra Fría, ese período histórico que enfrentaba a los dos bloques, el comunista de la U.R.S.S. y el capitalista USA. No es gratuito. Esa es la América que se sueña ideal, y no lo es [...]. No existe, salvo en el cine. América se sueña en sus películas. Esa nación previa a la Guerra de Vietnam, la que pensaba que la perfección y la felicidad era sentarse con una bandeja frente al televisor a cenar en una casa adosada. Mientras, fuera, había diferencias. Y de eso hablo. Del mar y la tierra, de los departamentos gubernamentales que ocultan secretos, y de la noche y el día. Hablas de cosas así y resulta que también lo haces de hoy, de la América actual, de nuestro mundo tan loco. (Fernández, 2018, s/p)

Tanto en *El reino de este mundo* como en *La forma del agua* resulta evidente la crítica a las sociedades construidas por los poderosos ávidos de riquezas, quienes aprovechan las ansiedades de los pueblos para coartar la libertad y dibujar el reino de un mundo que nunca será mejor. En el caso de la novela del escritor cubano, hay un marcado rechazo a aquellos gobiernos de reyes blancos, europeos, en los que los mandatarios dictaban leyes sin haberse probado en guerra alguna, que enviaban a las guerras a sus soldados y engendraban herederos débiles e incapaces. En el gran allá, el que habría que recobrar, sin embargo, había "príncipes duros como el yunque, y príncipes que eran el leopardo [...] dueños de la nube, de la semilla, del bronce, del fuego." (Carpentier, 2004, 21). El modelo añorado sería totalmente opuesto al de las sociedades occidentales supuestamente desarrolladas y urgía entonces recuperar el *Gran Allá*, de igual modo que, en su producción cinematográfica, Del Toro ambienta a una América deseosa de volver a vivir otra era gloriosa. Así lo manifiesta:

> La película trata de hablar de ahora a través del sesenta y dos. Es una película de nuestra actualidad, de la crispación que tenemos a nivel mundial [...] el odio, el miedo, un instrumento político que se usa cotidianamente para mantenernos sumisos [...] Hacer una América idealizada en la superficie y por abajo toda la tensión sexual, política, de raza [...] Había que retratar la época a través de una curaduría muy grande de los programas de televisión, de las películas que se veían, de la música que se escucha [...] Es un retrato de esa América idealizada, que tanto tortura la imaginación americana el día de hoy, cuando hablan de hacer a América grande otra vez, se torturan con esa idealización que existía en el sesenta y dos. (Del Toro, 2017b, s/p)

Guillermo Del Toro construye un personaje, en este caso femenino, la joven muda que, como Ti Noel, agobiada por las imposiciones y opresiones, no abandona la esperanza de vivir en una sociedad más justa y lucha por conseguirlo, acercándose a lo autóctono, que es, en este caso, la criatura cautiva, arrancada de la selva latinoamericana. En este contexto, tiene una importancia evidente el silencio. Los dos protagonistas de *La forma del agua* carecen de habla, pero su comunicación es perfecta. En la novela de Carpentier, el protagonista irá perdiendo su interés por el espacio de los humanos e identificándose con animales que no hablan –pero se comunican–, hasta convertirse en un ave. En la cinta de Del Toro, "el silencio opera como marco central de los personajes que se encuentran", y ese silencio "opera como antítesis dialéctica de las circunstancias" (Junco y Esparza, 2019, 89). De manera análoga, el alejamiento de Ti Noel de los hombres se encara en forma de antítesis dialéctica en relación con el acercamiento a los animales, que deviene síntesis en la metamorfosis conclusiva, síntesis recuperadora de estado original, de libertad conculcada. En ambos casos, "la imposibilidad del encuentro entre dos seres que no pueden hablar se resolverá gracias a distintos medios por los que lograrán el grueso de sus afanes en un *logos* silencioso. Frente a la incapacidad de entablar un diálogo verbal, las acciones se alzarán como expresiones representativas de un lenguaje narrativo" (Junco y Esparza, 2019, 90).

Al final de la película, de un modo adecuadamente paralelo al de la novela, cuando parece que se ha perdido toda esperanza de recuperar lo maravilloso, la protagonista logra escapar, transformándose en un ser que vive dentro del agua, para encontrar su máxima grandeza fuera de la tierra de conquistadores y tiranos. En el eterno proceso de desencuentros, desde el Siglo XIX, entre civilización y barbarie, lo natural y salvaje, catalogado por Rousseau como "bueno" por naturaleza siempre que no se mezcle y se adultere por el contacto con la sociedad ordenada y jerarquizada, tiende a conservarse y defenderse, hasta que desaparece en el contexto de supuesta civilización, que exige la cesión de libertades y el sometimiento a unas normas. Esa civilización, como han demostrado los estragos del capitalismo y el desarrollo, impide la vuelta a la ubicación natural originaria. Por ese motivo, los seres auténticos necesitan de un nuevo medio que los separe del contexto insoportable, los libere de las trabas de la convivencia impostada y los devuelva a un estado originario. Como en la tierra es ya imposible, esos seres buscan otra realidad, maravillosa, que sea absolutamente ajena, en el espacio, en la forma y en la disposición, a lo definitivamente destruido por la civilización. De los cuatro elementos de Empédocles, la tierra ya ha perdido todas sus potencialidades. Para el filósofo griego, todo lo que existe procede de esos cuatro elementos (tierra, aire, agua y fuego), y los seres son diferenciables gracias a la mezcla, a la proporción de ellos que guardan en su constitución:

> De estos elementos nacieron todos cuantos seres existieron, existen y existirán, los árboles, los varones y las mujeres, las bestias, las aves, los peces que se nutren del agua y también los dioses de larga vida, muy superiores en sus prerrogativas. Pues solo estas cosas existen, las cuales, entremezclándose, adoptan pluralidad de formas: tantos cambios produce la mezcla. (Diels y Kranz, 1952, 31 B 21, vv. 9–14)[1]

En los personajes carpenterianos y en la película de Del Toro, las mezclas entre los elementos se han aligerado de tierra y han evolucionado hacia otras formas, con más agua o más aire. Ahora bien, Empédocles combina esas mezclas con la inclusión de dos fuerzas, que son las que intervienen en la proporcionalidad, y que tienen como función dirigir a los seres hacia la salvación con respecto al mundo de los fenómenos. Ellas son el Amor y el Odio, que pueden redefinirse como unidad y diversidad o utopía y distopía. Dice el filósofo griego:

> Un doble relato te voy a contar: en un tiempo todas las cosas llegaron de una pluralidad a constituirse en unidad, y en otro pasaron de unas a ser múltiples: doble es la génesis de los seres mortales y doble es su destrucción. A la una la engendra y la destruye su reunión, y la otra crece y se disipa a medida que los seres se dividen de nuevo. Jamás cesan en su constante cambio, conviniendo unas veces en la unidad por efecto del Amor y separándose otras bajo el odio de la Discordia. (Diels y Kranz, 1952, 31 B 17, vv. 1–8)

El proyecto de volver a la naturaleza libre de imposiciones en la novela y en la película pasa por el trabajo realizado por el Amor, la utopía, la posibilidad de huir de la diversidad y fundirse con lo deseado, que es lo originario o natural. El aparente fracaso de la protagonista del filme se convierte en victoria cuando es rescatada de la muerte acaecida en la tierra, y reubicada por la criatura acuática para que sea capaz de vivir la existencia auténtica en otro de los cuatro elementos. Por su parte, en la novela, Ti Noel lleva a cabo su última transformación, que también parece llevarle al lugar de la utopía, en otro de los cuatro elementos,

---

[1] El código de citación de la obra de Diels y Kranz responde al siguiente esquema, diferente al de la paginación corriente: el primer número presenta el capítulo, que se refiere al lugar en el que el filósofo ha sido introducido; la letra, A o B indica, respectivamente, si se trata de una cita indirecta o de un fragmento textual del autor; el número siguiente establece el orden de los párrafos y, finalmente, se señalan las líneas o versículos. La traducción al español de estos fragmentos es de Iñaki Yarza (1987).

convirtiéndose en "aquel buitre mojado, aprovechador de la muerte, que esperó el sol con las alas abiertas: cruz de plumas que acabó por plegarse y hundir el vuelo en las espesuras de Bois Caimán." (Carpentier, 2004, 153) Probablemente, los únicos lugares donde prevalezca lo real maravilloso, el reino ideal y utópico de este mundo, existan allí, donde no ha llegado la injerencia de los poderosos y el afán de riquezas: el aire y el agua.

Capítulo 5

Memorias del subdesarrollo y *Memorias del desarrollo* en el cine y la literatura: la extensa huella de Gutiérrez Alea

En el horizonte contemporáneo del cine cubano, existe una nómina de excelentes realizadores que han adaptado obras relevantes de la literatura al cine. Entre los más destacados podríamos mencionar a Humberto Solás, Tomás Gutiérrez Alea, Juan Carlos Tabío, Enrique Pineda Barnet, Julio García Espinosa o Sergio Giral. Ellos han dado vida a los personajes de algunas de las más brillantes novelas de la literatura producidas por escritores isleños. De todos los directores mencionados, Tomás Gutiérrez es quizá el más relevante, tanto por la cantidad como por la calidad de sus adaptaciones.

En el contexto de las numerosas las versiones cinematográficas de Titón que se nutren de obras literarias, se perciben dos elementos recurrentes: la reflexión social acerca de la diferencia de clases, con una evidente crítica a las más elevadas, y las percepciones de los intelectuales ante los cambios de un mundo nuevo. Es el caso de *Las doce sillas*, basada en la obra de humoristas rusos Iliá Ilf y Eugeni Petrov y estrenada en 1962. La película dibuja un cuadro satírico de la burguesía cubana, que rechaza los cambios implantados por la nueva sociedad revolucionaria, representando la historia de un burgués que intenta recuperar desesperadamente un juego de sillas que le fueron confiscadas por el gobierno y dentro de las cuales se escondían las joyas de su estirpe.

A pesar de que la trama original proviene de la literatura rusa, el realizador es capaz de contextualizar y trasladar los hechos al entorno cubano de principios de la era revolucionaria, agregando matices autóctonos, con la ironía y el profundo sentido crítico que caracterizaban al eminente cineasta. Más adelante, será una narración social del escritor haitiano Jacques Romaín, la que inspirará nuevamente a Titón para rodar el filme *Cumbite*, basado en la novela *Gobernadores del Rocío*. Y en 1976 tomará secciones de *El ingenio*, ensayo de Manuel Moreno Fraginals, para realizar

La última cena, con un alto contenido de crítica social por el alegato en favor de la libertad de los esclavos negros. El filme es una representación antropológica e histórica de la época colonial cubana, y presenta el tema de la religión como arma de dominación y justificación de la esclavitud de las clases elevadas.

Memorias del subdesarrollo podría apreciarse como la primera película cubana que, de cierta forma, refleja matices críticos con respecto al proceso revolucionario, el socialismo y el nuevo modelo impuesto en la sociedad insular. Se ha escrito mucho acerca de ella, y es considerada como una de las mejores cintas de la historia del cine latinoamericano. Algunos expertos opinan que el éxito se debe a la conjunción Titón-Desnoes, que colaboraron estrechamente logrando que el texto cinematográfico superara a la novela original, algo que no suele ser común en las adaptaciones cinematográficas de los textos literarios. En este caso, la puesta en escena responde íntegramente a la trama, al contexto, al espacio y al tiempo de la narración escrita, respetando las claves y conflictos originales de la novela.

La producción fílmica de Gutiérrez Alea es la constatación de su vocación por la literatura, que funciona como inspiración para la realización de sus películas, aunque no siempre constituye el ingrediente fundamental para sus producciones cinematográficas. Como para la mayoría de los realizadores, las puestas en escena se nutren de otras disciplinas como la música, la pintura, el teatro u otras artes, pero en el caso de Gutiérrez Alea, literatura y cine se abrazan para conformar una obra con una personalidad y línea creativa independiente y única. A pesar de la premisa de la independencia del cine con respecto a la obra literaria, Titón siempre trató de contar con los creadores literarios para la preparación de sus guiones, que participaron activamente en la conversión de sus obras de la narrativa al libreto. Los escritores, desde su espacio de conocedores de sus propios textos literarios, aportaron elementos fundamentales para convertir el producto final en una obra que fuese más allá de la adaptación cinematográfica, pues tanto *Memorias del subdesarrollo* como *Fresa y chocolate* han pasado a la historia del cine latinoamericano como filmes imprescindibles de la cultura y la cinematografía del siglo XX, por su calidad técnica y no tanto por su relación con la obra en la que se inspiran.

La película *Memorias del subdesarrollo* se terminó de rodar tres años después de la primera edición del libro que le da origen, y su autor, Edmundo Desnoes fue coguionista del filme, por lo que ambos documentos provienen de un mismo tronco en cuanto a época, lugar e idiosincrasia, y recogen las características de una etapa cultural concreta, determinada por las condiciones que impuso la puesta en marcha del proceso revolucionario. *Memorias...* es la primera novela que Gutiérrez Alea traslada íntegramente al cine, en la que se plasma, como en la obra, una nueva visión del intelectual subdesarrollado, así como la nueva imagen de la sociedad cubana que se comenzaba a contemplar desde Latinoamérica. Sociedad, historia e imagen irán de la mano en el filme, indagando en el concepto de identidad cubana ligada a la historia del Caribe y al sentimiento de insularidad.

El protagonista del relato y la película, en dicho contexto, se debate en la contradicción de ser un individuo desarrollado e inmerso en el subdesarrollo, que reflexiona acerca de un presente que se reconfigura y en el que él no parece encontrar su sitio y, por consiguiente, tampoco su función u objetivos dentro del nuevo contexto social. Alea trata de apresar con imágenes y texto lo que la novela solo disecciona a través del lenguaje escrito. En este sentido, Évora afirma que "La relación de Alea con las palabras va mucho más allá de lo que sugieren términos como dramaturgia o lenguaje audiovisual. En el centro de sus obsesiones artísticas late siempre una inquietud que puede y suele expresarse verbalmente, pero que debido a razones misteriosas exige ser transmitida por medios audiovisuales." (Évora, 1996, 9)

Quizá por ese afán de ir más allá de las palabras, y exigir a las imágenes una cuota sublime de comunicación, algunos críticos han señalado que el filme de Gutiérrez Alea supera a la obra literaria que lo inspiró. Es más, la película logró que la obra perdurase en la lista de las novelas imprescindibles de la literatura latinoamericana, la cual conserva su actualidad y su repercusión después de más de cinco décadas, toda vez que la mayoría de las novelas cubanas de esos años tuvieron un eco efímero y perdieron interés desde el momento en que se desvincularon de las circunstancias históricas revolucionarias en que se generaron.

Como filme, *Memorias...* proyecta una serie de imágenes en las que el personaje se debate entre sus reflexiones existenciales, analizando la sociedad naciente e indagando acerca de una identidad que choca con el proceso revolucionario y produce incertidumbre y ambigüedad. La realidad se palpa de manera gráfica, desde el monólogo de Sergio, que ofrece un fresco bastante exacto de lo que fue la década de los sesenta en la isla y concluye, al final de la cinta, con la reflexión ante la posible guerra que auguraba la crisis de octubre. Para el personaje, quedarse era lo mismo que inmolarse, por lo que reconoce que "es una dignidad muy cara".

Gutiérrez Alea utiliza herramientas documentalistas para dar vida al panorama de los nuevos tiempos. Imágenes, reportajes, discursos y medios de comunicación sirven de apoyo para representar los cambios producidos en el entorno cubano y latinoamericano. Todos estos recursos sirven de apoyo al cineasta para documentar los acontecimientos que rodearon el nacimiento del hombre nuevo, la épica revolucionaria y la euforia de lo que se esperaba que para muchos sería una "Cuba libre e independiente", como lo recuerda Sergio en uno de sus monólogos, al que agrega: "¿quién iba a pensar todo esto?"

No siempre una obra literaria y su versión cinematográfica se complementan, porque en muchas ocasiones el guionista suele crear su propia versión, a veces un tanto separada de la obra inspiradora. En el caso de *Memorias…* si sumamos la trama del personaje de la novela y la del protagonista del filme, es posible construir un escenario total de lo que representó primera década revolucionaria para la historia de Cuba en dos sentidos. Esto se produce, en parte, por la proyección audiovisual validada por imágenes documentales de archivo, imágenes gráficas o captadas por una cámara oculta y fotografías para construir una realidad palpable, verídica. Llama la atención que el peso del relato en el filme no se centra en el personaje principal, sino en las imágenes, las cuales tratan de otorgar verosimilitud al texto que, en el trasfondo y desde su inconformidad, pronuncia Sergio. El afán documental de Gutiérrez Alea confiere veracidad al discurso individual, que cobra protagonismo para convertirse en una especie de narración testimonial. Para Luciano Castillo (2019b), en *Memorias…* el discurso verbal, en forma de reflexión, es tan decisivo como el fotográfico o sonoro: ambos contribuyen a la génesis de la ficción, y la visualidad no es capaz de desplazar a lo literario.

Se trata de una conexión simbiótica entre el pacto autobiográfico y el novelesco, que dan origen, respectivamente al lenguaje documental, del yo, de la no ficción, por una parte, y al lenguaje ficcional y a la novela, por el otro (Alberca, 2007). Ficción y no ficción funcionan en buena medida como un sistema hidráulico: el uno decrece ante el crecimiento del otro, pero también se alimentan uno al otro.

Y en esa simbiosis, el carácter documental, tanto en lo figurativo como en lo dicho o pronunciado, es una marca muy reconocible, que impregna de valor artístico al producto final y, a la vez, lo dota de autenticidad. La riqueza de la enunciación combinada en imágenes y palabras consiste en la manipulación subjetiva de documentos en lo que Castillo llama una "estructura abierta", mediante la combinación de imágenes reales, de distinta procedencia que, puesta una al lado de la otra conforman un argumento que va más allá del realismo expositivo (Castillo, 2019b, 25). De hecho, en algunas ocasiones se produce un "collage expositivo", con acumulación de imágenes o secuencias documentales, comentadas por el monólogo interior de Sergio. Hay, por tanto, un doble enfoque: el directo y objetivo –las imágenes sacadas de archivo o las tomas realizadas con una cámara oculta– y el subjetivo, es decir, el punto de vista del protagonista que monologa y saca conclusiones. Es lo que Castillo llama la "dialéctica del documentalista" (Castillo, 2019b, 24), que no opone de modo maniqueo el documento como lo objetivo y real o verdadero frente al monólogo como lo falso y subjetivo, sino que las dos opciones se aproximan a su manera a la realidad y la verdad "se encuentra en la confrontación de las perspectivas, en las contradicciones mutuas que llevan a una comprensión más profunda y más crítica del contexto histórico en que uno se encuentra" (Mraz, 1995, 44).

En una etapa en que el gobierno cubano se había propuesto valorar los intereses colectivos por encima de los individuales, Titón realiza, a través de esa conjunción de informaciones objetivas y subjetivas, una cartografía de la época, que establecerá el contraste entre de la imagen continental del país antillano, cuyo ejemplo había inspirado a toda América por su ímpetu, aparentes logros y la implantación de ciertos cambios que marcaron un hito en el continente y, en contraste, la mirada individual del ciudadano que está muy lejos de participar, involucrarse o formar parte de la euforia revolucionaria. La visión del proyecto del pueblo que parecía haberse puesto en marcha se contrapone a la del intelectual inconforme y crítico, que analiza ciertos aspectos, menos alentadores, de una realidad que no había sido tan abordada hasta el momento. El testimonio de Sergio es la prueba fehaciente del desconcierto: "Esa humanidad ha dicho basta y ha echado a andar, como mis padres, como Laura y no se detendrá hasta llegar a Miami. Sin embargo, todo parece hoy tan distinto, ¿He cambiado yo o ha cambiado la ciudad?"

La Habana y, por ende, Cuba, se convierten para Sergio en el espacio que Foucault concede a una de las seis categorías en las que trabaja con el concepto de heterotopía, es decir, un "lugar otro" o un "no-lugar", separado de la vida tal como Sergio la concibe, la suya, la de siempre, al haberse convertido su país en una utopía fallida. Para Foucault, esa forma de heterotopía se refiere a lugares que están "en relación con todos los demás emplazamientos, pero de tal modo que suspenden, neutralizan o invierten el conjunto de las relaciones que, a través suyo, se encuentran designadas, reflejadas o pensadas. Estos espacios que, por así decirlo, están en relación con todos los demás, y que, sin embargo, contradicen todos los otros emplazamientos" (Foucault, 1999, 434). En este tipo de heterotopía, las ubicaciones reales que pueden manifestarse en el campo de la cultura o la sociedad, se encuentran al mismo tiempo "representados, impugnados e invertidos" (Foucault, 1999, 435). Sergio "está" en La Habana, en Cuba, y a la vez "no está", porque se ha convertido en un lugar otro, en un no lugar.

Además, en el mismo espacio convive el hombre nuevo y triunfante con el viejo y alienado y, a través de la voz del segundo, descubrimos los matices de la otra realidad, menos conocida pero igualmente declarativa y válida, a la que asiste una mirada que prácticamente no se había explorado hasta el momento. A partir del testimonio del personaje que no tiene cabida en la sociedad del hombre nuevo, el espectador puede completar tanto la otra cara individual como la visión global de la época, yendo de lo particular a lo general. La voz de Sergio superpone el elemento individual a la voz colectiva, en un momento en que el predominio de la épica revolucionaria y la defensa de la revolución eran un elemento indispensable en todas las manifestaciones artísticas y espacios comunicativos isleños.

Gutiérrez Alea intenta ambientar los aspectos reales de la vida, las nuevas ideas, creando un espejo bastante fiel de la realidad: "El cine —asegura— tiene en sí mismo una vocación realista. Justamente porque está comprometido con aspectos de la realidad que son los que finalmente forman, hacen la película [...] Me interesa recoger todos esos planos y me interesa no solo que el cine me sirva como medio de expresión, sino también de manera especial, que sirva para entender mejor el mundo, para entender mejor la realidad y para ayudar al espectador a avanzar en este sentido" (Évora, 1996, 17). Pero, a la vez, el cine de Alea intenta ofrecer una alternativa que apuntaría a que no era totalmente imprescindible la erradicación de todos y cada uno de los valores burgueses, pues estos podrían convivir en el marco de una cultura proletaria, de manera que se pudiera lograr el estímulo de la creatividad y participación de todos los artistas que quisieran aportar algo al desarrollo de la cultura en la isla. Esta idea se ve refrendada en la adaptación cinematográfica de *Memorias del subdesarrollo*... La voz del intelectual expone, con espíritu crítico, la realidad cubana, indagando acerca de las luces y sombras de la cultura en la era revolucionaria.

Alea elige una novela en la que los diálogos abiertos del personaje, la divagación y las observaciones llevan el peso del relato. Sergio se mueve de una reflexión a otra sin adentrarse en ninguna anécdota concreta y sus argumentaciones acerca de la sociedad transmiten información al espectador, sin entrar a analizar conflictos profundos ni cerrar historias completas. De manera compleja e inteligente, el realizador llega al público "a través de una estética profundamente original, plantea el problema de la relación, no solamente del intelectual, sino nada menos que del hombre con la sociedad que le rodea, en forma de dilema esencial: ¿solitario o solidario? ¿Distancia o fusión?" (Berthier, 2006, 568).

En la puesta en escena cinematográfica se divisa a un Sergio Carmona que, como en la novela, no impone sus ideas, no lucha por cambiar nada, no busca nada. Sin embargo, aunque el personaje recreado por Desnoes en su obra no infunde completamente la idea de un hombre extremadamente sensible, aunque sí instruido y europeizado, el celuloide de Gutiérrez Alea logrará construir un sujeto cuyo tono nos revela la voz de un hombre culto y formado, poseedor de la elegancia europea del espíritu neoclásico, que analiza el nuevo enfoque de la cultura en la isla, el giro que toman las artes y las letras y se debate entre la cultura europea y la cubana, reflexionando acerca del subdesarrollo y sus consecuencias desde una posición de alejamiento de los círculos de poder. Román de la Campa señalaba el "valor positivo" que tiene Europa y su cultura para el protagonista (Campa, 1986, 13), y Adriana Méndez Ródenas hacía hincapié en la reiteración de postulados sarmientinos, que identificaban la civilización con lo europeo y la barbarie con lo autóctono (Méndez, 2002, 183).

Sergio representa, de algún modo, a aquel colectivo educado y culto que valora las ideas de la Ilustración alrededor de la libertad individual, que transita por encima de cualquier planteamiento comunal. La libertad, en este sentido, consiste en que, independientemente de las ideas que inspire un gobierno, el individuo pueda elegir valores apropiados o erróneos, sin someterse a una disciplina colectiva y tratando de mantener su voluntad y capacidad de decisión. Por ese acercamiento no unitario, no comprometido y hasta cierto punto infectado de heterogeneidad, es preciso señalar la presencia de una sutil ambigüedad tanto en el texto escrito como en el audiovisual. Como asumió Melo Ruiz, "la ambigua percepción que el protagonista—Malabre en la novela, Sergio en la película—tiene de la Revolución lleva, casi siempre, a preguntarse por el posicionamiento ideológico de ambos creadores." (Melo Ruiz, 2017, 128)

Desnoes y Alea eligieron muy hábilmente el terreno pantanoso de la ambigüedad y de la ironía, ya que la novela de 1965 "no se planteaba como vehículo para la adhesión de ideas, sino como exposición crítica e irónica de los diferentes discursos que entraban en tensión en la sociedad cubana de la época" (Peris, 2011, 425). Por eso, *Memorias...* se interpretó con argumentos sólidos tanto desde el punto de vista de una crítica feroz a la burguesía acomodada que había perdido su lugar en la nueva sociedad como a la dictadura que impedía al artista manifestarse con libertad.

En la novela, el conflicto ante el que se debate Sergio, su protagonista, es precisamente el de pensar y actuar como un hombre del primer mundo mientras vive en un país subdesarrollado y tercermundista. Dicho conflicto es más pertinente si se tiene en cuenta que Desnoes no siempre vivió en un país "subdesarrollado", ya que antes de 1959 había elegido Estados Unidos, concretamente Nueva York, para instalarse una temporada, como respuesta burguesa a los conflictos interiores que le generaba la situación política de su país, con la sucesión de regímenes poco convincentes y un grado nada aceptable de corrupción. Lo único positivo de aquella huida, según sus propias palabras en *Punto de vista* (1967), fue que pudo encontrarse a sí mismo al observarse desde lejos y verse como desdoblado, e integrar después su autoconocimiento una vez comenzado el periodo revolucionario.

Sergio Carmona, en la película, no seguirá las exigencias impuestas por la sociedad revolucionaria, y no se plantea además abandonar las preocupaciones individuales e incorporarse al proyecto del hombre nuevo impulsado por Ernesto Guevara. En su libro *El socialismo y el hombre en Cuba*, Guevara deja clara la definición de "auténtico revolucionario", cuya condición exige el sacrificio en pro de los intereses de la comunidad. Guevara se refiere a las masas dormidas que debían ser despertadas por un líder o una vanguardia y luchar o morir para alcanzar el triunfo. Para Guevara, el resultado de ese despertar fue que, a partir de 1959 el concepto de masa superó la noción de rebaño manso e inoperante, y actuó, como participante, en la Reforma Agraria, en la administración de las empresas que habían sido privadas y fueron confiscadas y tuteladas por el estado, en la "experiencia heroica de Playa Girón", en las luchas contra la CIA, etc. Guevara presupone que la verdadera libertad, la única autodeterminación, proceden de la aquiescencia absoluta con las decisiones que el estado toma en el espacio que ocupa la masa, que solo será activa, positiva, valiosa y auténtica en la medida en que se identifique con las propuestas de la cúpula.

Sergio, como espejo de su creador en la novela, dibuja sin embargo la desaparición y el declive de las estructuras sociales con las que, hasta entonces, había funcionado el país, lo que aboca a Cuba al subdesarrollo, debido a la falta de espíritu crítico, a la imposibilidad para la autenticidad creativa, el progreso, porque su concepto de masa, en el contexto de los años sesenta revolucionarios, es mucho más cercano al de rebaño que en el periodo republicano. En tal sentido, el personaje conecta totalmente con el escritor que le da vida. Hacia la década de los sesenta, Desnoes era considerado como "un representante del intelectual 'en tránsito' que debía salvar su condición original" (Santana, 2010, 70). La clase burguesa de mitad de siglo lo había decepcionado, pero tampoco creía en los supuestos logros prometidos por la revolución y buscaba consuelo en la escritura testimonial y pesimista. Las novelas de Desnoes de mitad de los sesenta, *Memorias del subdesarrollo* y *El Cataclismo*, publicadas en 1965, ambientan sus tramas entre los años 1961 y 1962 y abordan temas similares. A partir de 1966 comenzará a concebirse el guion de la película basada en la primera de ellas, y el estreno tendrá lugar en 1968. Para entonces, el alejamiento del protagonista de los anclajes revolucionarios será intenso e irreversible.

Sobre el trabajo de adaptación de la novela, Gutiérrez Alea señala: "Cuando llamé a Desnoes para proponerle trabajar juntos se sorprendió: le parecía una idea loca. Yo sentía que por ahí se podía hacer algo interesante [...] aparecieron cosas nuevas que después Desnoes reescribió como capítulos e incorporó a la novela" (Évora, 1996, 33). El trabajo fluido del cineasta y el escritor tuvo un largo alcance en el tiempo. Durante más de cincuenta años, novela y película, "han suscitado un intenso debate en torno al problema teórico-práctico de la adaptación. [...] Buena parte de la crítica ha intentado encuadrar la(s) agenda(s) del director (y del escritor) a uno y otro extremo de escenario político cubano. [...] Se piensa en *Memorias* como un ícono del cine revolucionario, pero también como una aporía crítica de la Revolución. Para algunos es un sano ejemplo de literatura y cine 'comprometido', para otros un artefacto díscolo de la producción artística estatal". (Melo Ruiz, 2017, 567)

En el año 2007 Desnoes, ya en el exilio, publicará *Memorias del desarrollo*. El personaje principal de estas nuevas memorias, también se percibe a sí mismo como un extranjero, aunque como sabemos, tampoco era un adaptado en la época anterior, porque su concepto del intelectual burgués latinoamericano siempre había sido el mismo. En el artículo "El mundo sobre sus pies", de mitad de los sesenta, del que se aprovechaban frases para integrarlas en la mesa redonda que se exhibe en la película, Desnoes expresaba un sentimiento que le acompañaría toda la vida, puesto que tiene la sensación y la conciencia de constatarse solo como una mala imitación del sujeto del primer mundo, y que, haga lo que haga y viva como y donde viva, siempre será inferior.

El tiempo que pasa entre las primeras *Memorias…* y las segundas no servirá para que el protagonista sea capaz de encontrarse, sino más bien para continuar perdiendo detalles de su propia identidad, a pesar de que el cubano pensaba desde muy joven que "todo hispanoamericano se plantea constantemente el problema de su desarraigo y de su identidad", y que "la ausencia de una personalidad cultural lo impelen a recorrer el mundo en busca de patrias espirituales" (Desnoes, 1960, 20).

El personaje de *Memorias del subdesarrollo*, a pesar del desconcierto creado por los cambios sociales y políticos, y sobre todo a pesar de la opinión del autor acerca de la identidad, decide quedarse a vivir en Cuba, aun teniendo la oportunidad de marchar con su familia rumbo a los Estados Unidos. El dilema acerca de abandonar o no la isla se relaciona probablemente en gran medida con la mirada melancólica hacia épocas anteriores, con el hecho de la que burguesía "con poder económico fijaba en la sociedad pre-revolucionaria abundantes criterios de gusto y consumo, tanto en la vida cotidiana como en el ámbito artístico" (Santana, 2010, 214). El problema más complicado, que Sergio intuye básicamente, es que el subdesarrollo económico, que ha sido evidente desde los primeros momentos de cambio, deviene subdesarrollo cultural, y afecta a todos los ámbitos de la existencia. A partir de los años sesenta los artistas y escritores tienen que ir, como todos los nacionales, a cortar caña, a las escuelas del campo y, algunos de ellos, a los campos de concentración de las UMAP, y sus posibilidades de viajar y responder intelectual y formativamente a los caminos que la vida burguesa les permitía, ahora quedan sepultados, para que se cumpla el nuevo orden que desdibuja las individualidades, iguala económicamente a todos por debajo y dificulta los viajes y las relaciones con intelectuales y artistas de otros países, así como con sus obras.

Los escritores de la generación de Desnoes, y los artistas o burgueses de la de Sergio, enseguida son conscientes de que su destino miserable lo es, al menos, no tanto como el de aquellos que conforman la primera generación revolucionaria, porque los primeros han podido viajar durante algunos años, conocer otras tierras y otras formas de pensar, han podido leer obras en otros idiomas y de otros países sin cortapisas ideológicas.

Y tienen una mente abierta, formada en la libertad y la abundancia. Sin embargo, dice Orlando, amigo de Sergio al comienzo de la película del subdesarrollo, ellos (los más jóvenes) "están más jodidos que nosotros. Ya nosotros por lo menos viajamos y hemos visto museos y experimentado cosas y leído todo lo que nos ha dado la gana". Todo esto contrasta con el espectáculo socializado que impone la revolución con su marketing particular, "que consiste en la escenificación de una utopía en el Tercer Mundo o, más específicamente, en el Caribe, una zona fronteriza donde se capitalizan símbolos turísticos, sexuales, religiosos y revolucionarios como atributos de una comunidad políticamente alternativa" (Rojas, 2009, 29).

Al final de la novela del subdesarrollo, Sergio desvela, como único propósito, la huida: "Salí, regresé. No soporto la casa ni la calle [...] Una isla es una trampa, la Revolución nos cogió a todos aquí dentro. No sentí ningún alivio mirando el mar. No veía nada [...]. Terminó la vida, tengo que soltarlo todo: el mundo se abre debajo de mis pies, me hundo en el vacío, me vuelvo loco" (Desnoes, 2006, 145–147). En la película, de manera bastante simbólica, Sergio libera al pájaro enjaulado mientras declama los versos de Neruda "Oh abandonado, como los muelles al alba, todo en ti fue naufragio", cuya escena, para su creador en la novela, "es la vida del narrador y, tal vez, una premonición de la futura agonía de la revolución". (Camacho, 2009, 4)

Aunque el personaje no muere, en el libro se produce un hecho curioso, pues el narrador desaparece de la historia en el último capítulo, titulado "Yodor", cediendo así el protagonismo a un tal Paco López, que con mezcla de orgullo y nostalgia cuenta su experiencia en la construcción de un muñeco mecánico capaz de caminar, hablar y fumar. Luego, poco a poco, el personaje va describiendo sus peripecias al tratar de dar a conocer su invento, así como las carencias a las que se enfrentó debido a la escasez de piezas para mantener el invento en buen estado. El capítulo final de *Memorias del subdesarrollo* se separa totalmente del resto de la historia, alejándose de la vida de Sergio, quien ya no analiza a sus coterráneos, ni reflexiona acerca de su presente, ni transmite sus sentimientos. Sin embargo, resulta interesante cómo la nueva voz narrativa constata una realidad cubana que, anteriormente, había sido descrita por el protagonista. El cambio de voz narrativa es también el símbolo de la desarticulación existencial de Sergio.

El último capítulo de *Memorias...* se asemeja a una metáfora de la revolución cubana. Paco describe la euforia ante las perspectivas del inicio, el éxito de la empresa, la repercusión internacional (en este caso en

Nueva York), la fama, luego la decadencia, la carencia de recursos, la precariedad que precedería a los cambios sociales y el silencio ante los temas que tratasen sobre política y, para demostrar la veracidad del argumento, recurre a un álbum de fotos, prueba irrefutable de todo lo expuesto. Luego desvela el anhelo de libertad, la búsqueda de una salida, que en este caso sería la marcha a Estados Unidos y, en contraste, la imposibilidad de lograr dicho anhelo a corto plazo. Sergio ya no emitirá más testimonios, su monólogo termina en el penúltimo capítulo, como si no fuese capaz de articular palabra alguna y, por tanto, recurriese a otra voz que permitiera enunciar nuevas declaraciones.

El simbólico final difiere del de la producción cinematográfica. En el guion elaborado por Alea y Desnoes, Sergio se suicidaba y, "al comienzo de la película ya estaba muerto" (Gutiérrez Alea, 1996, 34). Sin embargo, la puesta en escena tomó un camino diferente, puesto que los guionistas decidieron alejarse del drama y crear un final más abierto, con varias posibilidades, por lo que clausuraron la película con una serie de imágenes de archivo –nuevamente el afán documental– que habían sido filmadas de noche e iban a ser utilizadas para ambientar un desfile militar y que nunca llegaron a ser manejadas. Esas imágenes se intercalan con la de Sergio desesperado, "en el clímax de su angustia y moviéndose entre esas cuatro paredes como si estuviera en una trampa. Paralelamente, en la calle, el pueblo se prepara para contrarrestar una posible invasión" (Gutiérrez Alea, 1996, 35).

La novela *Memorias del subdesarrollo* cierra la historia con la incógnita acerca del final del protagonista, aunque las afirmaciones de Paco sugieren la inevitable ruptura: "El muñeco ya no existe. Le entré a hachazos. Un día cogí un hacha y lo hice pedazos. Lo desbaraté" (Desnoes, 2006, 180). El destino de Yodor es, finalmente, metáfora de los de Paco y Sergio: "Yodor era muy grande para Cuba, muy caro, era un muñeco incosteable" (Desnoes, 2006, 181). En el filme la angustia del personaje que habita la heterotopía es desplazada por la del pueblo, que se prepara para enfrentar una posible guerra y refrendar, así, la supuesta utopía. En este sentido, el personaje principal de la historia no queda totalmente apartado de la escena, pero su protagonismo decae en la medida que la historia, los soldados y los tanques acaparan la atención.

El sinsentido del giro final de la novela remite al absurdo de la vida. El desplazamiento estructural y temático remite a la ausencia de centralidad existencial, que culmina en la desaparición de la voz original, y de la del muñeco, la falsa voz, que nunca habría podido sustituir a la verdadera. La respuesta final es el silencio, porque es muy evidente la conexión del vacío de la persona con el colectivo. El fracaso del individuo habla del fracaso del sistema, que quizá en los años sesenta, cuando Desnoes terminó la novela del subdesarrollo, no era tan evidente para toda la sociedad, pero que en el cambio de siglo ya no generaba ninguna duda, como plantean la siguiente novela y su réplica cinematográfica.

Al retomar la pista del inadaptado, cuatro décadas más tarde, ya instalado en Manhattan, Nueva York, y convertido en un ciudadano estadounidense, *Memorias del desarrollo* evidenciará, contrariamente a lo que se esperaría del individuo asentado en una de las ciudades más prósperas del mundo, a un hombre aún más desamparado que en el subdesarrollo, y con la una única certeza de que no logrará encauzar su camino: "Corra o no corra –dice el narrador–, jamás llegaré a ninguna parte" (Desnoes, 2007, 11). Edmundo (nueva ubicación o desubicación, nuevo nombre, nueva heterotopía del lugar no lugar) se sabe atrapado en una situación hostil de la que no intenta escapar; por el contrario, aprecia la soledad que lo llevará al final: "Quiero librarme de las muletas del picolísimo nombre que he logrado. No quiero que recuerden los libros que publiqué. Ya no tengo la seguridad y el prestigio de un trabajo bien remunerado, ni la húmeda intimidad de una mujer, ni siquiera los sacudimientos de una entretenida conversación con amigos. El que habla solo persigue hablar con Dios un día" (Desnoes, 2007, 12). La intertextualidad machadiana refleja el estado interior de una persona que ansía encontrarse a sí misma en una autocontemplación satisfactoria, de identidad recobrada, aunque ello no parece posible.

En la historia del desarrollo, Desnoes dibuja a un hombre que lleva sobre sus hombros la carga de varias décadas de penuria en Cuba. En este sentido, el personaje maneja datos concretos –en él no hay incertidumbre sino desidia–, y es capaz de contemplar el pasado, analizar los errores cometidos y sintetizar la evolución del país, intuyendo que ya está todo perdido. Edmundo (Sergio en la película) siente la culpa de los irreparables pecados de la etapa del subdesarrollo: "Los detalles son más importantes que la totalidad; la totalidad es una abstracción. Debí haberme iluminado en el preciso instante en el que desaparecieron del mercado el papel sanitario y los desodorantes [...]. Debí haberme iluminado especialmente después de mi primer viaje a Checoslovaquia y Alemania del Este [...]. El fracaso del comunismo saltaba a la vista desde cada objeto, habitación, edificio, desde cada arreglo económico y social –pero en mi estúpida coraza ideológica no quería reconocer el error del proyecto" (Desnoes, 2007, 88–89).

El personaje de las primeras *Memorias*… monologa, como una criatura abandonada, a veces sin más finalidad que la de observar y describir su entorno, aunque en ocasiones, también se autoanaliza: "Me da una sensación extraña al caminar por las habitaciones; la casa se está convirtiendo en una caverna" (Desnoes, 2006, 30). Sergio se describe y proyecta como un mero observador, haciendo que sus exposiciones sean cada vez menos profundas o elaboradas. Así, al explorar su cuerpo afirma: "Fijándose en los pies uno ve que está muy cerca, que es un animal" (Desnoes, 2006, 25), y un poco más adelante: "esta mañana me asombró el eructo tan ruidoso que solté cuando terminé de tomar el café con leche […], me estoy convirtiendo en un animal" (Desnoes, 2006, 31), lo que lo va acercando, inevitablemente, al universo de Kafka, otro desarraigado de corte existencial, habitante de heterotopías, en una especie de *bildungsroman* conflictivo y extraño.

Para dar continuidad al tema, en las segundas *Memorias*…, el ámbito de los animales se antoja recurrente, con una diferencia: si en el subdesarrollo se produjo un proceso de animalización, en el desarrollo se ubica la imagen del animal como espejo identitario del narrador: "Un perro: pensé mientras me acostumbraba a convivir con solo mi imagen en el espejo […], el perro es la única criatura en toda la creación que ha establecido una verdadera intimidad con la mujer y con el hombre […]; el perro vive en simbiosis con los humanos. Por eso pensé que debía conseguirme un perro" (Desnoes, 2007, 12–13). Según Derrida (2008), el animal es la última frontera de la conciencia humana y su espejo, su otredad, su límite de conocimiento. El animal es además para Heidegger, Hölderlin o Rilke el estado de "abierto", de "no encerrado en la naturaleza y el tiempo humano", y por tanto en verdad un lugar deseado, sin palabra o significación.

Otros animales, además del perro, se harán familiares al protagonista, que vivirá una terrible paradoja, ya que en uno de los lugares más poblados de la tierra y con mayor diversidad étnica, social y económica, lo único reseñable es la confluencia con ciertos animales: "Un groundhog, una obesa marmota se deleita en el césped […] en cuanto me ve abrir la puerta huye […] Tengo la sospecha, me temo que la marmota se ha establecido, vive bajo la cabaña" (Desnoes, 2007, 185).

Memorias del desarrollo sorprende en sus últimas páginas con una voz nueva: una hija natural del protagonista cuenta ciertos episodios de la revolución cubana que se le habrían escapado a su padre. A través de Natalia Desnoes, el lector conoce detalles de los últimos días del personaje, cuya realidad se reduce a un cuerpo aletargado e inmóvil: "¿Qué haces ahí tirado como un perro? –es todo lo que se me ocurrió contestarle en ese momento [...]. El cuerpo que vi tendido ahí solo sobre la hierba e incapaz de moverse, de levantarse, ese era el cuerpo de mi padre" (Desnoes, 2007, 221). El alejamiento del mundo humano encamina al personaje hacia el deseado final: "Es posible dormir para siempre y existir a lo largo de una eternidad. Vivir y respirar sedoso en el aire. Quieta. Quieto" (Desnoes, 2007, p. 191). Edmundo parece, finalmente, haber llegado a una conclusión: la única solución es la liberación platónica del cuerpo: sin cuerpo no hay prisión, ni desencanto, ni sufrimiento. Animalización, pérdida de voz, corporalidad sin conciencia, desintegración: este es el proceso que conforma la búsqueda inútil de una identidad esquiva. ¿Qué implica este final?

Si comparamos las dos *Memorias...*, observamos numerosos paralelismos inquietantes. El proceso de animalización y aniquilación de lo humano es similar. Desnoes salió de Cuba en 1979 para instalarse definitivamente en Nueva York, buscando un refugio para su identidad perdida por la falta de libertad en la dictadura, por las incomodidades provocadas por un sistema alienante, que lo llevaban a una progresiva desaparición como ser humano.

Supuestamente, ese cambio de ubicación debería haber sido el detonante de un reencuentro identitatrio, ya que la condición anfibia o híbrida del autor podría facilitarle la asimilación a un nuevo tipo de sociedad, en el que la libertad está visible desde casi toda la extensa ciudad en forma de estatua. Desnoes por fin podría superar haber sido alguna vez Pérez. De ese modo, Garcet (el Sergio de la película de las segundas *Memorias...*) debería haber podido superar haber sido Malabre alguna vez. Pero ninguna de esas cosas ocurrió. La revolución había determinado, parece que de un modo definitivo, la identidad individual. No había marcha atrás. La alienación había deconstruido y pulverizado el interior de la persona, dejando apenas la carcasa, el ensamblaje exterior. Y el proceso no era reversible en el ámbito del desarrollo. La relación entre posibilidad espiritual y posibilidad material nunca fue directa. La heterotopía no depende, entonces, del grado de desarrollo del lugar donde se vive, sino de una condición interior, que ha sido definida indeleblemente en el subdesarrollo.

Memorias del desarrollo será inspiradora del joven cineasta Miguel Coyula, que concluyó el rodaje en 2009, estrenada en el festival de Sundance en enero del mismo año y llevada a los cines en 2010. Pocas veces en la historia del cine se ha dado un caso como el ocurrido con las novelas *Memorias del subdesarrollo*, de 1965 y *Memorias del desarrollo*, de 2007. Ambos textos conectan directamente con el binomio civilización y barbarie, explicado por Sarmiento en su obra *Facundo*, de 1845. En las segundas *Memorias...*, Edmundo padece las consecuencias del exilio, ante la urgencia de crear una nueva identidad y abrazar una cultura diferente. El protagonista aporta el duro testimonio que relata las secuelas del exilio, el desprendimiento de su trabajo y recuerdos, el olvido de familiares y amigos, la pérdida del hermano y el reencuentro con su hija antes de la muerte. Ambas novelas, *Memorias del subdesarrollo* y *Memorias del desarrollo* están protagonizadas por un solo personaje, que podría ser Edmundo o Sergio indistintamente y que intentan entenderse a sí mismos dentro del contexto vital en el que les corresponde vivir. El personaje del subdesarrollo sufre al quedarse en la isla, ante la soledad y el proceso que no pretende entender. El del desarrollo padece las consecuencias del desarraigo y la alienación del sistema norteamericano que conlleva inevitablemente a forjar una nueva identidad.

Memorias del desarrollo ofrece reflexiones autobiográficas acerca de la vida y el exilio. El protagonista, Eddy o Edmundo en el texto, redunda en los conceptos de desarraigo y cultura, y hace referencia a la tragedia de quienes tuvieron que reinventarse al abandonar la patria. En esta versión, la alienación procede del hombre que constituye un producto de la revolución. Si el protagonista del subdesarrollo experimentaba el extrañamiento ante la nueva realidad, el del desarrollo esbozará una especie de exilio interior. Miguel Coyula, en una entrevista con Jorge Camacho, destaca para la película la importancia de "entender la alienación del personaje, no mostrarlo solo a él, sino al mundo que lo rodea. Aunque sea a través del prisma deformado de su visión. Y digo deformado literalmente: *collages*, animaciones de fotografías y elementos documentales estilizados" (Camacho, 2007, s/p).

Memorias del desarrollo constata la soledad del individuo que se siente retenido en la isla de Manhattan. En el caso de la película, Miguel Coyula creó su propia versión del texto que adaptó y dirigió. Si *Memorias del subdesarrollo* resulta fiel a la trama esbozada por su autor y codirector del filme homónimo, *Memorias del desarrollo* se aleja en cierta medida de la historia original, aunque mantiene una de las ideas fundamentales: la crítica al régimen totalitario como principal causante del desarraigo sufrido por la diáspora cubana. A partir de esa premisa, el resto es libertad creativa. Apunta Coyula: "*Memorias* es la única película cubana que tiene una frescura narrativa donde se puede hablar de todo, saltar de una cosa para otra. Es una estructura sin límites, sin el lastre de las fórmulas, donde se puede explorar continuamente, más allá de cualquier cosa que pueda estar en el papel" (Camacho, 2007, s/p). Edmundo Desnoes colaboró con Miguel Coyula en ciertos aspectos importantes de esta producción cinematográfica, aunque no se mantuvo involucrado en el guion y la puesta en escena, como previamente había ocurrido en su trabajo con Gutiérrez Alea. Así lo constata el realizador de *Memorias del desarrollo*:

> Primero hice una adaptación cinematográfica donde traté de convertir las palabras en imágenes lo más posible. Luego Edmundo escribió escenas que se me habían ocurrido para la película. Y yo por mi parte he escrito otras calcadas de situaciones reales que he vivido, otras que se me han ocurrido al estudiar a los actores y sus conversaciones cotidianas, otras improvisadas, varias escenas "documentales" (por ejemplo, la caída de las Torres), una manifestación en la calle, o una sección de diez minutos de animación de la Revolución cubana a través de fotografías de las revistas *Bohemias* de los cincuenta. Unos personajes se han expandido, mientras que otros han desaparecido. En fin, han cambiado y aparecido muchos elementos nuevos. Es una película que ha tomado vida propia, más allá de lo que yo hubiera podido planear en papel. En ese sentido ha sido como "El Tenedor plástico". Y es importante porque solo pudiera ser así cuando uno trabaja completamente independiente, al poder controlar todas las especialidades artesanalmente, el guion, la fotografía, la edición y la banda sonora, cuando un arte inspira una idea en la otra, y los procesos se retroalimentan. (García Borrero, 2007, s/p)

Salvando las notables diferencias entre las adaptaciones cinematográficas de *Memorias del subdesarrollo* y *Memorias del desarrollo*, existe una conexión en cuanto a la presencia del afán documental por parte de los realizadores isleños. Dicho género se ha ido revalorizando y mutando en la isla desde los años sesenta hasta hoy, primero como testimonio de una lucha y en las últimas décadas como recurso que pretende plasmar una realidad que no forma parte de la historia oficial y que, por consiguiente, no es transmitida en los programas de televisión nacional ni tampoco representan al cine cubano que recibe premios de repercusión internacional. Así como Gutiérrez Alea se vale de recursos documentales para esbozar una realidad constatable, Coyula afirma: "no me interesa para nada el realismo. Salvo raras excepciones [...] incluso *Memorias*, donde tengo secuencias semi-documentales, todo está manipulado hasta la saciedad, desde fotografías que he animado fuera de contexto hasta la estilización formal de un evento como 9/11." (Camacho, 2007, s/p)

Memorias del subdesarrollo logra establecer un complemento entre el discurso del protagonista y las imágenes de archivo que resultan seleccionadas por Titón y Desnoes para ambientar situaciones relevantes o simbólicas. El telescopio de Sergio, que le permite divisar el panorama de la ciudad desde lo alto del balcón de su apartamento habanero, se transforma en una especie de metáfora del personaje que se aleja de sus coetáneos para examinar el entorno desde el prisma "que está viendo La Habana como si la ciudad fuera un objeto de laboratorio [...] Una estructura abierta permite manejar estas cosas con gran libertad, sin ataduras." (Évora, 1996, 34)

La ambigüedad esbozada en *Memorias del subdesarrollo* permite varias interpretaciones posibles. Las imágenes del desfile militar efectuado en la ciudad al amanecer, elegidas para ambientar la preparación del pueblo ante un posible ataque desencadenado por la crisis de los misiles en Cuba podrían ser el reflejo de la valentía de un pueblo heroico, que se sobrepone a las dificultades y se prepara para combatir en el momento en que Sergio rebasa el clímax de un agobio que le lleva a concluir "nada tiene sentido, la gente se mueve y habla como si la guerra fuera un juego [...] moriré igual que los demás." De igual manera, la escena final podría resultar un preludio del desmoronamiento de un sistema que se desintegra. Así, se alternan las imágenes de Sergio, que acostado juega con el reloj mientras en la calle se divisan los tanques, los milicianos y el pueblo en marcha. Al final la cámara regresa al balcón del protagonista y va del telescopio, ya sin Sergio, hasta la vista panorámica de la ciudad, alternando la música instrumental con sonidos de tambores de guerra para finalmente recrearse en el mar, que podría representar la salvación y el escape o la prisión y la muerte.

Según Gutiérrez Alea, las imágenes no buscan demostrar nada en concreto, y lo demuestra aportando la presencia de "el documento, el cine más espontáneo, el reportaje, la ficción [...] *Memorias*... no pretende ser objetiva, no afirma nada" (Évora, 1996, 35). De un modo similar, Coyula también se refiere a *Memorias del desarrollo* como un filme de estructura abierta en el que se han incorporado secuencias semidocumentales, o de animación, presentando las secuencias en forma de collages, que facilitan la visualización de diversas estructuras por parte del espectador, reinventando continuamente las ideas, los significados y las formulaciones. Estas memorias tienen también como centro al hombre alienado, pero con la particularidad de ser el producto del proceso revolucionario que, contra todo pronóstico, se presenta tanto o más inconforme que el Sergio del subdesarrollo.

El cineasta retoma el nombre del personaje de las primeras memorias, esta vez llamado Sergio Garcet. Desde su residencia en Nueva York, el inconforme exiliado sigue sintiendo extrañamiento al recorrer la ciudad y al relacionarse con las personas de su entorno. Sin embargo, a diferencia de Sergio Malabre, que miraba con extrañeza y cierto temor al subdesarrollo y la barbarie, Garcet rechaza la sociedad del desarrollo y arremete contra sus principales fortalezas: "Religión, política y consumismo". El personaje reflexiona acerca de "la belleza vacía de la juventud como el ideal norteamericano", haciéndose acompañar por una muñeca Barbie hasta el final de la película y reconociendo haberse convertido en un "payaso". Al igual que el Sergio del subdesarrollo, el ya envejecido residente norteamericano demuestra predilección por el sexo femenino, aunque resulta ser un cazador cazado, pues ya no persigue a las hembras para saciar sus instintos, sino que en muchas ocasiones se convierte en la víctima de las fantasías o anhelos eróticos de sus amantes de turno. El episodio de la muñeca recuerda al relato "El hombre de arena" de Hoffmann, en donde el protagonista está enamorado de una autómata, siendo esta subtrama el verdadero quid de la cuestión y del relato. Es señalado por Wolfgang Kayser en su ensayo sobre lo grotesco como uno de los ejemplos más paradigmáticos de ese tiempo de expresión. Lo grotesco se da siempre en unas circunstancias en las que el individuo pierde la noción de realidad y se enajena frente a un mundo o época en incipiente crisis de identidad social. El muñeco, la muñeca, lo maquinal, el robot, la máquina son elementos análogos en ese sentido.

Las cuatro décadas transcurridas entre las primeras y las segundas memorias se erigen como fuente reveladora de la historia. *Memorias del subdesarrollo* dejaba constancia de un incomprendido e inadaptado que sobrevive frente al terror que le provoca la efervescencia revolucionaria. Sergio Garcet ha sobrevivido a los acontecimientos más importantes de la historia de Cuba: la crisis de los misiles, los sucesos del Mariel, la caída del Muro de Berlín y del campo socialista, la Causa Número 1 y los fusilamientos del general Arnaldo Ochoa, Héroe de la República de Cuba, del coronel Tony de La Guardia y otros mandos militares, la caída de Fidel

Castro por un traspié, en pleno discurso, que anunciaba el declive del jefe de Estado y su muerte, etc.

Malabre, como Gutiérrez Alea, no había vivido lo suficiente para soportar el peso de la historia revolucionaria, sus percepciones estaban basadas en las observaciones realizadas desde su aislamiento, a través del prisma de un telescopio. El desconcierto todavía no había llegado a la constatación del fracaso y la certeza de que todo seguiría igual. Coyula, en cambio, ha sido educado en el ideario del Che Guevara, en el culto a la personalidad de Fidel Castro y en el aprendizaje y adoctrinamiento de consignas que prevalecen en el trasfondo las imágenes ambientadas en los desfiles, representando a un pueblo que aclama "Fidel, aprieta, que a Cuba se respeta", pero ha superado las limitaciones de esa educación y ha llegado al siglo XXI libre de lemas utópicos.

Historia y revolución van de la mano en ambas *Memorias*. En el filme del desarrollo, Sergio analiza la situación actual a la que ha llegado la sociedad cubana en el socialismo, y termina su discurso con la proyección de imágenes de la crisis de los misiles, amenaza de ataque y las posibles consecuencias para la Isla. Coyula incorpora a su producción cinematográfica una carga política e histórica mucho más fuerte, más intensa. Sergio Garcet no logra desprenderse nunca de la temática cubana, vive de ella y se dedica a impartir conferencias acerca del fracaso de las revoluciones y de los sistemas socialistas en el mundo. El personaje construido por Coyula, como tantos intelectuales contemporáneos al realizador, no puede desprenderse de los recuerdos, y de ese modo lo acompañan siempre las imágenes de los supuestos héroes, inspiradores o consolidadores del proyecto revolucionario, como Martí, Lenin, Gorbachov, Ernesto Guevara y Fidel Castro, por citar algunos.

En la película, la historia de la revolución cubana y la de la vida del protagonista se convierten en un todo que concluye que "nada tiene sentido", por lo que Sergio afirma no poderse "tomar la vida en serio", y ridiculiza las imágenes de un Che descontextualizado, que van y vienen en el *collage* de sus recuerdos, mientras pasea por Central Park con su amante y se detiene frente a la estatua de Martí, en la que se orina un perro mientras él afirma "I am already dead". Hacia la mitad del filme se establece un diálogo entre el personaje y su bastón con cabeza de perro, del que se había hecho acompañar desde que ya no pudo soportar tanta soledad. En el restaurante, la cabeza de perro adquiere la voz de Fidel Castro e insiste en la grandeza de la revolución y el socialismo, a lo que el protagonista responde "Miénteme más, que me hace tu maldad feliz."

De igual modo que Sergio Carmona, en el filme del subdesarrollo, da cuenta de sus memorias, valiéndose de la máquina de escribir para dejar constancia de una serie de reflexiones y conclusiones a las que arriba, Garcet, en el desarrollo, se dedica a grabar todo lo que ocurre. El telescopio es reemplazado por la cámara de video y la grabadora. La tecnología ha suplantado el lugar de la literatura tradicional, el cine dentro del cine presenta al Sergio Corrieri en el televisor del filme de Coyula, representando su papel de Sergio en la película *Memorias del subdesarrollo*. El arte ha cambiado con los tiempos y, sin embargo, para el Sergio envejecido en Estados Unidos, "fue error creer en la literatura [...], las ideas son instrumentos y la literatura un entretenimiento."

Hay una constante dicotomía en *Memorias del desarrollo*, que va más allá del binomio civilización/barbarie entre el subdesarrollo y el desarrollo de las primeras *Memorias*... El filme expone el fuerte contraste entre el pasado y el presente, el peso cubano y el dólar, la música cubana y la norteamericana, el hombre nuevo y el viejo, la vida y la muerte, la ilusión y el desencanto, el idioma español y el inglés, que ha convertido a Sergio en un "payaso."

El final elaborado por Coyula nos retrotrae al último capítulo del libro *Memorias del subdesarrollo*, que cerraba la historia con la incógnita acerca del destino de Sergio y la aparición de Paco, el nuevo personaje que había creado un gran invento llamado Yodor y que sugería la inevitable ruptura: "El muñeco ya no existe. Le entré a hachazos. Un día cogí un hacha y lo hice pedazos. Lo desbaraté" (Desnoes, 2006, 180). El destino de Yodor es, finalmente, metáfora de los de Paco y Sergio: "Yodor era muy grande para Cuba, muy caro, era un muñeco incosteable" (Desnoes, 2006, 181). El sinsentido del giro final de la novela remite al absurdo de la vida. El fracaso del individuo habla del fracaso del sistema, que quizá en los años sesenta, cuando Desnoes terminó la novela del subdesarrollo, no era tan evidente para toda la sociedad, pero que en el cambio de siglo ya no generaba ninguna duda.

En el filme *Memorias del desarrollo*, como ya hemos anunciado, hay una coincidencia con el cierre de la novela del subdesarrollo, relacionada con el giro final, que cambia la homogeneidad del argumento e introduce un elemento nuevo, discordante, de impacto: Sergio encuentra, en medio del desierto, a un hombre que fabrica un artefacto que conseguirá mejorar la vida de los seres humanos, bajo la premisa "Creo en la justicia", intentando dejar abierta una posibilidad de futuro que permita, a pesar de los inadaptados, en un lugar lejano a la isla abstracta y roja que cae estrepitosamente, que la humanidad siga construyendo sueños costeables. Al conectar estructuralmente con el texto de la primera novela, el realizador de la película *Memorias del desarrollo* parece indagar en el origen del declive y, realizando un viaje a la semilla, retoma la idea de la única escena de las primeras memorias que había quedado sin representar en la película –la de Yodor, es decir, la invención de un artefacto– para reconducir los hechos y dejar para el mundo, aunque no para Cuba, un hilo de esperanza.

Ambas producciones cinematográficas, sin embargo, a pesar de la separación cronotópica, tienen como lugar común: la presencia de la tragedia del exilio padecida por un pueblo, el desarraigo, la transculturación y, en algunos casos, los éxitos con sus nostalgias. En ambos filmes el final es abierto, confuso e incierto, como también parece serlo el destino de la Isla. De la misma forma que, en el aspecto macroeconómico, el país no podría volver a la situación que hemos descrito, anterior a 1959, aunque hubiera un cambio radical de gobierno, en el microcosmos de la persona tampoco es posible el retorno. Ningún Ave Fénix renace de sus cenizas cuando un sistema político ha quebrado los principios básicos de la dignidad humana establecidos por la libertad de pensamiento, de palabra, de acción. Aquel que aprendió, a la fuerza, a no ser libre en Cuba, nunca sabrá ser libre en un lugar adecuado para ello. La heterotopía hizo su nido y lo afianzó.

Capítulo 6

La imagen del intelectual en la literatura y el cine cubanos: la mirada de Gutiérrez Alea (*Memorias del subdesarrollo* y *Fresa y chocolate*)

Sostiene Rafael Rojas que "el mundo globalizado ha puesto a prueba el proceso de la ilustración. La certidumbre de que las ideas de libertad, justicia y progreso, bien escritas y editadas, movilizan políticas destinadas a su realización, se está viendo como nunca antes en la historia moderna" (Rojas, 2009, 7). Dicho razonamiento alude a la herencia del siglo de la razón, relacionada con la solidaridad, la naturaleza y la ética, para explicar el fracaso de las naciones desarrolladas contemporáneas. Según el cubano, la "dialéctica de la ilustración" ha padecido un viraje radical en aquellas sociedades abiertas y modernizadas regidas por gobiernos autoritarios que ejercen el control sobre los medios de comunicación y las principales entidades culturales. Esto puede aplicarse, por ejemplo, a las políticas culturales adoptadas en Cuba por el gobierno de Fidel Castro. En el análisis de Rojas se explica cómo ciertas normativas culturales, editoriales y artísticas han establecido patrones de discursos que influyeron notablemente en la identidad nacional de la isla, y cómo los intelectuales han valorado las relaciones entre el subdesarrollo y revolución, cuestión que se concreta en *Memorias del subdesarrollo,* texto y película. En ambos formatos, los autores desvelan la reflexión existencial de un intelectual burgués, educado e inconforme, en un período muy cercano al quinquenio o decenio gris de la literatura, por medio de una mezcla entre narrativa y ensayo de lo que fue la época de finales de los sesenta en la isla.

Resulta interesante recordar que la posterior década de los setenta corresponderá a un proceso de revisión de valores ligado a un cambio de mirada en la literatura y la política cultural cubanas. La intelectualidad isleña se enfrentó a una etapa sumamente difícil en el ámbito de la creación literaria pues, ya a partir de 1959, las lecturas permitidas y prohibidas en la isla pasaron a estar completamente en manos del Estado. El gobierno se convirtió en único propietario de las editoriales, dato que tuvo consecuencias no tanto en la calidad como en la diversidad, el dirigismo y el control de lo publicado, pues "la producción editorial de la isla no siempre ha sido escasa ni desactualizada y ha tenido a su favor una amplia comunidad de lectores, generada por los altos índices de alfabetización e instrucción". (Rojas, 2009, 7)

Si bien Gutiérrez Alea y Desnoes son intelectuales provenientes de una clase acomodada que intenta entender el arte desde una perspectiva que nutra al proletariado y se dirija a él, el gran reto consistirá en forjar a unos hombres nuevos que no han salido de su universo cerrado y atrasado y que no tiene acceso a todas las manifestaciones de la cultura, más allá de la permitida por el sistema de gobierno. La cultura cubana era un territorio perimetrado por el sistema político, por lo que existía un desconocimiento bastante generalizado de escritores fundamentales para la literatura hispanoamericana y occidental, pero no concordantes con las premisas del gobierno cubano, como Jorge Luis Borges, Guillermo Cabrera Infante, Milan Kundera, Aleksandr Solzhenitsyn o Mario Vargas Llosa.

La primera escena de *Fresa y chocolate* constata la existencia de la censura. Diego se sienta junto a David y comenta: "Es lo único bueno que hacen en este país, ahorita lo exportan". Luego saca, con mucha cautela, *Conversación en la Catedral*, la obra maestra del escritor prohibido, mientras ofrece a su posible conquista la posibilidad de acceder a la literatura de Sarduy y Goytisolo. Una vez en la guarida, ante la música de María Callas y con los brazos en cruz, la afirmación de Diego, de evidente doble sentido, resulta categórica: "¡Qué voz!, ¿por qué esta isla no da una voz así, eh? Con la falta que nos hace otra voz".

Era menester crear civilización desde la barbarie, construir los cimientos de una sociedad culta, pero dentro de un mundo limitado y subdesarrollado. La preocupación de Gutiérrez Alea y Desnoes recuerda al dilema decimonónico entre la civilización y la barbarie, y refleja las inquietudes y actitudes de una clase intelectual europeizada, en plena crisis frente a una emergente y amenazante clase subdesarrollada que les horroriza profundamente.

En tiempos difíciles, el protagonista de *Memorias...* se muestra escéptico con las expectativas que creaba la implantación de un sistema basado en la educación y el interés por la ciencia y la cultura, con todos y para todos, pues tales preceptos serían abrazados desde el atraso cultural y tecnológico existente con respecto a Estados Unidos y a Europa. Para Sergio, el subdesarrollo abarcaría también el futuro, porque sería imposible enraizar unos conocimientos que no llegarían a ser profundos, permanentes ni arraigados. Si Sergio contempla ese panorama desde principio de los sesenta, la deriva del proyecto, tal y como se hace visible en el Primer Congreso Nacional de Educación y Cultura, confirma las sospechas. Cuando Fidel Castro pronunció el discurso de clausura del congreso, hizo hincapié en la necesidad de la educación extendida a toda la población para conseguir un país libre, formado y feliz, en la importancia de las buenas editoriales que publicaran libros para la educación de los más jóvenes, en las consecuencias beneficiosas de una nación con cien por ciento de alfabetizados, etc., pero también insistió en la exigencia sin fisuras de una homogeneidad cultural y educativa, en un control absoluto sobre las publicaciones, diseño en el que no cabía la participación de "organizaciones o partidos burgueses", que serían en el fondo corrientes "oscurantistas", "retrógradas" y "negativas"[2]. Castro asume el subdesarrollo como una forma identitaria insular que devendrá civilización porque la barbarie ha sido fruto de la irrupción y expansión del capitalismo:

> Porque ellos allá, todos esos periódicos reaccionarios, burgueses, pagados por el imperialismo, corrompidos hasta la médula de los huesos, a 10.000 millas de distancia de los problemas de esta Revolución y de los países como el nuestro, creen que esos son los problemas. ¡No!, señores burgueses: nuestros problemas son los problemas del subdesarrollo y cómo salirnos del atraso en que nos dejaron ustedes, los explotadores, los imperialistas, los colonialistas; cómo defendernos del problema del criminal intercambio desigual, del saqueo de siglos.

Al contrario que Sergio, que confía en el proyecto ilustrado europeo, Fidel hace un alegato de las formas de civilización supuestamente autóctonas, mediante el desenmascaramiento del legado transatlántico: "Y así, Europa capitalista decae, y decae cada vez más, y no se sabe a dónde va a parar en su caída, como barco que se hunde… Y con los barcos, en este mar tempestuoso de la historia, se hundirán también sus ratas intelectuales". Y en la última parte del discurso, la conclusiva, anota el líder cubano una predicción: gracias al proyecto educativo basado en unas premisas decididas por el aparato, homogéneo e ideológicamente controlado, el

---

[2]Las referencias al discurso aparecen en la web oficial del gobierno cubano *Discursos e intervenciones del Comandante en Jefe Fidel Castro Ruz, Presidente del Consejo de Estado de la República de Cuba*, alojada en http://www.cuba.cu/gobierno/discursos/. En concreto, este discurso se aloja en http://www.cuba.cu/gobierno/discursos/1971/esp/ f300471e.html. Consultado el 22 de diciembre de 2020.

país experimentará un desarrollo incalculable en veinte o treinta años. Para entonces ya se podrán comprobar las mejoras en la vida de los súbditos cubanos que produce el estado de bienestar, pero hasta entonces el pueblo deberá proceder solamente alentado por estímulos morales, aquellos que habían sido anunciados y requeridos por el Che desde comienzos de los sesenta, cuando era Ministro de Industria.

El personaje de *Memorias...*, perteneciente a la clase media, reconoce ciertas cualidades en el proyecto social y en el intelectual, aunque no se identifica con ellos. Sin embargo, ni colabora para procurar el cambio, ni mucho menos busca la integración en el proceso de la recién nacida revolución social. Las proclamas socialistas eran claras: el nuevo intelectual, el intelectual de la revolución, tiene como tarea convertirse en el inspirador de la cultura revolucionaria. Sergio, en calidad de espectador, analiza el panorama con ironía y concluye que la revolución "es lo único complicado y serio que le ha caído en la cabeza a los cubanos". Tanto el Sergio de la novela como el de la película es un intelectual que toma la posición de *no tomar una posición* radical o extrema. Con su actitud, alimenta la polémica que se generó en la mitad de los sesenta en toda América Latina alrededor de la figura del intelectual, alentada por la tendencia a evaporar los límites entre la vida y el arte y fundir a este con la política. Desde esa atalaya, el intelectual cobraba un protagonismo central en el curso de la revolución, envuelto en el engranaje que tenía como centro el concepto de compromiso descrito por Sartre en *¿Qué es la literatura?*.

En la mayoría de los foros latinoamericanos de los sesenta se identificaba al intelectual y al artista, pero esa aleación terminó por encorsetar no solo a los intelectuales burgueses sino también a muchos de los artistas orgánicos. De ahí la decisión de muchos de ellos de abandonar la Isla, y de ahí también el peso del conflicto que se generó alrededor del caso Padilla. Poco a poco, la interacción del intelectual con la política se fue volviendo ardua e intrincada, como asegura Claudia Gilman:

> En el proceso de politización del intelectual, un fenómeno paradójico terminó por enfrentarlo con la eficacia del hombre de acción, cuya posición es antes pragmática que sustentada sobre una ética del decirlo todo. Dicho de otro modo, la palabra y el acto pueden entrar en sistemas de antagonismo cuando se deteriora la certidumbre de que la palabra constituye alguna forma de acción que pueda vincularse con las exigencias de la política. (Gilman, 2003, 160)

Esta crisis del intelectual afectó no solo a aquellos que, como Sergio, no son capaces de tomar el fusil como quien esgrime la pluma, sino incluso a los que desde 1959 habían aprobado, sancionado y aplaudido cada uno de los pasos del aparato. Mario Benedetti, por ejemplo, el uruguayo que ejerció de cubano por su infranqueable militancia revolucionaria, tuvo una intervención memorable en el Congreso Cultural de La Habana de 1968. Su ponencia "Sobre las relaciones del hombre de acción y el intelectual" proponía una consideración favorable para aquellos intelectuales cuya forma de acción fuera la reflexión y la palabra, y no la acción, una palabra que además debería ser libre. Sería injusto, pues, denominar "antiintelectual" a quien no respondiera directamente a los apremios de las necesidades sociales o políticas, por muy urgentes que estas fueran. Benedetti se manifestó en contra de restringir el concepto de intelectual al "activo": "No todos los intelectuales revolucionarios (empezando por Carlos Marx) –dijo– terminan en soldados. Ni está prohibido ni es obligatorio" (Benedetti, 1974: 43).

Mucho más explícito había sido Julio Cortázar, otro de los intelectuales enteramente comprometidos con el régimen, en su famosa conferencia de 1963 en La Habana, "Algunos aspectos del cuento", en la que señalaba que las posibilidades temáticas que ofrece la revolución a los cuentistas son innumerables, pero para un escritor literario lo más importante es el cómo y no el qué: "escribir para una revolución, [...] escribir dentro de una revolución, [...] escribir revolucionariamente, no significa, como creen muchos, escribir obligadamente acerca de la revolución misma" (Cortázar, 1994, 381). Y concluía que un escritor revolucionario "es aquel en quien se fusionan indisolublemente la conciencia de su libre compromiso individual y colectivo, con esa otra soberana libertad cultural que confiere el pleno dominio de su oficio", porque elija unos u otros temas, "su acto es un acto de libertad dentro de la revolución, y por eso es también un acto revolucionario aunque sus cuentos no se ocupen de las formas individuales o colectivas que adopta la revolución" (Cortázar, 1994, 382). Cortázar rechazaba en ese mismo contexto la confusión del trabajo intelectual o literario con la pedagogía o el adoctrinamiento ideológico. Es más, en una carta a Roberto Fernández Retamar, de 1967, justo cuando los debates sobre lo que es y no es un intelectual están en su momento más intenso, el argentino reivindica el placer, el arte que no sirve para otra cosa que la complacencia individual: soy, dice, "un cronopio que escribe cuentos y novelas sin otro fin que el perseguido ardorosamente por todos los cronopios, es decir su regocijo personal" (Cortázar, 2012, 412).

Para los protagonistas de las dos obras que aquí nos ocupan, Sergio y Diego, el problema será el mismo pero el espacio que ocupan entre los dos posibles extremos –el intelectual de rebaño y el intelectual como oveja descarriada– será distinto. Mientras el Sergio de *Memorias...* es un diletante, hijo de una burguesía anterior al proceso revolucionario, inútil para el coraje y la acción, el Diego de *Fresa y chocolate* se siente comprometido con la revolución desde la conciencia de su libertad y autonomía, tal como han sido expresadas por Cortázar. Otra diferencia importante entre los dos es el momento histórico en el que se está hablando: Sergio es un intelectual y artista de los años sesenta, justo en la época en que el concepto de intelectual está cambiando desde las posturas extremas de compromiso a la generación de espacios de autonomía, y Diego pertenece a la siguiente generación, la de aquellos que en los setenta deben enfrentarse a la involución estalinista de las políticas culturales, aunque se sientan revolucionarios y coincidan con los planteamientos originales, generales y abstractos del proceso revolucionario.

Como un autómata, Sergio el antihéroe ve pasar la vida sumido en una pasividad casi absoluta. Acompaña a su mujer y a sus padres en la marcha definitiva del país y se queda, observando a la chusma desplazarse de un lado a otro, sin realizar el menor esfuerzo por cambiar su destino, mientras reflexiona acerca de los conceptos de desarrollo y subdesarrollo. La dicotomía entre el hombre que actúa siguiendo su instinto y el que analiza los temas existenciales y filosóficos que le preocupan es también una constante en la novela y la película homónima. Sergio oscila entre el pensamiento ilustrado, que lo transporta a dimensiones tan lejanas como profundas y la existencia común, que le hace descender a una realidad que se impone, oscilando constantemente entre el desarrollo y el subdesarrollo.

Rojas (2009) alude a los conceptos de descolonización y subdesarrollo, a colación de la efervescencia política de los años sesenta que suscitó el triunfo de la revolución cubana, y señala cómo este momento cumbre de confianza en el porvenir giró en torno a los conceptos de desarrollo y subdesarrollo en el ámbito social, económico y cultural. En la revolución cubana se cifraban las esperanzas de toda la izquierda occidental, mientras que el ideal de independencia y libertad establecía un punto de contacto entre el binomio civilización y barbarie, tan relevante en el siglo

XIX, que se recolocaba en el pensamiento de lo que será la emancipación del capitalismo y la búsqueda de la soberanía y la independencia.

En *Memorias...* la deriva de Sergio Carmona conecta con el pensamiento del siglo XVIII, que valora la libertad de acción individual por encima de cualquier interés colectivo, incluso cuando esta libertad no se encuentra al servicio de la colectividad que rodea al hombre. El derecho del ser humano a buscar su verdad y a enarbolar sus valores sería el elemento fundamental que le abstendría de ser una pieza más de una gran rueda dentada que gira, con todos sus componentes, siempre hacia la dirección que propone el mecanismo central.

Según Rojas, *Memorias...* se acerca a la tradición ilustrada que presenta a Europa como el elemento civilizador y a América como el ente que puede ser civilizado:

> En la novela *Memorias del subdesarrollo*, por ejemplo, Edmundo Desnoes procedía, como Wright Mills y Sartre, en busca de una antropología cultural del subdesarrollo. Sin embargo, a pesar de que ese ejercicio antropológico era practicado por un escritor revolucionario, desde el lugar y el momento modernizador de la Revolución, en su discurso reaparecían pocos tópicos de la tradición intelectual ilustrada, liberal, positivista y eugenésica que, desde Europa, había identificado el mundo latinoamericano con la barbarie. (Rojas, 2009, 46)

Gutiérrez Alea, que ya transitaría por estos vericuetos en los sesenta con la novela de Desnoes, encontrará al exponente de la generación inmediatamente posterior, la de los setenta, en el relato "El lobo, el bosque y el hombre nuevo", y los personajes interpretados por Vladimir Cruz y Jorge Perugorría darán vida a una versión cinematográfica rodada en la década de los noventa, que llegará a los cines con el nombre de *Fresa y chocolate*. Alea recurre nuevamente a la literatura como fuente de inspiración para sus películas, esta vez con la colaboración de Juan Carlos Tabío como codirector y el propio Senel Paz como guionista. "El lobo, el bosque y el hombre nuevo" ha sido editado en unos veinte países y once idiomas y ha generado alrededor de veinte versiones teatrales en distintos territorios americanos, cinco de ellas cubanas, entre las que destaca *Querido Diego*, representada en varios países, incluidos Cuba y Estados Unidos. El relato recibió el premio Juan Rulfo en 1990 otorgado por la radio Francia Internacional y tuvo gran impacto dentro y fuera de la isla.

Gutiérrez Alea decide realizar la película en el período especial, la década de los noventa, aunque el filme se ambientará en los años setenta.

De igual manera que en *Memorias…*, en *Fresa y chocolate* se percibe una constante reflexión sobre los contextos social, político y cultural de la isla. Al elegir obras relevantes de la literatura cubana como fuentes de inspiración, el creador constata su interés por la indagación en la memoria individual y colectiva de su pueblo. Para Gutiérrez Alea, la representación de las distintas etapas de la cultura cubana mediante la combinación entre la palabra y la puesta en escena, con la literatura como base de la creación, constituye la clave para la construcción del imaginario de la historia de la isla, y alude en el presente a todo tiempo pasado que ha contribuido a forjar la nación e identidad isleña.

La literatura cubana, por tanto, "servirá de fuente para la elaboración audiovisual de la memoria histórica, que el director asume como una memoria imaginada, donde tanto la palabra como lo 'mostrado' llevan su peso" (Santana, 2012, 12). *Memorias…* sigue al texto escrito en cuanto a la creación de un personaje que es un antihéroe, intelectual de clase media que, desde una mirada crítica, evidencia su monotonía cotidiana y reproduce los recuerdos que aportan las opiniones de aquellos que le habían rodeado. Las imágenes constatan ese fluir intranscendente de la vida en la sociedad cubana: podemos observar el aburrimiento en los rostros que se mueven en el transporte público, las caras inexpresivas, los bostezos del protagonista, la vida de un hombre solitario en un lugar donde el tiempo se ha detenido y "todo sigue igual", donde todo es semejante a una ciudad de cartón en la que, como dice el protagonista, "todos los que me querían y estuvieron jodiendo hasta el último minuto se han ido ya".

Sergio Carmona vive de una pequeña renta, concedida por el gobierno por la expropiación de un local familiar, y busca refugio en la escritura, su vocación frustrada. Pasa horas en la redacción de su diario y trata de atrapar a alguna que otra mujer subdesarrollada de su entorno. El personaje oscila entre la decepción de la clase media aburguesada y la presente sociedad poco cultivada, a la que cree incapaz de reflexionar acerca de cuestiones intelectuales. Sergio elige la contemplación pasiva de un mundo salvaje y bárbaro, que encarna el subdesarrollo, y al que no pertenece. El mayor dilema del personaje consiste en reacomodar sus antiguos valores coloniales y sus estereotipos a los nuevos tiempos.

Tanto para el narrador en el texto de *Memorias del subdesarrollo*, como para el personaje construido por Gutiérrez Alea y Desnoes, existen dos realidades aisladas, imposibles de conectar dentro de la sociedad revolucionaria: la de la burguesía y la del proletariado. En las adaptaciones cinematográficas de obras literarias realizadas por Gutiérrez Alea, resulta frecuente encontrar la voz de un protagonista relacionado con la condición intelectual. En el caso de los dos filmes analizados, tanto el antihéroe intelectual de *Memorias...* como el homosexual de *Fresa y chocolate* poseen la melancolía y el refinamiento del espíritu ilustrado y, al mismo tiempo, los matices de vulgaridad y el conformismo del salvaje subdesarrollado: Sergio es culto y sensible, trata de justificar su dedicación a la escritura y la excelencia de esa labor, pero al mismo tiempo pretende cazar a Elena, la limpiadora de su vecina: "Me puse a escribir para que no pensara que soy lo que soy: un vago" (Desnoes, 2006, 30); Diego, infectado por el virus de la literatura, la pintura y la música, trata asimismo, con frivolidad, de quedarse a solas con David y le derrama el café encima de la camisa, para colgarla en el balcón y apuntarse el tanto de la captura de su conquista ante su amigo, también culto, sensible y a la vez frívolo, que esperaba la prueba de la confirmación del idilio.

Fresa y chocolate cerrará el ciclo de la representación del intelectual en el cine cubano de Gutiérrez Alea, en 1993. El filme conecta en una serie de aspectos con *Memorias del subdesarrollo*. En ambas producciones se desvelan los contrastes entre los conceptos civilización y barbarie, y se proyectan las inquietudes de una clase social que mantiene los vestigios de la cultura europea frente a la naciente generación enfrascada en el subdesarrollo. Para Sergio, esa masa que le horroriza significa irremediablemente la barbarie:

> En la novela de Desnoes y el filme de Gutiérrez Alea asistimos a una perfecta localización antropológica del cuerpo bárbaro. ¿Qué cuerpo es ese? Ni más ni menos el cuerpo que reacciona contra la ética sacrificial del socialismo, ritualizando las prácticas del goce. En las muchedumbres negras que bailan el mozambique de Pello el Afrokán, y que despliegan otra violencia y otra embriaguez, se reproduce ese cuerpo antillano que la intelectualidad revolucionaria, como sus antecesores republicanos, también rechaza. Las "masas", las "muchedumbres" reaparecen en *Memorias del subdesarrollo* como una colectividad hedonista, supersticiosa e ignorante –con demasiada oscuridad en la cabeza para ser culpable– que debe someterse a la ilustración y a la moralidad. (Rojas, 2009, 48–49)

La imagen del intelectual que habita en una especie de desconcierto social se proyecta en *Fresa y chocolate*, pero esta vez la alienación del personaje no será por su condición de pequeñoburgués incomprendido, como en el caso del Sergio de *Memorias...*, sino por el hecho de ser homosexual. Por otro lado, y a modo de contraste, David, el personaje contrapunto, es el estudiante universitario moldeado por el sistema socialista, intelectual orgánico que abraza los ideales de la revolución, que ha recibido una educación gratuita y valora esa sociedad igualitaria en la que milita en la Unión de Jóvenes Comunistas. Desde los inicios del filme, los contrastes se hacen visibles: la fresa y el chocolate, el joven marxista ateo y el homosexual creyente, el débil y el fuerte, el patriota y el desertor, lo nacional frente a lo extranjero.

Los polos opuestos y, en cierta medida estereotipados, dibujan una cartografía completa de La Habana de la década de los setenta, en la que ya se había consolidado la creación del hombre nuevo desprovisto de intereses materiales, que enarbola el compromiso revolucionario y la heroicidad que antepone las necesidades de la patria a las individuales o familiares, tal como hemos visto en el discurso de Fidel Castro de 1971, epítome y paradigma del ideal antropológico de la revolución. En el otro extremo se encuentra el homosexual, que no abandona los rezagos capitalistas, que posee el gusto por el lujo, la religión y manifiesta su inconformidad ante las obligaciones impuestas por el sistema de gobierno, a las que no desea plegarse: el trabajo en el campo o el sacrificio. En *Fresa y chocolate*, Diego, como Sergio en *Memorias*... antepone la conciencia individual a la colectiva, actitud totalmente reprobable en una época en que las consignas están esculpidas sin vacilación, pero que cada vez generan menos interés en los artistas y personajes de la cultura.

De la boca de Diego conocemos la historia de su vida, que se corresponde con la de tantos escritores como Heberto Padilla, Guillermo Cabrera Infante, Virgilio Piñera, entre otros, quienes experimentaron las ilusiones, las transformaciones y, finalmente, el desencanto. El personaje confiesa su apego inicial a la causa revolucionaria, en los albores del triunfo y cómo el cambio de leyes, perspectivas y circunstancias fueron determinantes en su separación del sistema implantado en la isla. No es que ya no se considere revolucionario: Diego creyó en el proyecto inicial y piensa que sería todavía posible, si se salvaguardaran los territorios inviolables de autonomía en el mundo del arte.

Los relatos de Diego aportan un testimonio que reafirma algunos de los aspectos fundamentales de la vida y la cultura cubana: el legado europeo, las tradiciones, "la porcelana de Sèrves, el té antes que el café, se acompaña por el almuerzo lezamiano, las zapatillas de Alicia Alonso que gravitan sobre la pared, la música de Cervantes y Lecuona, la poesía de Zenea." (Santana, 2010, 28)

Como tantos intelectuales cubanos, José María Heredia, José Martí, Reinaldo Arenas, Eliseo Alberto y un largo etcétera, Diego se debate en un conflicto interior, por un lado, siente el agobio causado por la opresión y la persecución, la falta y el anhelo de libertades y la certeza de que la única solución pasa por la salida del país, y por otro están el patriotismo, el amor a Cuba y en el caso del personaje, a David. La dicotomía dentro/fuera, compromiso/rebeldía va más allá, al exhibir la representación múltiple de la identidad cubana en la figura de un hombre culto, de gustos exquisitos, que contrasta con la vecindad humilde en la que vive y que ha pasado a pertenecer a los bajos estratos de la sociedad. Sin embargo, en su modesto apartamento, rodeado de vecinos poco ilustres, se desenvuelve con la misma facilidad y conocimiento que en el mundo de la música, el arte o la pintura, como cuando defiende su nueva conquista ante Nancy, la vecina y le dice: "puta de mierda, no te metas en mi camino".

Esta singular visualización de la cultura cubana, que también se percibe en *Memorias del subdesarrollo*, constituye un elemento distintivo del cine de Tomás Gutiérrez Alea: "La dinámica del cine cubano tiene en Alea a su mayor filósofo del *otro*, de la identidad fraccionada, la segmentación del sujeto y la pluralidad del diálogo" (Santana, 2010, 30). Lo cubano, por tanto, se proyecta en sus personajes como una identidad inconclusa, a veces desplazada por un nuevo contexto o realidad, generalmente impuesta y rechazada por los personajes que se erigen como la representación de la cubanidad, a pesar de los conflictos interiores y las contradicciones que configuran la imagen de la nacionalidad isleña.

Tanto el intelectual alienado de *Memorias…* como el decepcionado de *Fresa y chocolate* desconfían de la sociedad idealizada, instaurada sobre las bases de la buena educación, la ciencia y el interés por las necesidades del pueblo. Para ambos, el binomio civilización/barbarie sigue marcando una brecha infranqueable entre el país antillano y Europa o Estados Unidos. La distancia resulta insalvable, pues la huella del atraso, el conocimiento fragmentado y la incomunicación no llegan a erradicarse del horizonte insular que no ha tenido todavía acceso pleno al mundo civilizado. La huella del positivismo parece acompañar a los personajes construidos por Gutiérrez Alea, que analizan la cultura cubana desde las características de sus pobladores, el clima, el humor y las tradiciones que marcan las cualidades de una sociedad estigmatizada por la barbarie, desde la perspectiva del hombre blanco, civilizado, que conserva algunos estereotipos raciales e idiosincrasia colonial y republicana y que contempla con horror el nuevo sistema de modalidad revolucionaria.

Sergio y Diego se desenvuelven entre la cultura y la chusma con total naturalidad, aunque cada uno con sus particularidades, el primero de forma resignada y contemplativa, el segundo desde una lucha que culmina con su decisión de abandonar el país. En lo alto de su balcón, Carmona divisa el panorama en el que la gente le parece "cada día más estúpida" mientras en su guarida, Diego insiste en ingeniar nuevas formas de enfrentarse a la vida en la que se siente asfixiado. Los protagonistas se definen dentro de la vulgaridad y, al mismo tiempo, huyen de ella, en "una oscilación continua entre la identificación y el distanciamiento" (Melo Ruiz, 2017, 138). La sensibilidad de ambos alterna entre Europa y América, el pasado y el presente, la barbarie y el progreso, el desarrollo y el subdesarrollo.

El estreno de la película *Fresa y chocolate*, durante la inauguración del XV Festival Internacional del Nuevo Cine Latinoamericano, marcó una nueva era en cuanto al tratamiento de un tema que había sido poco explorado en la cinematografía cubana hasta el momento: el homosexualismo. Gutiérrez Alea moldea un personaje que busca la comprensión, la amistad y el respeto de los miembros de una sociedad que, hasta ese momento, se ha manifestado bastante intolerante ante la homosexualidad. La trama enfoca la mirada del espectador en la etapa del quinquenio o decenio gris, en la que la homofobia ha causado desencuentros y rupturas entre los diversos sectores sociales y, sobre todo, dentro de los intelectuales. Juan Carlos Tabío califica la adaptación en pantalla como "un himno a la tolerancia" (Vicent, 2108, s/p) que permitirá, en tiempos de rectificación de errores, la reconciliación entre ideas enfrentadas durante las primeras décadas de construcción revolucionaria.

"El lobo, el bosque y el hombre nuevo" reafirma la noción de la identidad cubana con la inclusión, por parte del personaje más ilustrado, de autores pertenecientes al canon literario isleño pero orillados por la revolución como José Lezama Lima y su novela *Paradiso*. El texto del relato, así como el del guion elaborado por Senel Paz para la película de Gutiérrez Alea y Tabío, conducen al lector a la identificación con aquellos elementos de cubanidad que se manifiestan a través de las reflexiones, conversaciones y diálogos entre los personajes de Diego, David y Nancy.

Asistimos en el filme de Gutiérrez Alea a la búsqueda identitaria manifestada en las circunstancias de dos personajes opuestos y complementarios: Diego y David, que intentan entender el presente. En el caso de Sergio en *Memorias...*, su emplazamiento existencial contemplaba las rupturas, luces y sombras de una sociedad en la que no encontraba cabida.

Para Diego y David el procedimiento se experimenta interactuando con esas sombras, más que con las luces, desde perspectivas diametralmente opuestas inicialmente y, más adelante, confluyentes. Para Diego, el haber sido revolucionario e incomprendido, y más tarde alienado, constituye el principal condicionante de su renuncia al apoyo al ideal de sociedad socialista. Por su parte, David se escuda ante la afirmación de que "los errores de la revolución no son la revolución", por lo que anima a la reconciliación de Diego con su pasado idealista, a pesar de las fisuras e imperfecciones.

Las escenas del filme confirman la búsqueda de una identidad individual, al mismo tiempo que la cinta persigue la recuperación de la identidad nacional, con el añadido de la música de Lecuona, Benny Moré o algunos de los temas más populares de Ignacio Cervantes, incorporados con muy buen criterio por José María Vitier a las escenas, quien asumió la responsabilidad de conducir la banda sonora de *Fresa y Chocolate*, y plasmó la culminación emocional de la descripción de la cubanía gracias a la melodía asociada al inmenso abrazo de los protagonistas que sella la escena final.

Otro elemento interesante en la producción cinematográfica es la significativa presencia de la capital en la trama. A lo largo de los años La Habana ha sido un ingrediente fundamental en la literatura, el arte y la cultura cubanas, como lo corroboran los numerosos estudios publicados hasta la fecha sobre el tema (Carpentier, 1982; Phaf, 1990; Carpentier, 1996; Álvarez-Tabío, 2000; Carrión, 2011; Esteban, 2018). En el caso del trabajo de Alea, esta se erige en otro de los elementos relevantes en las puestas en escena del director. Ya en *Memorias del subdesarrollo* había constituido una pieza clave del filme, como escenario principal del conflicto que vive un intelectual incomprendido e inadaptado. En *Fresa y chocolate*, La Habana vuelve a convertirse en el escenario imprescindible, y aporta los significados y las pinceladas emotivas a la trama que causan conmoción en el espectador. Desde *Memorias…*, la capital cubana no había ocupado el protagonismo visual en ningún filme del realizador, lo que nos acerca nuevamente a los aspectos que conectan ambos rodajes y posteriores puestas en escena, en cuyo contexto se mueven unos personajes que se debaten en el escenario de una crisis de conciencia.

En *Memorias…* la capital cubana se percibe como una ciudad aletargada, que comienza a despertar a una realidad nueva y sufre el desconcierto de un futuro que, ante la mirada del personaje, no parece esperanzador. El relato de Paz realza la belleza de los barrios desconocidos por el chico de provincias:

> Un día, una tarde de noviembre, cuando es más bella la luz habanera, pasaremos frente a su casa, en la calle Trocadero, vendremos de Prado [...]. Tú llevarás puesto algo azul...
> En mapas desplegados en el piso, ubicábamos los edificios y plazas más interesantes de la Habana Vieja, los vitrales que no se podían dejar de ver, las rejas de entramado más sutil, las columnas citadas por Carpentier y trozos de murallas de trescientos años de antigüedad. (Paz, 1997, 42–43)

En el cuento de Senel Paz, La Habana resulta una revelación, casi una epifanía, un despertar por parte de David, que la descubre a través de los ojos de Diego, apreciando los lugares de otra manera. Se produce un efecto similar al de Dante, en la *Divina Comedia*, conducido por Virgilio. Ya en las primeras secciones de la *Comedia*, el protagonista se encuentra sin compañía, sin norte, "deseoso de marchar hacia la colina donde brilla el sol, que es la virtud, pero acosado por la pantera de la lujuria, por el león de la soberbia y por la loba de la avaricia, empeñados en lanzarle hacia el paraje donde el sol no luce, hacia el pecado, que es la perdición eterna. Retrocede, desfallece, va a caer, pero surge Virgilio, la razón precursora de la fe" (Sanz Abad, 1970, 270). Virgilio consigue que las bestias (también la loba, de evidentes conexiones con el cuento de Paz) retrocedan y empieza a enseñar a su discípulo todo lo que los ojos de Dante son capaces de ver y todo aquello que es capaz de entender atendiendo a las explicaciones de Virgilio. Cuando aparece Beatriz, esta sustituye a Virgilio en cuanto al poder de otorgar luz, y Dante es por fin capaz de captar toda la belleza, como David ante las maravillas que Diego le muestra y explica.

En *Fresa y chocolate*, la ciudad será un espejo del deterioro de los años y descubrimos, en los paseos de los protagonistas, una belleza decadente y romántica, que nos deja el sabor agridulce de la idea de Guillermo Cabrera Infante acerca de una Habana que poco a poco irá existiendo solo en la memoria. Diego, desde el balcón despintado de su apartamento habanero, observa la vista panorámica de la ciudad en ruinas y nos trae de vuelta la imagen de Sergio en *Memorias...*, en la misma posición, pero desde lo alto de un piso de lujo de un modelo de edificación burguesa que los años, sobre todo hacia la década de los noventa, habían ido borrando de la fisonomía de la gran urbe. Así lo constata el protagonista de *Memorias...*: "Vivimos en una de las ciudades más maravillosas del mundo, todavía estás a tiempo de ver algunas cosas, antes que se derrumbe y se la trague la mierda."

En el entorno de esa urbe que nunca ha llegado a ser una megalópolis, al estilo de México, Caracas, Buenos Aires, Bogotá, Lima o Río de Janeiro, porque en la Isla el tiempo parece que sigue detenido y La Habana permanece deleitándose en la contemplación de sus ruinas, el hombre de *Memorias…* reflexiona acerca de la cubanía y su papel dentro de una cultura salvaje y subdesarrollada, pero las descripciones y reflexiones se sitúan en las ideas, las posiciones, y no tanto en las emociones interiores de los protagonistas. En *Fresa y chocolate,* la indagación se vuelve recurrente en cuanto Diego y David, en el interior de "la guarida", analizan y debaten acerca del modelo de revolucionario cubano y el concepto de insularidad, estableciéndose un contraste entre sus raíces, su médula cubana o el amor a la patria, y la necesidad por parte de Diego de realizarse como artista y ser humano.

La cultura cubana ocupa un lugar esencial en la vida de Diego: la música, el arte, la literatura y la poesía componen su entorno, mientras para David lo más significativo parece ser la gloria revolucionaria y el compromiso con la patria y la historia construida a partir de 1959. Su noción de cultura gira alrededor de los logros de la revolución: la campaña de alfabetización, la lucha por el diferencial azucarero y la admiración a los héroes. Curiosamente, es la misma cultura que une a los personajes la que, más tarde, se encargará de separarlos. En el relato, el primer acercamiento se produce por la avidez de conocimiento de la obra de Vargas Llosa, censurada en la isla, que impulsa a David a visitar "la guarida." La puesta en escena, sin embargo, refleja al hombre nuevo ya curado por la revolución, en quien prevalece la preocupación ante la prohibición de ciertas lecturas por encima de la curiosidad intelectual. De esta forma, su entrada en la vida de Diego se da ante la misión encomendada por las Juventudes Comunistas de indagar en la vida y contactos del posible contrarrevolucionario.

De la mano de Diego, tanto en el texto como en el filme, David conoce la literatura de Vargas Llosa, de Goytisolo y de Sarduy, proceso que llega a su culminación al recibir *Paradiso* como un obsequio que se enmarca en la fiesta del *almuerzo lezamiano* o *banquete barroco*, escena que podría valorarse como el clímax de la trama imaginada por Senel Paz y protagonizada por Jorge Perugorria y Vladimir Cruz en *Fresa y chocolate.* A partir de entonces, Diego se acerca cada vez más a la certeza de que debe emprender un viaje sin regreso, aunque la libertad traiga consigo el abandono doloroso de una identidad que tendrá que reformularse en el exilio: "Ahora, con esa nota no voy a encontrar trabajo más que en la agricultura o la construcción, y dime, ¿qué hago yo con un ladrillo en la mano? ¿dónde lo pongo?" (Paz, 1997, 52)

David, por su parte, se irá alejando de los rigurosos preceptos en los que había sido educado, para convertirse en un ser revolucionario mucho más comprensivo y tolerante, y que tanto en el cuento original como en la adaptación decide quitarle importancia ante los mandos de la militancia, que en un principio le guiaban para que lograra descubrir actitudes contrarrevolucionarias, informando de que no se llevaría a cabo aquella exposición sospechosa de atentar contra los valores de la revolución e intentando convencer a los revolucionarios de que Diego no constituiría un peligro para la sociedad.

La preocupación por el tema de la cubanidad, las raíces y los orígenes que había constituido una constante de los grandes intelectuales insulares, desde el ideario martiano hasta los albores de la revolución, se cifra en Lezama como "la promesa de la isla dichosa, la noción paradisíaca de la tierra americana capaz de transmutar la imaginación europea y capaz de generar su propia y fecunda participación creadora" (Armas en Lezama, 1992, 118)

En *Fresa y chocolate*, el regalo de la novela *Paradiso* a David, por parte de Diego, simboliza el trazado de una senda definida. El intelectual de *Memorias...* no lograba entenderse a sí mismo, no conseguía un acercamiento total a lo cubano, no se decidía a nada, no concretaba nada y, desde lo alto de una ciudad en tinieblas y resignado ante la inminencia de la crisis de los misiles, cerraba el discurso del filme con una frase lapidaria: "esta isla es una trampa, somos muy pequeños, demasiado pobres, es una dignidad muy cara". Diego y David, por el contrario, cerrarán con broche de oro el acercamiento a la nueva visión cubana, en la que David establece una definición cultural de la historia y, al mismo tiempo, Diego, renuncia a las cadenas impuestas por el exilio interior y la reclusión, resolviendo su salida del país y afirmando "me voy del país [...] no me voy, me botan."

Queda, por tanto, atrás aquel hombre esbozado por el poeta Heberto Padilla en su poema "En tiempos difíciles", que entregaría su cuerpo para que lo juntaran al tiempo de la historia. Diego y David afianzarán los principios de la nueva era dentro de la cultura, en la que el sentido de la amistad estará al mismo nivel que el compromiso revolucionario. Llama la atención el hecho de que, en el relato escrito en 1990, David se muestre un tanto más audaz que en la puesta en escena de 1993 y se atreva a invitar a su amigo a almorzar en un restaurante, ya sin miedo a las críticas de los curiosos: "Cuando estuvo junto a mí me besó en la mejilla y se puso a describirme un vestido precioso que acababa de ver en una vidriera y que me podía quedar pintado [...]. Terminamos el postre en Coppelia, y luego en La Guarida." (Paz, 1997, 59). Gutiérrez Alea, en el filme, erige a un personaje mucho más prudente, o más temeroso, que no es capaz de exhibirse junto a su amigo homosexual durante un almuerzo, en un lugar público. El David de *Fresa y chocolate* solo dará rienda suelta a sus sentimientos en el interior de La Guarida, propiciando una escena mucho más sublime que la que cierra el relato de Paz.

En el texto, la despedida se produce con una frase de Diego "Bien, ahora voy a hacer el último té. Después te vas y no vuelvas más. No quiero despedidas." (Paz, 1997, 61). El Diego del filme llegará a pedir un helado de fresa, en Coppelia, a pesar de haber chocolate y sin temor a ser juzgado por el anterior David inquisidor e inflexible, aunque no se lleva a cabo el encuentro desinhibido que experimentan los personajes del relato. A pesar de ello, la escena final de la adaptación cinematográfica abre la posibilidad de una nueva etapa en la vida y la cultura de la isla y recuerda el discurso martiano del 25 de diciembre de 1891 en Cayo Hueso, "Los pinos nuevos": "Rompió de pronto el sol sobre un claro del bosque, y allí, al centelleo de la luz súbita, vi por sobre la yerba amarillenta erguirse, en torno al tronco negro de los pinos caídos, los racimos gozosos de los pinos nuevos: ¡Eso somos nosotros: pinos nuevos!" (Martí, 1975, 4, 286)

Las últimas escenas del filme enfatizan en las imágenes de la bahía de La Habana: el mar y la ciudad, la ciudad y el mar. Para los intelectuales cubanos, el mar ha ido ganando siempre protagonismo en la literatura y la historia "Ganar la tierra es siempre [...] perder el mar" (Rojas 2011: 40). Diego es consciente del precio que tendrá que pagar en aras de alcanzar la libertad y acepta la despedida de la isla "No es maravillosa. Déjame mirarla bien, esta es mi última vez."

En el salón de la guarida, la ventana rejada es una especie de símbolo que, desde el comienzo, va otorgando algunos matices y significados a las escenas del filme. Al principio constituye el elemento que separa la relación espiritual de David y Diego de Germán y el resto de amigos frívolos de este último, que piden la camisa húmeda de su presa capturada y que Diego accede a colgar entre las barandas, como prueba fehaciente de su conquista. La toma final comienza con el personaje de espaldas al salón, mirando hacia el cielo, a través de los hierros. Diego se asoma a la ventana para dar paso a la apertura de una idea distinta de libertad, así como a nuevo sentimiento de cubanía, cerrando la toma con el abrazo eterno que a partir de entonces debería inspirar la renovación de aquellos hombres nuevos.

Capítulo 7

La imagen de la mujer en las adaptaciones cinematográficas de Humberto Solás

El siglo XIX constituyó una fuente de inspiración para la sociedad latinoamericana contemporánea, que ha intentado construir un sentido de identidad mediante diferentes formas de expresión artística para representar el legado cultural de una época de formación de conciencias y nacionalidades. En el siglo XX, la intelectualidad cubana se ha dado a la tarea de representar la historia también a través del séptimo arte. En el caso de Cuba, el cine revolucionario ha colocado, en reiteradas ocasiones, su atención en la figura del personaje femenino. La nómina de películas protagonizadas por mujeres es amplia: *Lucía*, *Retrato de Teresa*, *Lejanía*, *La bella del Alhambra*, por citar algunas de las más conocidas. Llama también la atención el número de obras literarias llevadas a la gran pantalla, como hemos visto en la primera parte de este estudio. En este sentido destaca, entre otros, el director Humberto Solás, quien coloca a la mujer de muchas historias en el centro de sus puestas en escena, convirtiendo a los personajes femeninos en vivas representaciones de la sociedad, la cultura y la nacionalidad cubanas.

En algunas de las adaptaciones de Solás, y también en las obras que realiza con guiones originales, los dramas de las mujeres se erigen como eje fundamental de las tramas, anticipándose al enfoque de género que puebla las producciones culturales de fin del siglo y del presente milenio con películas como *Manuela*, de 1966 y *Lucía*, de 1968.

Son además los casos de *Cecilia*, sobre la novela de Cirilo Villaverde y cuyo estreno tuvo lugar en 1982, *Amada*, de 1983, que toma como modelo *La esfinge*, de Miguel de Carrión, y *El siglo de las luces*, filme inspirado en la novela homónima de Alejo Carpentier, exhibido en 1993, los más sobresalientes en cuanto a la asunción de un argumento literario para resaltar el papel de la mujer desde una óptica muy personal. Las tres producciones apuntan a un interés especial de su creador hacia la figura y el papel de la mujer en la literatura y la cultura cubanas. En ellas existe un denominador común: la estrecha relación entre la figura de la mujer y la historia. Humberto Solás equipara en sus creaciones los conceptos de mujer y patria, por lo que sus personajes femeninos ejercen una presencia impetuosa y constante, que les lleva generalmente a ganar más protagonismo en las adaptaciones cinematográficas que en las novelas inspiradoras de las mismas (Caballero, 1999). Hay una escena de la película *Las uvas de la ira*, adaptación de la novela de John Steinbeck, en donde la protagonista femenina y madre de la familia habla de la forma de estar la mujer en el tiempo, en la vida, y la diferencia respecto a la forma masculina: la mujer prevalece, pasa por los acontecimientos y los sobrevive, como un verdadero cuerpo de la Historia o lecho de un río. Por el contrario, el hombre es agente y protagonista de esa Historia, pero al actuar sobre ella, como el científico con el experimento, en realidad está fuera de él. Queda entonces la perspectiva utópica de una revolución de esa mujer-cuerpo de la historia, portadora de una acción más real y una presencia en el mundo más comprensiva, que es lo que va proponiendo Solás a lo largo de sus producciones.

De este modo, Cecilia, Amada y Sofía se convierten en ejes principales o representaciones, en cada caso, de una etapa fundamental de la historia de la isla de Cuba. Sobre este asunto, el realizador afirma, acerca del filme *Lucía*, en una de sus entrevistas:

> El papel de la mujer expone las condiciones de un periodo y las hace explícitas [...]. Lucía no es una película sobre mujeres, es una película sobre la sociedad. Pero dentro de esta sociedad, elijo al personaje más vulnerable, el que en un momento determinado está afectado más transparentemente por contradicciones y cambio. (Alvear, 1977, 29)

La filmografía de Solás redunda en un tema que se torna recurrente en la producción artística insular, y deviene seña de identidad del cine producido por el realizador: las preocupaciones, pasiones, conflictos y anhelos de la mujer cubana y su lucha por liberarse de los tabúes sociales imperantes en cada una de las épocas representadas de la isla y que, en reiteradas ocasiones, se corresponden con las necesidades y preocupaciones de la nación y del pueblo. Esta idea ya se dejaba entrever en *Lucía*. La obra maestra del cine cubano, a pesar de que no albergaba ecos directos del mundo literario, como las tres películas que aquí vamos a analizar, redunda en las mismas preocupaciones que fusionan historia, identidad, lucha, planteamientos de género, defensa de la mujer, relación entre emancipación nacional y emancipación de la mujer.

La primera Lucía vive la época de la Guerra Final que daría lugar a la independencia, la segunda protagoniza uno de los episodios trascendentales de la lucha contra la tiranía de Machado y la tercera se erige como paradigma de la proclama revolucionaria por alejar a la mujer del machismo, el analfabetismo y la dependencia histórica con respecto al hombre. De modo paralelo, cada una de las mujeres de las principales adaptaciones literarias de Solás contempla momentos históricos estelares que combinan las luchas colectivas de los proyectos nacionales con las lizas de las mujeres individuales por adquirir roles de igualdad o autonomía.

Los tres filmes que analizamos en este capítulo se desarrollan en épocas críticas y decisivas para el progreso de la Isla. *Cecilia* se centra en los entresijos de la sociedad colonial, adornada por la historia de amor entre Cecilia Valdés y Leonardo Gamboa, que se enmarca en el primer tercio del siglo XIX, cuando comienzan a escucharse las primeras voces contundentes sobre la necesidad de seguir los pasos de las nuevas repúblicas continentales; *Amada* escenifica la vida de la mujer en la República, justo en el momento en el que la "danza de los millones" está dando paso a una década –la de los veinte del siglo XX– de conflictos y estallidos sociales que van a desestabilizar los cimientos de una república que ya se considera fallida y abrirá paso a la primera dictadura, y *El siglo de las luces* se remonta a los ecos de la Revolución francesa en el Caribe, para dejar constancia de los comienzos históricos de las independencias americanas, que tuvieron sus inicios en la zona de las Antillas. Concretando un poco más, las películas de Solás eligen momentos de la historia relacionados con experimentos revolucionarios, y abordan sobre todo los procesos de esos movimientos sociales y políticos, como observa Caballero: "la poética de Humberto Solás [se erige] [...] como un megarrelato personal a modo de metáfora del proceso mismo de las revoluciones." (Caballero, 1999, 11)

Resulta interesante la circunstancia de que los tres rodajes mencionados se lleven a término en un momento decisivo de la historia, la sociedad y la literatura de Cuba de los últimos tiempos: las décadas de los ochenta y noventa del siglo XX, sobre la base de algunas piezas representativas de la literatura cubana que esbozan segmentos trascendentales e imprescindibles en la construcción de la nacionalidad histórica y cultural isleña: el declive de la época colonial, la decadente vida republicana y la llegada de las ideas de la emancipación y primeras revoluciones al Caribe. Y es que la narración, o el "método narrativo" (Sommer, 2004, 25), son necesarios para contar la historia de un país o una nacionalidad cuando aquella no existe o no ha sido todavía bien relatada y, como dijo Bello en su ensayo "Modo de estudiar la historia", cuando solo se cuenta con algunos documentos que no completan el verdadero sentido de la historia ni explican realmente cómo es una nacionalidad o cómo se ha forjado (Bello, 1981, 249). Narrar es utilizar el lenguaje, sea escrito o fílmico, para contar cómo es o cómo fue una realidad. Solás aprovecha el carácter referencial de las obras escritas en clave de ficción histórica para proponer en imágenes una particular visión de lo que fue el pasado en función de un presente. Historia y ficción se entrelazan otra vez en una nueva vuelta de tuerca en la que, como dijo Ricoeur, la ficción tiene un carácter "cuasi histórico" y el pasado histórico un carácter "cuasi ficcional":

> Si es cierto que una de las funciones de la ficción, unida a la historia, es la de liberar retrospectivamente ciertas posibilidades no efectuadas del pasado histórico, es gracias a su carácter cuasi histórico como la propia ficción puede ejercer *a posteriori* su función liberadora. El *cuasi pasado* de la ficción se convierte así en revelador de los *posibles escondidos en el pasado efectivo*. Lo que "habría podido acontecer" –lo verosímil según Aristóteles– recubre a la vez las potencialidades del pasado "real" y los posibles "irreales" de la pura ficción. (Ricoeur, 1995, 916)

Si el pasado histórico ya estuvo condicionado por el carácter "cuasi histórico" de los textos ficcionales de Villaverde, Carrión y Carpentier, Solás profundiza en esa dirección al retomar, en un presente muy posterior al de las referencias históricas y también muy posterior al del momento en que los narradores conciben su obra, las tramas de las novelas para ponerlas al día en relación con el momento en que las acondiciona y les da un nuevo sentido, acorde con lo que Cuba está viviendo en los últimos años del segundo milenio.

7.1. *Cecilia*

El filme *Cecilia* hunde sus raíces en una novela que ha permanecido como una de las obras más representativas de la literatura cubana, paradigma de la narrativa romántica y costumbrista en la época decimonónica de la isla. En ella, Villaverde dibuja un fresco de los primeros momentos de la construcción de la nacionalidad cubana, y caracteriza a un personaje femenino que trasciende los límites temporales de la obra y, por consiguiente, las páginas de la novela, convirtiéndose, en las innumerables adaptaciones teatrales, televisivas y cinematográficas realizadas a partir de la trama, en una multiplicidad de Cecilias que, en la mayoría de los casos, adquiere una connotación significativa en la simbología mujer/nación. ¿Por qué la novela concita esas implicaciones y por qué ha sido tan tenida en cuenta para adaptaciones musicales, dramáticas y cinematográficas? El Romanticismo histórico es la época de la creación de las nacionalidades, pero en la literatura latinoamericana significa una asunción de modelos netamente europeos. ¿Cómo conciliar entonces la necesidad de afirmar una identidad con esa asunción foránea? El modelo de Chateaubriand, presente en la mayoría de las novelas fundacionales americanas, fue seguido al pie de la letra por la mayoría de las ficciones, pero el matiz que estas programaron, como textos comprometidos con la constitución y la consolidación de las repúblicas, es lo que dota a esos textos de una autonomía con respecto a las obras europeas de las nacionalidades ya consolidadas como la francesa, la inglesa o la española:

> El aunar el destino nacional con la pasión personal era precisamente lo que confería a los libros de los discípulos latinoamericanos [con respecto a Chateaubriand, Scott o Rousseau] sus rasgos específicamente americanos. Por un lado, casi nada parecía determinar el rumbo del discurso histórico desde mediados hasta el final del siglo XIX, puesto que, como Andrés Bello había advertido, faltaban datos básicos [...]. Pero, por otro, la falta no era pretexto para ofrecer cualquier relleno narrativo [...]. ¿Qué mejor manera de debatir la polémica de la civilización que convertir el deseo en la incesante motivación para un proyecto literario/político? El leer, sufrir y temblar con el impulso de los amantes hacia el matrimonio, la familia y la prosperidad, para luego ser devastado o colmado, es ya ofrecerse a servir un programa partidario. (Sommer, 2004, 44)

Por eso, cuando hablamos de Cecilia Valdés, tanto en la novela como en las numerosas representaciones que siguen sus propuestas identitarias, la protagonista es concebida como el eje de discusiones y temas trascendentes de la época colonial insular: las diferencias de clase, la esclavitud, la dependencia colonial, la imagen de la criolla mestiza, encantadora, preciosa y sensual, una aproximación al modelo de mujer cubana y su papel frente a una historia de varios siglos de contradicciones, conflictos sociales, cubanía y mestizaje. Según Doris Sommer, "Las novelas románticas se desarrollan mano a mano con la historia patriótica en América Latina. Juntas despertaron un ferviente deseo de felicidad doméstica que se desbordó en sueños de prosperidad nacional materializados en proyectos de construcción de naciones que invistieron a las pasiones privadas con objetos públicos." (Sommer, 2004, 23)

La novela escrita en el exilio por Villaverde constituye una de las obras más reveladoras en la legitimación de la historia y la nación cubana. Luego de haberse llevado varias veces al teatro, como hemos visto en la primera parte de este ensayo (Mejías 2014), la trama tomará forma de largometraje en el que Solás, dada su gran capacidad para construir personajes femeninos inspirados en la literatura, da vida a la Cecilia Valdés que interpreta la omnipresente Daisy Granados, una Cecilia que encarna el patriotismo y las ansias de libertad de su pueblo, junto a un elenco de lujo, de la talla de Imanol Arias y Raquel Revuelta.

Ahora bien, más allá de la excelencia de la puesta en escena, el buen manejo de las técnicas y recursos narrativos y la dirección actoral, el filme recibió numerosas críticas que atacaban la decisión del director de, a diferencia de las representaciones teatrales estrenadas hasta el momento, crear su propia versión de la criolla mulata más conocida de la literatura cubana. Los juicios, en general, no fueron demasiado condescendientes con la película, y el estreno suscitó una fuerte polémica tanto en los medios como en el público. Periodistas, expertos y el público en general manifestaron su desacuerdo ante las excesivas libertades tomadas por el director, que resultaban desconcertantes para un colectivo que estaba acostumbrado a la versión fiel a la original, romántica y convencional que se había representado hasta el momento. Sin embargo, Solás valora la adaptación de *Cecilia Valdés* expresando:

> Cecilia es mi mejor película. La más estudiada y la que fue hecha con mayor rigor y que significó un esfuerzo muy grande [...] Es mi película preferida, sobre todo por el hecho de que significó replantear la libertad del creador. *Cecilia Valdés* es un clásico con el cual yo no me identifico a estas alturas del siglo XX, y lo remodelé a mi gusto. Fue un ejercicio de libertad muy fuerte que me costó caro, pero contaba con antecedentes en el mundo entero que sustentaron este ejercicio de libertad creadora. (Del Río, 2006, 167)

Según Luciano Castillo, la *Cecilia* creada por Solás "tiene poco de Valdés y sí mucho del inagotable caudal imaginativo de Solás" (Castillo, 1982, 2). El guion concebido con el apoyo de Nelson Rodríguez y la colaboración de Jorge Ramos y Norma Torrado, da lugar a una obra que dista de la original, creando una versión bastante libre del texto inspirador, que proyecta a la mulata caribeña, imagen de la criolla cubana, como una metáfora de la patria oprimida que se erige, en forma de mujer que se viste como la virgen de la Caridad del Cobre, patrona de Cuba, para inmolarse ante la pérdida del hombre amado que traiciona la causa de la independencia.

Más allá de la polémica, el filme resultó ganador de varios premios internacionales en festivales de cine. Uno de los aciertos de la puesta en escena lo constituye el reparto, que consigue mediante su actuación transmitir la sensación de un fresco de la sociedad colonial: la burguesía criolla encarnada por Nelson Villagra en el personaje de Cándido Gamboa, los negros y mulatos libres como una especie de casta superior entre los de su clase, representados por José Antonio Rodríguez en el papel del sastre Uribe y Miguel Benavides en el personaje de José Dolores Pimienta, etc.

Al igual que en la novela de Villaverde, el argumento del filme se ubica en la Habana de la segunda década del siglo XIX, entre la capital y los ingenios azucareros próximos a ella, aunque la película extiende la historia hasta la mitad del siglo. La trama gira en torno al amor, esta vez no incestuoso, entre la mulata Cecilia y el señorito Leonardo Gamboa, blanco criollo, hijo de una de las familias más acaudaladas de la época, los Gamboa, sobre todo Doña Rosa, representada por Raquel Revuelta. Con el objetivo de poner fin a la relación entre los amantes, Doña Rosa acuerda un matrimonio entre Leonardo e Isabel, joven que, como él, pertenece a la aristocracia habanera y, el día señalado para la celebración nupcial, Cecilia se propone impedir el matrimonio.

El conflicto es un vivo reflejo de la sociedad cubana decimonónica en pleno proceso de formación de la identidad, en la que Leonardo se aparta de la mujer mestiza y, siguiendo las indicaciones de la madre enérgica, elige para casarse a la mujer blanca de la que no está enamorado. Por su parte, José Dolores Pimienta, mestizo enamorado de Cecilia, que en la novela se decide a vengar la afrenta del señorito Gamboa, en el filme también llevará a cabo la venganza, pero esta vez guiado por el ideal de independentismo más que por el amor a Cecilia, aunque igualmente la decisión desembocará en tragedia.

La novela de Villaverde se centra en un romanticismo que gira en torno a la relación amorosa de los amantes medio hermanos Cecilia y Leonardo y a los triángulos amorosos que se crean en torno a ellos, realzando las diferencias de origen y clase social que regían la vida de una sociedad esclavista de La Habana colonial. A diferencia del texto escrito, Solás da menos juego al enfoque del amor prohibido para centrarse de un modo mucho más profundo y evidente en los ideales políticos de independencia, la abolición de la esclavitud o las cuestiones relacionadas con la identidad, como la presencia de la religión afrocubana, y aborda dichos temas mediante la incorporación de nuevos conflictos que involucran a Cecilia en la lucha independentista. En este sentido cabe señalar que algunos críticos han enfatizado una posible carga intencional en la explicitación del incesto en la película, algo que no se corresponde en absoluto con la realidad del filme. Caballero llega a afirmar que "es tal la comprensión de Humberto acerca de la importancia del incesto para detonar profundos sentidos históricos, que lo incrementa, lo especula, lo interpreta" (Caballero, 1999, 13). Y pone como ejemplo a Rosa, la madre del protagonista, que desea a su hijo Leonardo (Imanol Arias) "cuando percibe el torso desnudo y velludo del efebo tentador" (Caballero, 1999, 13).

Esa escena ocurre en el minuto 22 de la película, cuando todavía se están proponiendo los conflictos fundamentales de la trama. Rosa entra a la habitación de Leonardo para despertarlo, porque es ya tarde y, como es un joven algo disoluto, hay que estar encima de él para que tenga algún tipo de actividad útil. Rosa lo trata con cariño, como cualquier madre, y él la recibe en su habitación como cualquier hijo que quiere a su madre, sin ningún tipo de connotación sexual. Un abrazo entre ellos parece el gesto más normal y cotidiano en una familia cuyos miembros se llevan bien. La ausencia de elementos incestuosos se irá observando con mayor claridad conforme avance la cinta, porque la madre solo habla con el hijo para comentarle problemas propios de la familia, incluidos los planes que los padres tienen con el hijo para que se case con Isabel, quien pertenece, igual que los Gamboa, a una familia blanca y con una posición económica desahogada. Lo que preocupa sexualmente a Leonardo no es su madre, sino el hecho de que Cecilia, a quien desea con pasión, no le haga caso, porque para ella es superior el compromiso con los esclavos y los negros que los flirteos con un blanco que pueda ayudarle a mejorar su estatus económico y social. Por lo demás, en la película ni siquiera se llega a insinuar que Leonardo y Cecilia puedan ser medio hermanos.

La adaptación cinematográfica comprende tanto la inclusión de nuevos personajes como la novedosa caracterización de algunos de ellos. Cecilia, la preciosa y rebelde mulata, conoce a Leonardo Gamboa, criollo y adinerado, en una fiesta a la que la joven ha asistido como parte de la organización de conspiradores a la que pertenece. Esa noche nace el idilio entre Cecilia y Leonardo, que no es visto con buenos ojos por parte de

José Dolores Pimienta, compañero de lucha de Cecilia, pobre y mestizo como ella, cuyo amor parece no ser correspondido por la muchacha.

Por otro lado, el filme se encarga de reflejar las contradicciones políticas y de clases, las tertulias de la alta casta social habanera, los bailes y las costumbres que se retratan en la vida de la familia Gamboa, en contraste con la humildad del mundo de Cecilia. El idilio entre Cecilia y Leonardo servirá, en la adaptación cinematográfica, como base para recrear una visión bastante completa de la etapa fundamental en la formación de la nación cubana.

La cuestión política predomina en el desarrollo de la trama de la película, menos presente en la novela. Solás construye un José Dolores Pimienta a quien no ciegan los celos por el hecho de que otro se lleve a la mujer de quien se ha enamorado, como ocurre en el texto de Villaverde, sino que, movido por la rabia ante la traición, se declara enemigo acérrimo del delator de la conspiración que se está gestando en el seno de su grupo de patriotas, y es por ello que decide hacer justicia. Desde los inicios de la película, Pimienta se presenta como miembro de un grupo clandestino que organiza la lucha por la independencia. Solás se aleja de la concepción literaria del personaje centrado en ganar el amor de Cecilia. De este modo, tanto Pimienta como Cecilia adquieren un matiz histórico, que revaloriza el material identitario cubano. El grupo clandestino al que pertenecen los mulatos libres en apoyo a la rebelión para abolir la esclavitud se adorna con los elementos de la religión afrocubana y la santería.

Los personajes femeninos son trabajados intensamente por el cineasta, desde Doña Rosa, con un carácter decidido e impetuoso, cuyos matices trágicos se intercalan para enriquecer las escenas, sobre todo al final de la trama, ante la muerte de Leonardo, pasando por Isabel, representada por Eslinda Nuñez, que expone con vehemencia sus criterios y lucha por conseguir su enlace con los Gamboa, hasta Cecilia, interpretada por Daisy Granados.

Los ideales del Romanticismo prevalecen en la creación de Solás. El filme incorpora a una Cecilia de convicciones patrióticas, que en aras de continuar con su lucha por la libertad se entrega a Leonardo para lograr que ayude a un cimarrón perseguido y herido. La joven juega un papel primordial dentro del movimiento independentista, pues representa la parte activa del grupo revolucionario del siglo XIX, que pone en primer lugar la lucha por la libertad y el anhelo de independencia perseguidos por los esclavos y mestizos hasta la consecución de una tradición heroica, que estará presente en la construcción del hombre o la mujer nueva de la revolución.

Cecilia es en el filme, por encima de todo, la heroína que sirve como mensajera para conectar a algunos miembros del movimiento clandestino, consiguiendo que su amante blanco encubra a un negro fugitivo, perteneciente al colectivo que lucha por la libertad. La joven establece, con su muerte, el carácter histórico de una comunidad que lucha por la independencia. Al lanzarse desde la cúspide de la iglesia, renuncia al amor del hombre blanco que le proporcionaría buena vida y le llevaría a "adelantar la raza" y se entrega a una muerte romántica, al tiempo que parece simbolizar un abandono de la fe en el futuro y en las deidades afrocubanas que le habían infundido esperanzas hasta el momento de "la caída". El suicidio es en realidad piedra de toque del movimiento romántico, su vertiente más radical, pero también la más verdadera, ya que, como sostiene Isaiah Berlin en su ensayo *Las raíces del Romanticismo*, lo plenamente romántico es la tendencia por la sublevación, sin atender al objeto de la misma, "sin importar cuál fuera este: eso es lo importante" (Berlin, 2015, 36). Al suicidarse, la protagonista está poniendo en solfa los principios de una visión del mundo indígena, pero no menos está cometiendo uno de los más graves pecados para la Iglesia Católica, cuanto más, si ella se lanza de lo alto de un campanario. Es un acto de subversión total, donde la mujer reivindica su papel de "lo otro" de la cultura.

La presencia de los rasgos propios de la cultura cubana y la ideología del romanticismo en la isla se patentiza en el documento fílmico, pues "la figura femenina se relega a la representación abstracta de la madre patria, quien espera ansiosa por la libertad que solo sus hijos varones son capaces de proporcionarle" (Mazorra, 2020, 85). Con la muerte de Leonardo y la tragedia desencadenada por Pimienta, Cecilia carece de motivos para continuar abanderando la lucha por la libertad, ya que los hombres, aquellos que encarnan el rol más activo en esa lucha, según Mazorra, ya no pueden ser piezas dinámicas y eficaces para tal propósito. Es este uno de los cambios fundamentales con respecto a la fuente original escrita. Si en el texto narrativo solo había, en las mujeres, espacio para el amor, en la película ellas adquieren preocupaciones políticas pero, finalmente, no pueden responder a las expectativas que generan.

Asistimos también, a lo largo de la puesta en escena, a la representación del sincretismo, las creencias yorubas frente a las religiosas cristianas, vinculando elementos fantásticos y oníricos, como la representación de

José Dolores a modo de un Changó guerrero, que asume la venganza de Cecilia, mientras la joven protagonista recorre frenéticamente el carnaval, vestida con colores dorados, asimilada a Oshún o la Virgen de la Caridad del Cobre, patrona de la isla, que encarna lo que Joel del Río denomina como "la sugerencia de símbolo de mujer-patria, mulata, sensual, perturbadora y rebelde, condenada a un destino irremisiblemente trágico" (Del Río, 2006, 166).

La adaptación de Humberto Solás nos deleita con "una lectura mestiza y sincrética" (Riccio, 2004, 194) que muchos interpretaron como una traición a la novela de Villaverde, a pesar de que el director esgrimiera el derecho a ejercer la libertad creativa. Técnicamente, Solás no está haciendo otra cosa que adaptar lo que Sommer aplica al contexto del Romanticismo a la imagen que se espera de una producción que cumpla con los presupuestos revolucionarios. Sommer, siguiendo a Kirkpatrick (1978, 37) explica que las novelas nacionales latinoamericanas, entre las que incluye a *Cecilia Valdés*, alentaban un "imaginario común" en el contexto de los sectores medios de lectores y narradores, que eran los que manifestaban más fehacientemente y de un modo más sincero el "sentimiento nacional", y lo hacían provocando la identificación de esos sectores con los héroes y heroínas, para concitar el ideal (Sommer, 2004, 31). De un modo similar, salvando las distancias temporales, el Solás de fin del siglo XX trata de ajustar los elementos de un romanticismo epocal a un ideal que pueda coincidir con lo que los vestigios de una revolución mermada y fracasada sean capaces de aportar para seguir sintiendo el proyecto como viable. De ahí los elementos románticos, de amor a la patria y servicio a ella, en algunos de los personajes femeninos de sus adaptaciones, que reacomodan y actualizan sentido.

7.2. Amada

Amada constituye otra de las grandes adaptaciones llevadas por Solás al cine. Estrenada en 1983 e inspirada en la novela de Miguel de Carrión *La esfinge*, basada en el texto que fue encontrado entre los documentos inéditos de su autor y se publicó póstumamente, transmite el sentimiento de la protagonista ante las presiones sociales y los convencionalismos a los que debía enfrentarse la mujer de los primeros años de la época republicana en la isla. La novela cuenta la historia de una joven infelizmente casada, una trama nacida de la pluma del novelista cubano, gran conocedor del alma femenina, cuya genialidad le permitió dibujar personajes magistralmente logrados, con el fin de sondear los detalles más íntimos del alma de la mujer en novelas como *Las impuras* y *Las honradas*. Aunque *La esfinge* es posterior a las obras anteriormente citadas, en ella la psicología y personalidad de la protagonista son mucho menos atrevidas y más conservadoras que en los casos de Victoria y Teresa, las protagonistas de las obras anteriores.

Llama la atención el hecho de que Humberto Solás eligiera para su puesta en escena a la dama más convencional, a la historia menos arriesgada y al conflicto menos transgresor. Es también reseñable el cambio de título. Es la única vez que Solás realiza una transformación tan radical del sentido, en sus adaptaciones de obras literarias. El significado de "esfinge" es simbólico, mientras que el nombre real de la protagonista en el título no solo recuerda a las novelas románticas, sino que va a resaltar los cambios que en ella quiere provocar el director. Amada deja de ser una esfinge en la segunda parte de la cinta y se inmiscuye en el compromiso político, adoptando así un papel mucho más activo que en la novela. Constituye por tanto, la sustitución del título, uno de mayores aciertos del filme. (Ferrera, 2012, 15)

El amor entre los personajes de la novela, dos primos, transcurre en la mansión decadente del Cerro, barrio más habitado por familias coloniales que por republicanas, en la que entra poca luz y desde donde se percibe el ambiente tradicional de algunas familias de la antigua aristocracia habanera de los primeros pasos de la república. La elección del barrio es altamente simbólica. El Cerro había sido el lugar preferido de la alta burguesía en el siglo XIX, y allí se habían construido, convirtiendo la zona en un amplio conjunto residencial, las mejores quintas de la época, verdaderos palacios con inmensos jardines, reflejo de la riqueza que la sacarocracia había comenzado a generar desde finales del siglo XVIII y comienzos del XIX. Carrión, en sus novelas más conocidas, *Las impuras* y *Las honradas*, quiso proponer el barrio del Vedado como el "nuevo Cerro", la zona de expansión de la riqueza proveniente de la sacarocracia republicana en la etapa de "la danza de los millones". (Esteban y Aparicio en Carrión, 2011, 33–44)

Por esas fechas, El Cerro ya había perdido su esplendor y evocaba una sensación diferente a la nueva riqueza contemporánea, ya que en el siglo XX es la República la que, con todos sus defectos, elementos de corrupción y dependencia con respecto a los Estados Unidos, protagoniza el desarrollo en un momento de enorme relevancia para la creación de un proyecto nacional de carácter político y social, mientras que el desarrollo en el siglo XIX no dejaba de ser una marca más de la intervención de la metrópoli en la colonia, que impedía el crecimiento de la Isla como territorio autónomo. Por tanto, cuando Carrión describe el barrio, hace hincapié en los elementos de obsolescencia y decrepitud, algo que se transmite como paralelo a la decadencia de la aristocracia antigua, desfasada e incapaz de adaptarse a las nuevas condiciones de vida de la República independiente. La constante ausencia de luz en la caracterización de los ambientes de la película insiste en la expresión de esa decrepitud.

La historia transcurre durante la Primera Guerra Mundial, y en ella sobresale Amada, papel interpretado por Eslinda Nuñez, espejo de los conflictos políticos, el panorama social y el reflejo de los prejuicios de la época en que parecía que se consolidaba la independencia para crear una sociedad mejor y más próspera. Los personajes masculinos de *La esfinge* constituyen un reflejo veraz de la época republicana y, al igual que los femeninos, también adquieren nuevos matices en la adaptación de *Amada*. La novela presenta al marido, Dionisio Jacob como un hombre vulgar, que persigue los placeres de la vida y el dinero y que termina abandonando a su mujer por una viuda rica, a la que pretende unirse en matrimonio después de su separación legal de Amada. El hermano de esta, juez, tiene poco protagonismo en la obra e interviene más hacia la mitad de la trama, en la que se introduce a su cuñada, Herminia, que luego se comprometerá con Marcial y desencadenará los celos y la tragedia de Amada. Marcial, el primo pobre, es descrito como un criollo sin oficio ni beneficio, que reniega de los trabajos que acepta para sobrevivir e intenta poseer a Amada, aunque sin éxito. Marcial termina aceptando los favores de la familia adinerada de su novia Herminia, cuyo padre le ofrece un puesto bien remunerado y ciertas comodidades que le permitirán escapar de la miseria en la que había vivido hasta el momento.

Algunos críticos se han aproximado a la protagonista de la novela describiéndola como una mujer sin vida, un "personaje tremendamente estereotipado, rayano en lo grotesco", a quien Carrión "ha ido despojando de personalidad" para convertirla más en una "idea", un "símbolo", el de la "pasividad sexual de la mujer, la frigidez inconmovible de la estatua" (Yedra, 1975, 133–134). Es cierto que el título de la novela, *La esfinge*, tiene un alto sesgo simbólico, como ya hemos apuntado, pero eso no significa que el personaje "esfinge" sea solamente un estereotipo. Se trata más bien de un ejemplo, frecuente por otro lado en el ámbito del siglo XIX y principios del XX cubano, de mujeres convencionales de la burguesía acomodada y muy conservadora, quienes no eran capaces de actuar sino con el deseo. Ni elegían al marido, ni mucho menos el alcance de su vida social. Ángeles del hogar con roles muy bien definidos, cuya única válvula de escape para su vida anodina e inútil era la ensoñación. Por eso Amada confiesa a Marcial:

> – No te besaré nunca [...] y sin embargo, he soñado muchas veces besarte y morir después. Ha sido esa, durante muchas noches, la obsesión de mi ser entero. (Carrión, 1976, 338)

La adaptación cinematográfica se ocupa de construir una nueva versión de estos hechos y personajes. En el filme, Dionisio impide que su mujer abandone la casona Villalosa y se convierte en su carcelero para evitar que la mujer alcance la anhelada autonomía. El magistrado Villalosa, que no había tenido voz propia en el relato, se erige como conocedor de una verdad muy clara: "cuando termine la guerra en Europa, seguro volverán a bajar los precios del azúcar. Me pregunto, ¿qué va a ser de este pobre país?". A la frase de Alberto en el velatorio de su hermana Amada, Marcial responde "No sé, Alberto", dejando latente la desesperanza y el pesimismo de los jóvenes criollos. Marcial encarnará al hombre comprometido con la causa revolucionaria, dispuesto a todo con tal de salvaguardar sus ideales y creencias. El rodaje deja de lado los fragmentos de la novela que aluden a su relación entre Herminia y Marcial, así como a los preparativos de boda que atormenta a la protagonista.

Las voces y reacciones de los personajes masculinos en el velatorio de Amada parecen reafirmar la certeza del fracaso y el destino trágico de la familia sigue la misma senda que el futuro de Cuba. La preocupación del juez, el desapego del político y el llanto del hombre sensible complementan el cuadro total que frente a la muerte de la protagonista hace balance de la pérdida de ideales e ilusiones entre los isleños. El final de la novela queda abierto, Amada agoniza, Marcial no vuelve a acercarse a su moribunda enamorada, el marido envía una nota de compromiso y Joaquina cierra la historia con una exclamación que da cuenta de la gravedad del estado de su señora: "¡Qué desgracia, señor doctor!" (Carrión, 1976, 497). La película, sin embargo, clausura la historia con la versión fabricada por Solás, que concluye con el llanto de Marcial ante la reja que por tanto tiempo oprimió a la mujer amada. En la escena final se divisa la estampa simbólica del hombre ante el lazo negro, que engalana la verja de la sombría residencia. Nada más, una toma de la casona del Cerro en una tarde oscura, en la que se contempla la imagen acabada del amante vencido por la tragedia y que deja aflorar la visión romántica del realizador cinematográfico, cuyos vestigios idealistas ya había dejado traslucir en la adaptación de *Cecilia*.

Tanto *Cecilia* como *Amada* transmiten el amargo sabor de la derrota, y aluden a la desesperanza constante, tras una suerte de fracasos que se sucedieron tanto en la colonia como en la etapa republicana. Los finales románticos representados en estas dos películas producidas por Solás, a diferencia de los textos de Villaverde y Carrión, tienen más que ver con el anhelo de libertad y el patriotismo que con el amor, el sentimiento y las emociones que conducen a la muerte. En el caso de Cecilia, la joven atormentada ante la posible traición de Leonardo y la inminente captura de su compañero cimarrón y conspirador decide inmolarse, encontrando una salida liberadora en el suicidio. La Amada del filme no será menos, al conocer la persecución política y los constantes asedios y arrestos que sufre su amado Marcial, pues decide enfrentar al marido e intentar escapar junto al hombre que corre peligro de ser encarcelado. Ante la imposibilidad de lograrlo, encuentra en una epidemia que azota a gran parte de la ciudad el remedio para poner fin al sufrimiento y consigue la deseada muerte.

Muy lejos están estas adaptaciones cinematográficas de coincidir en su esencia con las novelas adaptadas. Las derivas tomadas por los personajes femeninos de Humberto Solás los llevan por senderos que conducen a destinos heroicos. Cecilia abandona la inocencia salvaje para convertirse en la representación de la nación, la historia y el pueblo. La esfinge de Carrión se transforma en una especie de mártir y pasa de ser la mujer sumida en la tristeza, repudiada por el marido y abandonada por su amante a la encarnación de la rebeldía, capaz de transgredir las normas, a diferencia del texto novelístico, y se atreve a buscar al amante en su pensión de hombre solo y a empacar sus pertenencias con la firme disposición de abandonar la decadente mansión de la familia Villalosa, aunque tuviera que pasar por encima del apego a la madre, las imposiciones del marido y de la vergüenza social si con ello era capaz de alcanzar la libertad.

Los personajes de las adaptaciones de Solás, la preciosa *Cecilia Valdés* esbozada por Villaverde, que deja de ser, en el séptimo arte, la criolla exponente de la narrativa costumbrista cubana para transformarse en la representación de la mujer patriota, y *La esfinge* insegura e inconclusa de Carrión, que se erige en el filme como la Amada mártir, anhelante de libertad, que abraza las conspiraciones de su querido Marcial y que prefiere morir si no puede ser feliz de la forma propuesta por el hombre amado, nos llevan a conectar con las decepciones decimonónicas, fundamentalmente bolivarianas y martianas, ante la imposibilidad, por parte de los criollos, de constituir sociedades igualitarias, equitativas o libres.

7.3. *El siglo de las luces*

En el caso de *El siglo de las luces*, Sofía se enfrenta a los albores de las primeras revoluciones en Latinoamérica. La película constituye otra de las grandes adaptaciones del realizador, que ha marcado un hito en la historia del cine latinoamericano y ha constituido objeto de investigaciones y análisis en cuanto a las relaciones entre el cine, los narradores y la literatura. En la novela, la Revolución francesa es vista desde el otro lado del Atlántico. Desde América se analizan los ideales de la crisis gala, la Revolución de Haití y el rumbo que fueron tomando los acontecimientos históricos emancipadores.

La película *El siglo de las luces* se concretó en un período fundamental y trascendental de la historia de la isla, entre 1991 y 1992. La década de los noventa en Cuba trajo consigo un replanteamiento del concepto de identidad, mientras América Latina asistía con interés, como siempre había ocurrido desde 1959, al proceso de reorientación de las nuevas estructuras ideológicas, políticas y sociales del modelo de sociedad cubano postsoviético. Curiosamente, se produce un cierto paralelismo en esa reacomodación, si la exponemos a un diálogo con lo que Carpentier plantea en la novela, pues Europa marca, con su crisis continental, el comienzo de los cambios y de las revoluciones del siglo XIX. En *El siglo de las luces*, Victor Hugues, que pretendía trasladar las ideas de libertad, igualdad y fraternidad al Caribe, termina convirtiéndose en un déspota dictador que desviste la imagen gloriosa del proyecto revolucionario. En el caso de Cuba, los noventa esbozarán un panorama social, cultural y económico que derivará en la imposición de nuevos valores que sus pobladores tendrían que acatar, aun cuando estos se desplomaban frente al derrumbe del campo socialista en Europa.

De cierto modo, la obra carpenteriana facilitó, por la circunstancia de las similitudes, una interpretación premonitoria para el problema cubano de los noventa por parte de Solás, sobre todo por lo que se refiere al personaje de Sofía, a través del cual se fueron reflejando los temores, incertidumbres y desencantos que más tarde enfrentaría Latinoamérica, ante el declive de los ideales socialistas en el mundo. Además, el texto carpenteriano, asimilado y puesto al día por Solás, como suele ocurrir en la mayoría de sus adaptaciones, sirve para elevar las posibles conexiones entre las dos épocas a una categoría universal, para manifestar la condición humana y las constantes de la humanidad, con sus vaivenes, reflexiones, reacciones, etc., como ya señaló Mazón:

> Pocas veces en la literatura se ha dado un texto donde el ser humano aparezca tan completamente imbricado en las redes de los conocimientos. Es una Misa Mayor sobre la condición humana, sobre el destino de las ideologías y de las pasiones, sobre el ascenso, la decadencia y el reconocimiento de la voluntad de los pueblos. (Mazón, 2001, 279)

El siglo de las luces, estrenada en 1992, relata la historia de una familia cubana, deslumbrada ante la esperanza de los ideales de "libertad, igualdad y fraternidad" que lleva Victor Hughes al Caribe y que serán valorados y secundados por Esteban, Carlos y Sofía, quienes conocen el proyecto y apoyan a Hughes, por lo que Esteban acompañará a Victor a Francia, para experimentar, de primera mano, la puesta en marcha de la Revolución.

Curiosamente, Alejo Carpentier comienza a escribir la novela en 1958, un año antes del triunfo de la revolución liderada por Fidel Castro, acontecimiento que impregnó a muchos habitantes de la Isla la ilusión por la construcción de una sociedad libre y justa. La labor de escritura de la obra finalizaría en 1962, año en que ya se había institucionalizado el sistema socialista/sovietizado cubano. Resulta interesante, por tanto, el hecho de que los personajes de su novela atraviesen etapas muy similares a las vividas entre finales de la década de los cincuenta y principios de los noventa, en la que se realiza la adaptación cinematográfica de la misma: euforia, ilusión, confusión, preocupación, pesimismo y decepción.

A diferencia del texto escrito, el filme homónimo otorga a Sofía un papel muy activo ante los acontecimientos descritos en la historia, que parecían cambiar el rumbo de las sociedades. Sofía constituye el espejo de las etapas anteriormente expuestas, como representación de la utopía de las revoluciones gloriosas. El entusiasmo inicial, ante la visita de Hughes, el intercambio de correspondencia con Esteban que, desde Francia, comienza a notar más sombras que luces en la revolución, el Caribe revuelto, las incoherencias descubiertas por Esteban y sus decepciones, que suscitan las recriminaciones de Sofía, quien se mantendrá leal al proyecto contado por Hughes hasta conocerlo de primera mano y constatar, definitivamente, que las revoluciones en el "Gran Acá" no iban a tener finales felices, etc.: todo ello se convierte en material que Sofía interioriza y asimila para su conciencia comprometida.

El personaje recorre las etapas fundamentales de la revolución, desde el descubrimiento de una época gloriosa ante la afirmación de Hughes, anunciando que "¡vivimos en el siglo de las luces!" hasta la desgracia y la pérdida de las ilusiones provocada por la revuelta del dos de mayo de 1808, en Madrid, donde Sofía y Esteban desaparecerán para siempre. La desilusión de Sofía, en el filme, se materializa en la relación amorosa que entabla con el francés, a quien visita en Guyana y allí, entre el encanto de la naturaleza y los abrazos del hombre amado, después de descubrir el sueño de la utopía revolucionaria americana, experimenta cómo esta se convierte inevitablemente en caudillismo y en espacio de intereses individuales de aquellos que prometían llevar a buen término la revolución.

Con *El siglo de las luces* se demuestra la madurez artística de Humberto Solás y se cierra una interesante trilogía de obras emblemáticas de la literatura cubana adaptadas al cine. En ella, la mujer constituye el símbolo del proceso de las revoluciones en América: auge, decadencia y la metáfora del derrumbe. La puesta en escena revive los ecos revolucionarios en medio de un sistema social que afronta la peor crisis de la historia de la Isla.

Si las adaptaciones de las novelas *La esfinge* y *Cecilia* Valdés –*Amada* y *Cecilia*–, se ambientan en la época del siglo XIX para dibujar sucesos trascendentales de una época decisiva en la formación de las nacionalidades y la historia del Caribe y de América Latina, *El siglo de las luces* hurgará mucho más en el fondo de esas memorias, viajando a la semilla, a la época en que llega a América el germen de las revoluciones, e indaga en el inicio de la historia para, de alguna manera, entender la deriva del presente.

En esta ocasión, Solás abandona la idea de abordar un clásico desde "un criterio de remodelación y revisión" (Ríos, 1991, 26), en una época en que la revolución ya no admite cambios ni críticas. Después del desplome de la URSS y los fusilamientos acontecidos en la causa número 1 a los supuestos traidores de la revolución, en 1989, la literatura y las otras artes en Cuba adquirieron matices mucho más serios y pesimistas.

Mientras en la década de los ochenta en la isla, después de los sucesos del Mariel, se replanteaba la nueva identidad de la nación cubana, y se valoraba la posibilidad de constituir una sociedad cuyos valores girasen en torno a la independencia con respecto a la influencia de los Estados

Unidos y a la aceptación de nuevas formas de entender la libertad creativa, los noventa constituyen el mayor exponente de la narrativa del desencanto. Son los personajes femeninos diseñados por Solás quienes se convierten en los ejes de dichas facetas sociales y políticas en cada momento histórico, desde una Cecilia patriota y entregada a la causa de la libertad y la búsqueda de una nueva era, pasando por el pesimismo de Amada que prefiere buscar la muerte antes que vivir oprimida, hasta la Sofía desencantada, más acorde con esa estética de los noventa en Cuba, que desaparece entre la muchedumbre revuelta y fracasada del dos de mayo de 1808.

7.4. La mirada de Solás: el matiz unitario de las desviaciones argumentales

Los personajes femeninos de los filmes *Cecilia*, *Amada* y *El siglo de las luces* apuntan a la mujer cubana como representación de ciertas épocas cruciales para la construcción de la identidad isleña. Las tres adaptaciones tienen como denominador común el protagonismo de la criolla de su tiempo que persigue incesantemente la independencia. Llama la atención la mirada que el realizador establece en cada una de las adaptaciones. En el caso de *Cecilia*, Solás remonta la mirada al siglo XIX, época en que tienen lugar las independencias latinoamericanas y comienzan a forjarse las nacionalidades. El cineasta adapta la novela de Villaverde al séptimo arte para desvelar una versión que será tan novedosa como criticada por el público y los expertos. La Cecilia que descubrimos en la película, muy entregada a la causa revolucionaria, parece abrazar el patriotismo por encima de cualquier otra idea. *Cecilia Valdés*, la novela decimonónica más representativa de la literatura cubana pierde muchos de sus elementos más analizados y estudiados al realizarse su adaptación al cine. Asistimos, en este caso, a una versión bastante libre en la que ni siquiera se menciona el conflicto principal: la relación incestuosa entre la protagonista y Leonardo Gamboa.

La adaptación cinematográfica de *La esfinge*, posterior a Cecilia, resulta menos arriesgada, de manera que se acerca más a la trama original y respeta, en principio y en mayor medida, el texto inconcluso de Miguel de Carrión, por lo que la protagonista se asemeja, en principio, a la Amada descrita por el escritor cubano, aunque poco a poco va dejando traslucir las pinceladas del toque que caracteriza los filmes de Humberto

Solás. Estrenada un año más tarde que *Cecilia*, el rodaje de *Amada* es mucho más prudente en lo que respecta a la construcción del personaje femenino, pero solo en la primera parte de la película, puesto que hacia la segunda mitad se percibe una versión mucho más creativa. La puesta en escena toma entonces un rumbo que difiere de la obra, lo que evidencia nuevamente el punto de vista de su creador.

En la novela *La esfinge* también se produce un cambio en la psicología de la protagonista, aunque sería complicado descifrar si el director de cine, en la creación de unos personajes que evolucionan de manera muy distinta al texto, intenta seguir un patrón de dos vertientes, parecido al de Carrión, o si es la estrategia trazada por el guionista para crear su versión propia. No es la primera vez que se llevaban a cabo adaptaciones de las obras de Miguel de Carrión. Sus novelas más conocidas, *Las impuras* y *Las honradas*, han sido ambas llevadas a la televisión, con amplia teleaudiencia, satisfacción y reconocimiento por parte de la crítica y de los televidentes. Llama la atención que Solás eligiera precisamente la novela menos conocida, citada y trabajada por los críticos para materializar su proyecto.

A diferencia de *Cecilia*, la versión cinematográfica de *La esfinge* gozó de una crítica más favorable que la película anterior. Probablemente, el hecho de que la novela no haya formado, como *Cecilia Valdés*, parte fundamental del canon literario cubano, otorgó al cineasta la libertad de reinventar la historia sin enfrentar la feroz crítica. La novela vio la luz después de que hubieran transcurrido más de cuarenta años desde la desaparición de su autor. Fue encontrada entre sus documentos, aparentemente sin terminar y esto, en cierta medida, dotó a los codirectores de una cierta facilidad para transformar una trama original, que vuelve a pasar del conflicto romántico al político.

La mirada de Solás hacia sus protagonistas femeninas, en la mayoría de sus producciones, se adorna con matices patrióticos. En el cine realizado por el cubano, la situación de la mujer es una especie de espejo de la patria. El director de una gran nómina de películas que ostentan como eje central a la mujer cubana, tales son los casos de las tres *Lucías*, *Manuela* o *Miel para Oshún*, continúa hacia la misma dirección con las adaptaciones de textos literarios. Los finales propuestos por Solás en sus películas sugieren desencuentros y decepciones relacionadas con el futuro de la isla, que es también el futuro de sus personajes femeninos. En *Cecilia*, el elemento catalizador que desencadena la ruptura entre los amantes es precisamente la traición de Leonardo al movimiento independentista. Amada busca el contagio de la epidemia al conocer la precaria situación de Marcial, que no logra hacer realidad los ideales por los que había luchado, mientras deja el director la historia de abandono del primo que decide casarse con una mujer más joven y adinerada.

Los matices adquiridos por la protagonista de *La esfinge*, hacia la segunda mitad del texto, son enriquecidos por los directores Humberto Solás y Nelson Rodríguez cuyo carácter novedoso es altamente llamativo. La protagonista, que hasta el momento había sido una especie de "perfecta casada", de estrictas convicciones e introversión casi absoluta, se aleja cada vez más del modelo de educación impuesto por su familia y busca el amor en el primo Marcial, aunque no se atreve a dar rienda suelta a la relación carnal. La psicología del personaje resulta trabajada a fondo por el novelista, que aborda los conflictos interiores de una mujer incapaz de desencadenar sus pasiones y deseos. En el texto escrito por Carrión, Marcial desaparece ante las constantes negativas de Amada a su petición de mantener relaciones íntimas; sin embargo, el filme de Solás dibuja a un Marcial enamorado, que regresa siempre a la amada esfinge, aunque esta no acceda a sus reclamos y, al perderla definitivamente, se enfrenta al mismo tiempo a la pérdida del amor y a la agonía de las fuerzas para continuar llevando a cabo la lucha política.

El siglo de las luces cierra la trilogía de adaptaciones que ensalzan la representación protagónica de la mujer en las versiones del cineasta. En la película, el personaje de Sofía cobra una relevancia fundamental y se convierte en el eje principal de la trama, a cuyo alrededor giran los demás elementos históricos y acontecimientos de la historia. Si el texto barroco producido por Carpentier se centra en las luces y sombras de las peripecias, vida y trayectoria de Víctor Hughes en El Caribe, el filme se encarga de realzar la personalidad de Sofía, que se convierte en la amante del revolucionario francés para ser el testigo presencial de que los ideales de libertad, que inicialmente habían inspirado a Hughes, a su llegada a América, no eran tan sólidos como prometían en los comienzos.

Si analizamos las tres puestas en escena, en orden cronológico, es posible concluir que la preocupación por el destino de Cuba está representada por la figura de una mujer en la cinematografía del director. Solás, a través de estas tres adaptaciones, realiza un recorrido que va desde el simbolismo de una muerte con matices patrióticos en *Cecilia*, pasando por la incertidumbre de una muerte desencantada ante la imposibilidad de una lucha justa en *Amada*, hasta llegar al fracaso más rotundo e irrevocable de Sofía en *El siglo de las luces*. Víctor Hughes, el hombre que Carpentier rescata de una historia en la que los investigadores no habían profundizado, para resaltar en su novela el legado del revolucionario francés como precursor de las ideas de igualdad y revolución en Las Antillas, termina convirtiéndose en un dictadorzuelo que erige sus intereses propios sobre los valores que solía defender a su llegada al nuevo continente: la amistad, la justicia y el amor. Después de conocer la verdad, la mujer cuyo corazón había conquistado desaparece junto a Esteban y con ella, en cierto sentido, se esfuma la última esperanza del realizador de encontrar los pasos perdidos en una patria condenada al infortunio.

Bibliografía

Acevedo, Federico (1994). "Introducción". En Carpentier, Alejo, *El reino de este mundo* (IX-XLVIII). Río Piedras: EDUPUR.

Agramonte, Arturo y Castillo, Luciano (2003). *Ramón Peón, el hombre de los glóbulos negros*. La Habana: Editorial de Ciencias Sociales.

Aguirre, Mirta (1988). *Crónicas de cine*. La Habana: Letras Cubanas, tomo II.

Alberca, Manuel (2007). *El pacto ambiguo. De la novela autobiográfica a la autoficción*. Madrid: Biblioteca Nueva.

Álvarez-Tabío, Emma (2000). *Invención de La Habana*. Barcelona: Casiopea.

Alvear, Marta (1977). "An Interview with Humberto Solás: Every Point of Arrival Is a Point of Departure". *JumpCut*, 19, 27–33.

Aparicio, Yannelys y Esteban, Ángel (2017). "El cine cubano actual: de Tomás Gutiérrez Alea a *Juan de los muertos*. Poética de una desintegración". En Aparicio, Yannelys (ed.), *Literatura y cultura cubanas en tiempos de cambio* (127–146). Madrid: Verbum.

Avellar, José Carlos (2008). "Cine, literatura y cobrador: la cabeza sin almohada". *Enfoco*, 4, 14–19.

Baldelli, Pío (1966). *El cine y la obra literaria*. La Habana: Ediciones ICAIC.

Barrientos, Mónica (2012). "*Tirano Banderas* (1993): un proyecto arriesgado y personal". *Cuadernos de Eihceroa*, 15, 47–64.

Bello, Andrés (1981). *Obras Completas, vol. XXII*. Caracas: Fundación La Casa de Bello.

Benedetti, Mario (1974). *Cuaderno Cubano*. Buenos Aires: Schapire Editor.

Berlin, Isaiah (2015). *Las raíces del Romanticismo*. Madrid: Taurus.

Berthier, Nancy (2006). *Cine y Revolución, Memorias del subdesarrollo de Tomás Gutiérrez Alea (1968)*. París: Universidad de París IV-Sorbonne.

Bravo, Víctor (2005). "Para una nueva lectura de la narrativa de Alejo Carpentier". En VV. AA., *Alejo Carpentier ante la crítica* (247–271). Caracas: Monte Ávila.

Caballero, Rufo (1999). *A solas con Solás*. La Habana: Letras Cubanas.

Cabrera Infante, Guillermo (2005). *Un oficio del siglo XX*. Madrid: Alfaguara.

Camacho, Jorge (2007). "*Memorias del desarrollo*. La nueva película de Miguel Coyula. Una entrevista". *La Habana Elegante*, 38, s/p. En http://www.habanaelegante.com/Summer2007/Ecos.html. Consultado el 21 de diciembre de 2020.

Camacho, Jorge (2009). "*Memorias* y *Memorias*: 18 preguntas para Edmundo Desnoes". *OtroLunes*, 3, 7, 1–5.

Campa, Román de la (1986). "*Memorias del subdesarrollo*: Novela/Texto/Discurso". *Hispamérica*, 15, 44, 3–18.

Carpentier, Alejo (1982). *La ciudad de las columnas*. La Habana: Letras Cubanas.

Carpentier, Alejo (1990). *Letra y solfa. Cine*. México: Siglo XXI.

Carpentier, Alejo (1996). *El amor a la ciudad*. Madrid: Alfaguara.

Carpentier, Alejo (2004). *El reino de este mundo*. Barcelona: Seix Barral.

Carrión, Miguel (1976). *El milagro y La esfinge*. La Habana: Editorial Arte y Literatura.

Carrión, Miguel de (2011). *Las impuras*. Madrid: Cátedra, edición de Ángel Esteban y Yannelys Aparicio.

Carrón, C. D. (2011). "*Afinidades* y dobles parejas". *La Razón*, 2 de diciembre de 2012, s/p. En https://www.larazon.es/historico/698-afinidades-y-dobles-parejas-MLLA_RAZON_416795/. Consultado el 20 de octubre de 2020.

Castillo, Luciano (1982). "Cecilia II". *Diario Adelante*, 9 de septiembre de 1982, 2.

Castillo, Luciano (1994). *Con la locura de los sentidos*. Buenos Aires: ARTE-SIETE.

Castillo, Luciano (2000). *Carpentier en el reino de la imagen*. Xalapa: Universidad Veracruzana.

Castillo, Luciano (2015). "A 85 años del milagro de *La Virgen de la Caridad*". *Habana Radio. La voz del patrimonio cubano*, 11 de septiembre de 2015, s/p. En http://www.habanaradio.cu/articulos/a-85-anos-del-milagro-filmico-de-la-virgen-de-la-caridad-i/. Consultado el 8 de septiembre de 2020.

Castillo, Luciano (2019a). "*Con el deseo en los dedos*: el primer estreno del cine cubano en 1959". *Habana Radio*, 22 de junio de 2019, s/p. En http://www.habanaradio.cu/articulos/con-el-deseo-en-los-dedos-el-primer-estreno-del-cine-cubano-en-1959/. Consultado el 22 de junio de 2020.

Castillo, Luciano (2019b). "Tomás Gutiérrez Alea: dialéctica del documentalista". *Doc On-Line*, 2019SI, 24–39.

Castro, Fidel (2008). *Discursos e intervenciones del Comandante Fidel Castro Ruz, Presidente del Consejo de Estado de la República de Cuba*. La Habana: Gobierno de Cuba. En http://www.cuba.cu/gobierno/discursos/1966/esp/f130366e.html. Consultado el 13 de agosto de 2020.

Cortázar, Julio (1994). *Obra crítica/2*. Madrid: Alfaguara.

Cortázar, Julio (2012). *Cartas. 3. 1965–1968*. Madrid: Alfaguara.

Del Río, Joel (2006). "Cecilia (Humberto Solás, 1981): Las marcas de la desmesura". En Amiot, Julie y Berthier, Nancy (eds.), *Cuba: Cinéma et révolution* (161–168). Lyon: Le Grimh-LCE-Grimia.

Del Toro, Guillermo (2017a). "Primera clase magistral". *XV Festival del Cine de Morelia*. En https://www.youtube.com/watch?v=Mbidtzrg_RU. Consultado el 1 de enero de 2021.

Del Toro, Guillermo (2017b). "Entrevista a Guillermo del Toro". En https://www.youtube.com/watch?v=w1ydidJdYWg. Consultado el 1 de enero de 2021.

Derrida, Jacques (2008). *El animal que luego estoy si(gui)endo*. Madrid: Trotta.

Desnoes, Edmundo (1960). "¿Evolución o Revolución?". *Lunes de Revolución*, 65, 20–21.

Desnoes, Edmundo (2006). *Memorias del subdesarrollo*. Sevilla: Mono Azul.

Desnoes, Edmundo (2007). *Memorias del desarrollo*. Sevilla: Mono Azul.

Diels, Hermann y Kranz, Walther (1952). *Die Fragmente der Vorsokratiker*. Berlín: Weidmann.

Dorante, Carlos (1985). "Tyrone Power se propone hacer su mejor película con *Los pasos perdidos*". En López Lemus, Virgilio (ed.), *Alejo Carpentier. Entrevistas* (44–47). La Habana: Letras Cubanas.

Douglas, María Eulalia (1997). *La tienda negra: El cine en Cuba (1897–1990)*. La Habana: Cinemateca de Cuba.

Douglas, María Eulalia (2008). *Catálogo del cine cubano 1897–1960*. La Habana: Ediciones ICAIC.

Esteban, Ángel y Panichelli, Stephanie (2004). *Gabo y Fidel: el paisaje de una amistad*. Bogotá: Planeta.

Esteban, Ángel (2007). "Gabo y el cine: una historia de amor, casi desconocida". *Ínsula*, 723, 24–26.

Esteban, Ángel (2011). *Madrid habanece. Cuba y España en el punto de mira transatlántico*. Madrid: Iberoamericana-Vervuert.

Esteban, Ángel y Aparicio, Yannelys (2012). "Jodidos y octogenarios, hasta que la muerte nos repare". *Revista Hispano Cubana*, 44, 91–112.

Esteban, Ángel (2018). *El hombre que amaba los sueños: Leonardo Padura entre Cuba y España*. Bruselas: Peter Lang.

Évora, José Antonio (1996). *Tomás Gutiérrez Alea*. Madrid: Cátedra.

Expósito, María y Pérez, Kianay (2020). "*Enciclopedia Digital del Audiovisual Cubano*, construir la nueva historia". *Habana Film Festival*, 2020, s/p. En http://habanafilmfestival.com/enciclopedia-digital-del-audiovisual-cubano-construir-la-nueva-historia/. Consultado el 4 de diciembre de 2020.

Fernández, Faustino (2018). "Guillermo del Toro habla de *La forma del agua*". *Fotogramas*, enero de 2018, s/p. En https://www.fotogramas.es/noticias-cine/a19457039/guillermo-del-toro-entrevista-la-forma-del-agua/. Consultado en 2 de enero de 2021.

Ferrer, Jorge (2007). "El cine y José Lezama Lima". *El tono de la voz*, 9 de noviembre de 2007, s/p. En http://www.archivo.eltonodelavoz.com/2007/11/09/el-cine-y-jose-lezama-lima/. Consultado el 1 de octubre de 2020.

Ferrera Vaillant, Juan Ramón (2012). *Adaptaciones cinematográficas de novelas cubanas en el ICAIC*. Saarbrücken: Editorial Académica Española.

Flores González, Luis Ernesto (2000). *Tras las huellas de Solás*. La Habana: Ediciones ICAIC.

Fornet, Ambrosio (1984). "Nacionalizamos los cines pero no las pantallas". *Chasqui*, 12, 4–9.

Fornet, Ambrosio y Ramis, Raquel (eds.) (1987). *El guionista y su oficio*. San Antonio de Los Baños: EICTV.

Fornet, Ambrosio (ed.) (1998). *Alea, una retrospectiva crítica*. La Habana: Editorial Letras Cubanas.

Fornet, Ambrosio (2005). "El Reino revisitado". En VV. AA., *Alejo Carpentier ante la crítica* (185–198). Caracas: Monte Ávila.

Fornet, Ambrosio (2007). *Las trampas del oficio. Apuntes sobre cine y sociedad*. La Habana: Ediciones ICAIC/Editorial José Martí.

Foucault, Michel (1999). *Estética, ética y hermenéutica. Obras esenciales III*. Barcelona: Paidós.

Gaceta Oficial de la República de Cuba (1960). "Expropiación de la propiedad privada en Cuba", LVIII, XIX, 13 de octubre de 1960, s/p. En http://www.latinamericanstudies.org/cuba/expropiacion.htm. Consultado el 13 de octubre de 2020.

García Borrero, Juan Antonio (1999). *Guía crítica del cine cubano de ficción*. La Habana: Editorial Letras Cubanas.

García Borrero, Juan Antonio (2007). "Miguel Coyula sobre *Memorias del desarrollo* y otros asuntos". *Cine cubano, la pupila insomne*, 28 de abril de 2007, s/p. En https://cinecubanolapupilainsomne.wordpress.com/2007/04/28/miguel-coyula-sobre-memorias-del-desarrollo-y-otros-asuntos/. Consultado el 21 de diciembre de 2020.

García Márquez, Gabriel (1986). *La aventura de Miguel Littin clandestino en Chile*. La Habana: Editorial Política.

García Márquez, Gabriel (1990). "Los amores difíciles". En Toledo, Teresa, *10 años del Nuevo Cine Latinoamericano* (649–652). La Habana: Verdoux/Cinemateca de Cuba.

García-Reyes, David (2019). "Narrativas filmoliterarias en *Fresa y chocolate*. Un caso de estudio en coproducción durante el periodo especial cubano". *Área Abierta*, 19, 1, 75–92.

Gilman, Claudia (2003). *Entre la pluma y el fusil. Debates y dilemas del escritor revolucionario en América Latina*. Buenos Aires: Siglo XXI.

González Echevarría, Roberto (1993). *Alejo Carpentier: El peregrino en su patria*. México: UNAM.

Guillén, Nicolás (2002). *Prosa de prisa*. La Habana: Ediciones Unión.

Gutiérrez Alea, Tomás y Ulive, Hugo (1963). *Las doce sillas*. La Habana: Ediciones ICAIC.

Gutiérrez Delgado, Luis (1985). "Filmará en Londres Tyrone Power la novela *Los pasos perdidos* del escritor Alejo Carpentier". En López Lemus, Virgilio (ed.), *Alejo Carpentier. Entrevistas* (47–48). La Habana: Letras Cubanas.

Hernández Morales, Sergio Luis (2007). *Cine cubano. El camino de las coproducciones*. Santiago de Compostela, USC.

Jelin, Elizabeth (2001). *Los trabajos de la memoria*. Madrid: Siglo Veintiuno editores.

Juan-Navarro, Santiago (2017). "Martí en el cine: de la hagiografía a la humanización". *Iberoamericana*, 17, 66, 153–172.

Junco, Ethel y Esparza, Gustavo (2019). "Una relectura mítica sobre la violencia en *La forma del agua*". *La Colmena*, 101, 85–97.

Kirkpatrick, Susan (1978). "The Ideology of Costumbrismo". *Ideologies and Literature*, 2, 7, 28–44.

Lam, Rafael (2018). "Martí en el cine". *Cubanow*, 23 de mayo de 2018, s/p. en http://www.cubanow.cult.cu/2018/05/23/marti-en-el-cine/. Consultado el 26 de julio de 2020.

Lanza, José Luis (2009). "Confluencias: un ensayo sobre los nexos entre la literatura y el cine cubano". *Eikasia. Revista de Filosofía*, IV, 23, 367–377.

Lezama Lima, José (1992). *Poesía*. Madrid: Cátedra, edición de Emilio de Armas.

Lolo, Eduardo (2008). "Los pintores en José Martí y José Martí en los pintores". *Círculo: Revista de Cultura*, 37, 47–57.

Martí, José (1975). *Obras completas*. La Habana: Editorial de Ciencias Sociales, 27 tomos.

Mazón Robau, Antonio (2001). "Pasión y maestría: el cine de Humberto Solás". En González, Reinaldo (ed.), *Coordenadas del cine cubano I*. Santiago de Cuba: Editorial Oriente.

Mazorra, Danislady (2021). "La mujer-bandera como imagen de la nación: el caso cubano". *América sin Nombre*, 25, 85–95.

Mejías, Almudena (2014). "Cecilia Valdés cruza los límites de la novela". En Bravo, Cristina y Mejías, Almudena (eds.), *El mito de Cecilia Valdés: de la literatura a la realidad* (11–28). Madrid: Editorial Verbum.

Melo Ruiz, Héctor Alfonso (2017). "*Memorias del subdesarrollo* (1968): ante el rostro de la muchedumbre desde las palabras del cine documental." *A Contra corriente. Una revista de estudios latinoamericanos*, 15, 1, 127–148.

Méndez Ródenas, Adriana (2002). *Cuba en su imagen: historia e identidad en la literatura cubana*. Madrid: Verbum.

Mraz, John (1995). "Memorias del subdesarrollo: Conciencia burguesa, contexto revolucionario". *Nitrato de Plata*, 20, 35–46.

Myerson, Michael (1973). *Memories of Underdevelopment: The revolutionary Films of Cuba*. New York: Grossman Publishers.

Oroz, Silvia (1989). *Tomás Gutiérrez Alea: los filmes que no filmó*. La Habana: Ediciones Unión.

Padura Fuentes, Leonardo (2002). *Un camino de medio siglo: Alejo Carpentier y la narrativa de lo real maravilloso*. México: Fondo de Cultura Económica.

Paz, Senel (1990). *El lobo, el bosque y el hombre nuevo*. Sancti Spíritus: Ediciones Luminaria.

Paz. Senel y Bush, Peter (1995). *Strawberry and chocolate*. Londres: Bloomsbury Publishing.

Paz, Senel (1997). *Fresa y chocolate*. Tafalla: Txalaparta.

Pérez, Emma (1952). *Películas que no se olvidan*. La Habana: Ediciones Gente.

Pérez, Manuel (1998). "Santa Cecilia". *Guaraguao*, 3, 7, 157–159.

Peris, Jaume (2011). "Ironía, ambivalencia y política en *Memorias del subdesarrollo*, de Edmundo Desnoes". *RILCE*, 27, 2, 424–440.

Perugorría, Jorge; Aparicio, Yannelys y Esteban, Ángel (2011). "Jorge Perugorría: raíces españolas y cubanas de su formación artística". En Esteban, Ángel (ed.), *Madrid habanece: Cuba y España en el punto de mira transatlántico* (133–140). Madrid: Iberoamericana-Vervuert.

Phaf, Ineke (1990). *Novelando La Habana*. Madrid: Orígenes.

Porbén, Pedro (2015). "El panóptico insular en *Alicia en el pueblo de maravillas*". *Elcineescortar*, 31 de julio de 2015, s/p. En https://www.elcineescortar.com/2015/07/31/el-panoptico-insular-en-alicia-en-el-pueblo-de-maravillas/. Consultado el 26 de julio de 2020.

Propp, Vladimir (1972). *Morfología del cuento*. Buenos Aires: Editorial Fundamentos.

Redruello, Laura (2007). "Reflexiones en torno a la película *Alicia en el pueblo de Maravillas*". *Cuban Studies*, 38, 82–99.

Riccio, Alessandra (2004). "Dilucidaciones sobre *El siglo de las Luces*". *Studi Ispanici*, XXIX, 191–202.

Ricoeur, Paul (1995). *Tiempo y narración I. Configuración del tiempo en el relato histórico*. Madrid: Siglo XXI.

Ríos, Alejandro (1991). "*El siglo de las luces* según Humberto Solás". *Revolución y Cultura*, 4, 26–29.

Rocco, Alessandro (2009). *Il cinema di Gabriel García Márquez*. Firenze: Casa Editrice Le Lettere.

Rodríguez, Luis Felipe (1936). *Don Quijote en Hollywood (peripecia tragicómica)*. La Habana: Molina y Cía. Impresores-Papeleros.

Rodríguez Alemán, Mario (1982). *La sala oscura*. La Habana: Ediciones Unión.

Rodríguez González, Raúl (1992). *El cine silente en Cuba*. La Habana: Letras Cubanas.

Rojas, Rafael (2000). *Un banquete canónico*. México: FCE.

Rojas, Rafael (2006). *Tumbas sin sosiego*. Barcelona: Editorial Anagrama.

Rojas, Rafael (2009). *El estante vacío: literatura y política en Cuba*. Barcelona: Anagrama.

Rojas, Rafael (2011). "El mar de los desterrados". En Esteban, Ángel (ed.), *Madrid habanece. Cuba y España en el punto de mira transatlántico* (39–59). Madrid: Iberoamericana-Vervuert.

Rojas Bez, José (1987). *Artes, cine, videotape: límites y confluencias*. Holguín: Dirección Municipal de Cultura.

Rosell, Sara (2000). "Revisión de los mitos en torno a Cecilia y Francisco: de la novela del siglo XIX al cine". *Hispania*, 83, 1, 11–18.

Santana, Astrid (2008). "Palabra y performatividad en la adaptación fílmica de *Gobernadores del rocío*". *Anales del Caribe*, 28, 274–283.

Santana, Astrid (2010). *Literatura y cine. Lecturas cruzadas sobre Memorias del subdesarrollo*. Santiago de Compostela: Universidad de Santiago.

Santana, Joaquín (1985). "Los pasos encontrados". En López Lemus, Virgilio (ed.), *Alejo Carpentier. Entrevistas* (185–192). La Habana: Letras Cubanas.

Santiesteban, María de las Mercedes (2013). "Sobre la película *Esther en alguna parte*". *Cubaencuentro*, 26 de febrero de 2013, s/p. En https://www.cubaencuentro.com/cultura/articulos/sobre-la-pelicula-esther-en-alguna-parte-283269. Consultado el 26 de octubre de 2020.

Sanz Abad, Pedro (1970). "Presencia de Virgilio en la *Divina Comedia*". *Boletín de la Institución Fernán González*, 4[9], 175, 266–280.

Scherer, Frank (2016). "'Y ahora te lo disparo en chino'. Lo chino cubano en televisión y video". En Kniffki, Johannes y Reutlinger, Christian (eds.). *El trabajo social desde miradas transnacionales – Experiencias empíricas y conceptuales* (271–288). Berlín: Frank & Timme GmbH Verlag.

Schnapp, Jeffrey (2000). *A Primer of Italian Fascism*. Lincoln: University of Nebraska Press.

Smith Mesa, Vladimir (2011). *kinoCuban: the significance of Soviet and East European cinemas for the Cuban moving image*. Londres: University College of London.

Sommer, Doris (2004). *Ficciones fundacionales. Las novelas nacionales de América Latina*. México: Fondo de Cultura Económica.

Tajes, María (2003). "El maquillaje de la emigración: *Gallego* de Miguel Barnet y su versión fílmica". *CiberLetras*, 10, s/p. En http://www.lehman.cuny.edu/ciberletras/v10/tajes.html. Consultado el 4 de octubre de 2020.

Valdés Rodríguez, José Manuel (1966). *El cine en la Universidad de La Habana*. La Habana: Empresa de Publicaciones MINED.

Valenzuela, Lídice (1989). *Realidad y nostalgia de García Márquez*. La Habana: Pablo de la Torriente.

Vargas Llosa, Mario (2000). "¿Lo real maravilloso o artimañas literarias?". *Letras Libres*, 253, 32–36.

Velazco, Carlos (ed.) (2011). *José Martí: el ojo del canario. Fernando Pérez*. La Habana: Ediciones ICAIC.

Vicent, Mauricio (2018). "O fresa o chocolate". *El País*, 12 de diciembre de 2018, s/p. En https://elpais.com/elpais/2018/12/11/mas_se_perdio_en_la_habana/1544565783_028662.html. Consultado el 23 de diciembre de 2020.

Viscarret, Félix (2016). "Fantástico viaje". *El Cultural*, 9 de julio de 2016, s/p. En https://elcultural.com/Felix-Viscarret. Consultado el 28 de noviembre de 2016.

VVAA (2005). *Alejo Carpentier ante la crítica*. Caracas: Monte Ávila.

Yarza, Iñaki (1987). *Historia de la filosofía antigua*. Pamplona: EUNSA, segunda edición.

Yedra, Elena (1975). "La imagen de la mujer en la obra de Miguel de Carrión: Las honradas". *Islas*, 51, 121–152.

Hybris: Literatura y Cultura Latinoamericanas

Desde la Antigua Grecia y la época clásica, filósofos, artistas y críticos han profundizado en las relaciones entre la literatura y otras artes. Primero fue la pintura y artes plásticas –*ut pictura poesis*, de Simónides de Ceos y Horacio–, más adelante la música, la arquitectura, la representación teatral, la escultura y ya, en la época moderna y contemporánea, la fotografía, el cine, la televisión, los *mass media*. En la actualidad este vasto y estimulante campo de hibridaciones culturales y artísticas se ha completado con las nuevas tecnologías y todas las "narrativas transmedia", generando conceptos y actuaciones transversales anejas a la creación digital y a las nuevas realidades comunicativas: *touch-media*, *cross-media*, intermedialidad, transmedialidad, hipertextualidad, multimodalidad, etc.

Esta colección, *Hybris: Literatura y Cultura Latinoamericanas*, pretende, por un lado, indagar en el sentido diacrónico que estas relaciones han ido perfilando en el campo literario y cultural entendidos como parámetros estéticos, prácticos, de nivelación y préstamos técnicos entre artes y, por otro, reflexionar desde una perspectiva filosófica, social, cultural y teórica sobre las posibilidades que ofrecen tales hibridaciones, siempre dentro de un contexto latinoamericano.

En la mitología clásica, *Hybris* era la diosa de la desmesura, la insolencia, la ausencia absoluta de moderación, y evocaba la necesidad de traspasar límites. Este nuevo concepto de *Hybris* pretende insistir en las marcas mitológicas de la transgresión, borrando fronteras entre las artes, sacudiendo la tendencia a la parcelación y a la contención y, a la vez, reclama también la identificación con el término latino *hybrida*, que alude a la mezcla de sangre. Hibridación y simbiosis entre artes serán, por tanto, los contornos y contextos en los que se imbricarán estos estudios.

Directores de la colección:

Yannelys Aparicio (Universidad Internacional de La Rioja, España)
Ángel Esteban (Universidad de Granada, España)

Comité científico:

Isabel Álvarez Borland (College of the Holy Cross, Estados Unidos)
José Emilio Burucúa (Universidad Nacional San Martín, Argentina)
José Manuel Camacho Delgado (Universidad de Sevilla, España)
Ottmar Ette (Universität Potsdam, Alemania)
Ana Lía Gabrieloni (CONICET, Argentina)
Rubén Gallo (Princeton University, Estados Unidos)
Claudia Gilman (CONICET, Argentina)
Juana María González García (Universidad Internacional de La Rioja, España)
Aníbal González-Pérez (Yale University, Estados Unidos)
Gustavo Guerrero (Universidad Cergy-Pontoise, Francia)
Santiago Juan-Navarro (Florida International University, Estados Unidos)
Reinaldo Laddaga (University of Pennsylvania, Estados Unidos)
Elena Martínez Carro (Universidad Internacional de La Rioja, España)
José Antonio Mazzotti, (Tufts University, Estados Unidos)
Walter Mignolo (Duke University, Estados Unidos)
Julio Montero Díaz (Universidad Internacional de La Rioja, España)
Jesús Montoya Juárez (Universidad de Murcia, España)
Mabel Moraña (Washington University in St. Louis, Estados Unidos)
Vicente Luis Mora (Universidad Internacional de La Rioja, España)
Daniel Nemrava (Univerzita Palackého v Olomouci, República Checa)
Francisca Noguerol (Universidad de Salamanca, España)
Leonardo Padura (UNEAC, Cuba)
Gustavo Pérez Firmat (Columbia University, Estados Unidos)
Miguel Polaino-Orts (Universidad de Sevilla, España)
Julio Prieto (Universität Potsdam, Alemania)
Doris Sommer (Harvard University, Estados Unidos)
Stefano Tedeschi (Sapienza Università di Roma, Italia)
Mª Carmen África Vidal Claramonte (Universidad de Salamanca, España)

Títulos de la colección publicados

Vol. 1 – Ángel Esteban (ed.), *Literatura Latinoamericano y otras artes en el siglo XXI*, 2020.

Vol. 2 – Yannelys Aparicio, *Cuba: memoria, nación e imagen. Siete acercamientos al séptimo arte desde la literatura*, 2021.

www.peterlang.com